MUJERES DE PALABRA

Eliana Yunes
Maria Clara Lucchetti Bingemer
(organizadoras)

MUJERES DE PALABRA

OBRA NACIONAL DE LA BUENA PRENSA, A.C.
CIUDAD DE MÉXICO

Mujeres de Palabra

Eliana Yunes, Maria Clara Lucchetti Bingemer (organizadoras)

Primera edición, octubre de 2004

Título original: Mulheres de palavra
 Ediçöes Loyola, Sao Paulo, Brasil
 ISBN: 85-15-02838-7

Hecho en México
ISBN: 970-693-217-8
Con las debidas licencias

Derechos © reservados a favor de:
OBRA NACIONAL DE LA BUENA PRENSA, A.C.
Orozco y Berra 180. Sta. María la Ribera
Apartado M-2181. 06000 México, D.F.
Conmutador: 5546 4500 - Fax 5535 5589
ventas@buenaprensa.com - www.buenaprensa.com
Lada sin costo: 01-800-50-24-090

Librerías:
  México, D.F.
  • Ribera de San Cosme 5. Sta. María la Ribera. CP 06400.
   Tels: 5592 6928 y 5592 6948.
  • Miguel Agustín Pro, S.J. Orizaba 39 bis Col. Roma. CP 06700.
   Tels. 5207 7407 y 5207 8062
  Librerías San Ignacio:
  México, D.F.
  • Congreso 8. Tlalpan. CP 14000. Tels. 5513 6387 y 5513 6388.
  • Donceles 105-D. Centro. CP 06020. Tels. 5702 1818 y 5702 1648.
  Guadalajara, Jal.
  • Madero y Pavo, Sector Juárez. CP 44100.
   Tels. (33) 3658 1170 y 3658 0936.
  Monterrey, N.L.
  • Washington 812 pte. Centro. CP 64000.
   Tels. (81) 8343 1112 y 8343 1121.
  Torreón, Coah.
  • Czda. Cuauhtémoc 750 Nte. Centro. CP 27000.
   Tels. (871) 793 1451 y 793 1452.
  Distribuidoras oficiales:
  Chihuahua, Chih.
  • Boulevar Díaz Ordaz 1209-C. Col. Sta. Rita. CP 31020.
   Tel. (614) 415 00 92
  Uruapan, Mich.
  • Juan Ayala # 4. Centro. CP 60000. Tel. (452) 524 04 48.

Se terminó de imprimir esta primera edición el día 15 de octubre de 2004, festividad de santa Teresa de Jesús, en los talleres de Procesos Industriales de Papel, S.A. de C.V. Av. 16 de septiembre 145. Fracc. Alce Blanco. Naucalpan de Juárez, Estado de México. Tel: 5576 0311.

ÍNDICE

Cecília Meirelles (1901-1964)

Simone Weil (1909-1943)

Teresa de Ávila (1515-1582)

Mujeres de palabra, acción y reflexión

Miguel Pereira

Director del Departamento de
Comunicación de PUC-Río

La presente recopilación reúne las vidas arquetipo y palabras universales de cinco mujeres radicales: Adélia Prado, Hannah Arendt, Cecília Meirelles, Simone Weil y Teresa de Ávila. Todas ellas son leídas y analizadas con la tentativa de descifrar sus misterios existenciales e intelectuales. La búsqueda del pensamiento femenino original y diferenciado será un *leit motiv* en todas las reflexiones que se presentan aquí. Sin importarnos si lo que se pone en juego es la radicalidad de lo cotidiano, transformado en mística actual en el interior de Minas Gerais en un Brasil que lucha por salir del subdesarrollo, con la palabra poética de Adélia Prado, o la mística combativa y arrebatadora de Teresa de Ávila, sorprendente ya desde hace más de cuatro siglos en una España sometida al impacto de la inquisición, pero que florecía en su "siglo de oro". El rasgo común que las vincula es la radicalidad de sus experiencias existenciales y el examen de soluciones para el drama humano que sólo vislumbra alternativas en una profunda experiencia religiosa, como la de estas cinco mujeres de palabra.

Hannah Arendt alcanza la profundidad de un pensamiento filosófico que tiene como motivo central la búsqueda de la acción y la libertad, y en ello encuentra el *amor mundi*; y Simone Weil imbuye en la experiencia de una vida compartida con los más pobres la iluminación de sus cuestiones filosóficas originales. Ciertamente ambas, Arendt y Weil, se vieron invadidas por el sufrimiento extremo de la persecución y el rechazo. No obstante, dejaron un legado de extraordinaria congruencia para todos nosotros que nos dedicamos a descifrarnos y a buscar respuestas para nuestra propia mísera y fugaz existencia. Si para Simone Weil el hombre siempre debe recrear la vida misma, lo que significa estar en movimiento permanente, en búsqueda incesante, en tránsito existencial, ya que siempre se ve incompleto, Arendt reúne en la acción existencial dos verbos centrales de su pensamiento filosófico: perdonar y prometer. No se trata sólo de algo original en el pensamiento contemporáneo, sino de una especulación activa que une lo subjetivo con lo social.

En el campo de la poesía, la presencia de Cecília Meirelles y Adélia Prado orienta esta recopilación de estudios hacia la investigación sobre la razón escondida en las palabras que surgen del sentimiento profundo de una cotidianeidad muchas veces perdida en el tiempo, y cuyo rescate a través de la poesía, nos desvela los misterios de la vida. El cambio cualitativo establece la diferencia entre la mediocridad y la búsqueda de una vida plena. Dar sentido al mundo es dar sentido a cada acción cotidiana, sin importar si es grandiosa o tan pequeña como una brizna dentro del ojo que nos empaña la visión. La poesía es ese espacio en lo que lo indecible se dice, y por eso nos provoca de tal manera que nos hace insondables. Es el lugar en el que el misterio divino se hace humano y lo humano se hace divino. Es por este motivo y por ningún otro que Teresa de Ávila también se expresó mediante el lenguaje de la poesía. Con todo, la precisión filosófica no contradice la levedad poética. La razón y el sentimiento son revelaciones que sólo se crean en el diálogo entre los hombres. Éste es el llamado central de estas cinco mujeres de palabra descifradas en las aportaciones provisorias, pero inspiradoras de Vera Souza Lima, José Carlos Bracelos, Gisela Campos, fray Brás José da Silva, Thereza Calvet de Magalhães, Francisco Ortega, André Duarte, Denise Pini Rosalem da Fonseca, Wilberth Claython F. Salgueiro, Pedro Paulo Alves dos Santos, Eliana Yunes, Maria Clara Lucchetti Bingemer, Luigi Bordin, José Vieira Leite, Carla Martin Cipolla, Maria Carmen

Castanheira Avelar, Jacyntho Lins Brandão, fray Patricio Sciadini y Lúcia Pedrosa de Paula. Mi agradecimiento para todos ellos y en especial para las organizadoras Maria Clara Bingemer y Eliana Yunes, así como para el Centro Loyola de Fe y Cultura, que hizo posible estos momentos de reflexión intensa y fructífera.

30 de junio de 2003

Hannah Arendt
(1906-1975)

Una mujer en tiempos sombríos

Denise Pini Rosalem da Fonseca

A Hannah Arendt le gustaba contar historias y acontecimientos para, a partir de ellos, esclarecer conceptos y categorías.
Sin embargo, no es fácil contar la historia de Hannah Arendt y a partir de ella dar luz a su obra respetando el punto de vista que ella misma manifestó consistentemente respecto a las biografías[1]

¡Quizá sería mejor resistirse a la tentación e inclu so renunciar al intento de presentarla!

¿Con qué palabras se pueden narrar las historias de esta notable mujer, agregando valor a lo que Elisabeth Young-Bruehl, su biógrafa, ya reveló amorosamente en *Hannah Arendt: For the Love of the World[2]*?

¿Cómo contextualizar conceptos y categorías arendtianas, más allá de lo que Celso Lafer, su exalumno en Cornell (1965) y discípulo reverente, realizó en el artículo *Hannah Arendt: vida e obra[3]*?

Y aún una agravante más: ¿cómo podríamos, a fin de cuentas, comprender los tiempos de sombras, habiendo nacido sólo un año después de la primera edición de Homens em tempos som-

---

1. Celso Lafer, Hannah Arendt: Vida y Obra, en Hannah Arendt, *Homens em tempos sombrios*. São Paulo, Companhia das Letras, 234, 1987. Publicado anteriormente en el Cuaderno de Programas y Lecturas del *Jornal da Tarde*, agosto 28, 1982; en la *Revista Brasileira de Filosofia*, vol. XXXII, fascículo 128 (oct-dic. 1982) y, en español, en *Vuelta*, Octavio Paz (dir.), n° 73, diciembre de 1982.
2. Elisabeth Young-Bruehl, *Hannah Arendt: For the Love of the World*. New Haven, Yale University Press. 1982.
3. Lafer, op. cit., 233-249.

brios[4], cuando, supuestamente, las pesadas nubes del totalitarismo ya se habían disipado, llevándose consigo la vergüenza del holocausto y los horrores del desamor?

Pero quizá nuestros horizontes no estuvieron tan purificados de odios y prejuicios en la segunda mitad del siglo XX, y después de varios decenios de vivirlos nos encontramos en un entorno sujeto a los vaivenes del miedo, donde las palabras de Hannah hubieran podido iluminar nuestros senderos, como en realidad lo han hecho.

Su capacidad de hablar sobre lo inefable y su magia al tocar lo intangible trascendieron la historia, y sus historias hicieron que las nuestras fueran más comprensibles.

¿Por qué no tomar el riesgo de hablar de ella, si somos hijos e hijas de una generación que aprendió a amar las palabras de esta mujer tan controversial como admirable, tan provocativa como compasiva, tan impetuosa como productiva?

Marxista a partir de la década de los treintas, presentó su tesis de doctorado en Heidelberg en 1929 sobre la orientación de Karl Jaspers, discípulo de Max Weber, y en ella habla del amor en san Agustín. Debido a que se trata de una vida que transcurrió entre conflictos políticos, dilemas ideológicos y relaciones amorosas poco convencionales, no nos estaría permitido hablar de esta mujer si no lo hiciéramos en sus propios términos.

¿Entonces, por qué correr semejante riesgo?

Quizá porque

Aún en el momento más sombrío tenemos el derecho de esperar alguna luz, y esa claridad puede venir (...) de la luz incierta, parpadeante y frecuentemente débil que algunos hombres y mujeres, con su vida y obra, harán brillar en casi todas las circunstancias y esparcirán durante el tiempo que les fue concedido en la Tierra[5].

Con toda seguridad, éste es uno de los motivos que Hannah aplicaría a sí misma. Hannah nos habla de la esperanza de que

---

4. Hannah Arendt, *Homens em tempos sombrios*. São Paulo, Companhia das Letras, 1987. Traducción de Denise Bottmann del original *Men in dark times* (1968). 1ª. edición en 1955.
5. Ibid., Prefacio, 9.

esta luz, aunque incierta, cuando brille, vencerá el miedo y liberará las almas del yugo de una realidad conformada por desigualdades y contradicciones, porque "en la esperanza, el alma aventaja la realidad, al igual que en el miedo se achica y retrae"[6]. ¿Pero de qué desigualdades estaría hablando? ¿Qué sentido de pertenencia orientó su vida y permeó su obra? ¿Qué sombras de la realidad fue forzada a enfrentar?

No puedo atenuar la realidad de que, durante muchos años, consideré que la única respuesta adecuada a la pregunta "¿quién es usted?" era: "un judío". La única respuesta que presentaba la realidad de la persecución[7].

PERSECUCIÓN...

Ser judía bien nacida, en los brillantes tiempos de la modernidad y la prosperidad. Y serlo, una vez más, en tiempos sombríos de nacionalismos exacerbados. Ser alemana bien educada, en tiempos de euforia liberal y democrática en la poderosa y vulnerable República de Weimar. Y serlo, una vez más, en tiempos sin esperanza, lejos de la tierra madre alemana, vencida y humillada por otros imperios. Ser intelectual y vanguardista, siendo mujer nacida en tiempos definitivamente masculinos. Ser exilada, desempleada, extranjera, siendo filósofa y profesora, teniendo en sus orígenes una doble nacionalidad y en el alma una preferencia resuelta por la vida entre familiares y amigos. Ser combativa y amorosa, apasionada y confesadamente avergonzada por la pasión; ser una judía que cuestiona, tanto el antisemitismo como sus supuestos adversarios.

Contradicciones meramente aparentes. Falsas desigualdades que sólo agregaron dimensión a su pensamiento liberal y no alineado a las falacias de las militancias superficiales, retóricas o cimentadas sobre el odio.

¿Qué invenciones son éstas? ¿Quién es esta mujer?

Hannah nació en Hannover en 1906, fue hija de Martha Cohn y Paul Arendt. Siendo huérfana de padre desde los siete

---

6. Ibid., Sobre la humanidad en tiempos sombríos, 15.
7. Ibid., 25

años, su madre la educó con esmero intelectual. De ella heredó la fuerza de carácter y el gusto por la lectura de Rosa Luxemburgo, "el personaje más controversial y menos comprendido del movimiento izquierdista alemán".

INCOMPRENSIÓN...

¿De cuál de las dos hablamos?

No pretendía pasar su vida en una secta, por más amplia que fuera; su compromiso con la revolución era básicamente una cuestión moral, y eso significaba permanecer comprometida con gran pasión (...) con los destinos del mundo[8].

Su actitud intelectual fue de contestación ante las respuestas fáciles y su postura política fue de independencia crítica. Sus reservas hacia el comportamiento de los liderazgos judio-europeos, en el tiempo del holocausto, dieron como resultado su aislamiento bajo la acusación de desamor al pueblo judío. Ni siquiera por eso dejó de servir a la causa judía, primero en Francia, en los treintas, como responsable de la emigración judía a Palestina, y más tarde en los Estados Unidos, en los años cuarenta y cincuenta, como directora de la Conference on Jewish Relations y de la Jewish Cultural Reconstruction. La noche en que murió, a los 69 años (Nueva York, 4 de diciembre de 1975), tenía invitados a cenar, reunión en que los temas del día eran la situación de Israel y la publicación de una colección de ensayos escritos por un historiador judío que ella consideraba el padre de la historiografía sobre el holocausto[9].

Sin embargo, su posición era "básicamente una cuestión moral" y la incomprensión, una vieja conocida, era una enemiga peligrosa que debía evitarse.

Como lo que escribí puede impresionar a las personas buenas y las más distorsionarlo, quiero poner en claro que, como judía, simpatizo no sólo con la causa de los negros,

---

8. Ibid. Rosa Luxemburgo, 1871-1919, 52.
9. Lafer, op. cit., 240-241.

sino también con la causa de todos los oprimidos y desheredados y apreciaría que el lector tome conciencia de
esto[10].

PRIVILEGIADA Y OPRIMIDA...

Ella creció como ya lo anticipaba su condición social; no obstante, nunca fue sectaria, excediendo todas las expectativas.
Leyó a Kant a los 16 años, escribió poemas a los 17, entró en
la universidad a los 18, y casi inmediatamente, a partir de ahí
se apasionó por el filósofo Martin Heidegger, un intelectual
maduro que la aventajaba en edad, hombre casado y padre de
familia. A lo largo de los próximos cinco años vivió una pasión
y se doctoró reflexionando sobre el amor.
Después conoció la depresión. En los inicios de los treintas,
las mentes y los corazones se alejaron de los amantes, como ejemplo de la disgregación presente en toda la sociedad. Se instaló la
vergüenza, las muchas vergüenzas: personales y colectivas. En 1933,
sobrevino la cuestionada militancia judía; el departamento de
Berlín lleno de comunistas clandestinos; la prisión en Alemania
por actividades ilegales; el exilio y el desempleo en Francia; el
Campo de Gurs; la fuga hacia Estados Unidos.

¿CIUDADANA DEL MUNDO?

Nadie puede ser ciudadano del mundo cuando se es ciudadano de su país (...) Un ciudadano es, por definición,
un ciudadano entre ciudadanos de un país entre países.
Sus derechos y obligaciones deben ser definidos y limi-
tados, no sólo por los de sus compañeros ciudadanos,
sino también por las fronteras de un territorio. La filosofía puede concebir un planeta como la tierra natal de la
humanidad y una ley no escrita eterna y válida para todos.
La política se trata de hombres, nativos de muchos países y herederos de muchos pasados; sus leyes son el cer-
cado positivamente establecido que enmarcan, protegen
y limitan el espacio donde la libertad no es un concepto,
sino una realidad política viva[11].

10. Arendt, Reflexiones sobre Little Rock, 1957. Citado por Lafer, op. cit., 242.
11. Id. Karl Jaspers: ¿Ciudadano del mundo?, op. cit., 75.

¿FILOSOFÍA O POLÍTICA? UN DILEMA...

FILOSOFÍA Y POLÍTICA: UNA TRAYECTORIA

Hannah escribió *Los orígenes del totalitarismo* (1951) y *La condición humana* (1958), obras magistrales de un quehacer filosófico que dio inicio con la tesis sobre san Agustín (1929) y se completó en la edición póstuma de *The Life of the Mind* (1978).

Sin embargo también produjo *Men in Dark Times* (1955); *Eichmann in Jerusalem: A Report on the Banality of Evil* (1963); y la edición póstuma de *The Jew as Pariah* (1978). Su obra fue el telón de fondo del ejercicio de una libertad que se hizo una realidad política viva, una realidad de compromiso con la libertad, con el derecho a elegir, porque "la humildad frente a Dios y la docilidad de los hombres no son lo mismo"[12]. ¿Como podría algún día ser escuchada siendo paria? ¿De qué derechos religiosos o sociales podría verse privada por cualquier forma institucionalizada de poder, si la conciencia de su identidad cultural le garantizaba en todo momento los créditos de autoría de su propia trayectoria?

DECISIONES....

Primero fue el brillante y maduro Heidegger, pasión y fascinación. Del desencanto nacerían las relaciones con Günther Anders, su marido entre 1929 y 1936, y su círculo de amigos del Partido Comunista alemán. Durante ese tiempo se cimentarían las amistades con Benjamín, Brecht, Zweig, Sartre y muchos otros intelectuales que revolucionarían el pensamiento del siglo XX. En 1936 llegó el amor con Heinrich Blücher, amor verdadero y compañero de vida, de quien enviudó en 1970.

Murió cuando recibía amigos, alrededor de la mesa, ofreciendo a los seres queridos bocadillos preparados con sus propias manos y su propia alma, con la esperanza de perpetuarse en el cuerpo y la memoria de aquellos a quienes servía.

---

12. Ibid., Angelo Giuseppe Roncalli: Un cristiano en el trono de San Pedro de 1958 a 1963, 58.

Todo indicaba que el poeta encontraba una nueva voz —quizá "el canto del cisne moribundo a quien se le considera el más bello"— sin embargo, cuando llegó el momento en que se escuchara la voz, parecía haber perdido su fuerza. Ésta es la única señal objetiva, y por lo tanto incuestionable, que poseemos de que haya transgredido los límites abriendo esferas más amplias a los poetas, que cruzó la línea que delimitaba lo que le estaba permitido. ¡Aunque por desgracia esos límites, no pueden ser detectados desde el exterior y muy difícilmente pueden adivinarse! Son como cumbres indistintas, casi invisibles a simple vista y que una vez cruzadas (...) se transforman en murallas. No hay vuelta; sin importar lo que se haga, se tiene en todo momento la muralla a las espaldas[13].

¿Quién es usted?
¿Judío?
¿Poeta?
Una voz; muchas propuestas.
Tan solo una mujer de sabias palabras.

---

13. Ibid., Bertold Brecht, 1898-1956, 183.

Amistad en tiempos sombríos

Francisco Ortega

"¿Acaso es posible buscar y encontrar una amistad en este lado del amor? Ya no hablo del amor –esa palabra y sus convenciones se volvieron odiosas para mí–. No obstante, ¿puede lograrse una amistad más profunda, incluso de una profundidad sin límites, y aún así, sin palabras, sin ideas?"
(Lawrence Durrell, Justine)

En un estudio ya clásico sobre el debilitamiento del hombre público, el sociólogo Richard Sennett confirmó que la sociedad contemporánea se caracteriza por la "tiranía de la intimidad"[1], que se expresa en una vida personal desequilibrada y en una esfera pública vacía. En la actualidad estamos dominados por la creencia de que la proximidad constituye un valor moral, lo que nos conduce a desarrollar nuestra individualidad en la proximidad con los demás. La ideología de la intimidad transforma todas la categorías políticas en psicológicas y mide la autenticidad de una relación social en virtud de su capacidad de reproducir las necesidades íntimas y psicológicas de los individuos involucrados. Con eso, olvidamos que la búsqueda de la autenticidad individual y la tiranía política son con frecuencia dos lados de la misma moneda. Es necesaria una distancia entre los individuos para poder ser sociable. El contacto íntimo y la sociabilidad son inversamente proporcionales. Cuando uno crece, el otro

---

1. Cf. Richard Sennett, *The Fall of Public Man.* Nueva York, W.W. Norton & Company, 1974. [Edición brasileña: *O declínio do homen público*, Companhia das Letras, São Paulo, 1988.]

disminuye; cuanto más se acercan los individuos, menos sociables, más dolorosas y fratricidas son sus relaciones. Sennett, quien fue alumno de Hannah Arendt, reconoce su filiación con los análisis que hace; subraya la forma en que la filosofía privilegiaba una "impersonalidad cálida" frente a la debilidad presente en la búsqueda de refugio en una subjetividad encapsulada y dirigida hacia sí misma. Apostar por la impersonalidad es apostar por una vida de exterioridades. Una vida dirigida al exterior es una vida dispuesta a admitir la diferencia y aceptar lo nuevo, lo abierto, la eventualidad, lo efímero, lo ajeno. Huir hacia la interioridad en busca de permanencia, precisión, seguridad es un camino sin salida que lleva a la autodestrucción narcisista. Lo externo, lo que está fuera, constituye una dimensión constructiva de la existencia[2].

Esta misma ideología de la intimidad intenta convencernos de que todos los "males" se deben al anonimato, la alienación, a la falta de comunicación. La filosofía de la sociedad "íntima" es la "teoría de la acción comunicativa", en la que todos los problemas se reducen a problemas de comprensión provocados por las distorsiones de la comunicación. La comunicación es el concepto básico de la teoría moderna de la sociedad. Delante del prestigio emancipador de la palabra, el *silencio* está asociado con un poder represivo, secretos turbios, tabúes mezquinos, cobardía o estupidez[3].

En esa escuela del comercio de los hombres –menciona Montaigne-, observé un reiterado defecto: en vez de ayudarnos a tomar conciencia de los demás, nos esforzamos por darnos a conocer y nunca nos cansamos de mostrar nuestra mercadería en vez de hacernos de otras nuevas. El silencio y la modestia son cualidades muy apreciables en la conversación[4].

Hemos creado una sociedad que incita la conversación, en especial aquella sobre el sexo, arcano de nuestra identidad e intimidad, que ha vivido durante los últimos tres siglos "una explo-

---

2. Cf. ID., *The conscience of the eye. The design and social life of cities*, Nueva York, Alfred A. Knopf, 1990.
3. Cf. Jens Soentgen, Don't speak (No doubt), en Manfred Bauschulte, Volkhardt Krech, Hilge Landweer (orgs.): *Wege-Bilder-Spiele. Feschrift zum 60. Geburstag von Jürgen Frese*. Bielefeld. Aisthesis Verlag, 1999, 271-277.
4. Michel de Montaigne, *Ensaios*, Libro I, cap. XXVI. São Paulo, Abril Cultural (Los pensadores), 1972, 83.

sión discursiva en torno al sexo". Somos capaces de pagar a individuos determinados para que nos escuchen hablar sobre nosotros mismos, una actividad muy lucrativa que lleva a algunos a "poner en renta sus oídos"[5]. Es necesario buscar islas de silencio en medio del océano comunicativo, posibilidades de cultivar el silencio como una forma de sociabilidad, el refugio de un sencillo "no tener nada qué decir".

El precio que pagamos por la psicologización total de la realidad social es muy alto: la pérdida de la "civilidad" que se expresa en la capacidad creativa que poseen todos los individuos, es decir, su condición de homo ludens, que necesita cierta distancia para poder realizarse. En sociedades con una intensa vida pública, como sucedía en la sociedad del Antiguo Régimen, el teatro y la calle muestran diversas semejanzas. Actuar, jugar y proceder exigen la existencia de convenciones, artificios y teatralidad. Son sociedades que dan valor a la distancia, la impersonalidad, la apariencia, la civilidad, la urbanidad, la cortesía, la máscara, la teatralidad, el juego, la acción, la imaginación y la duplicidad, en vez de la autenticidad, la intimidad, la sinceridad, la transparencia, la unicidad, la personalidad y la efusión del sentimiento característico de las sociedades cuya vida pública ha sido erosionada. La teatralidad y la intimidad son contrarias. Sólo aquellas sociedades con una fuerte vida pública pueden dar valor al juego, la imaginación, la acción y la teatralidad. La búsqueda de la autenticidad psicológica hace de los individuos seres inartísticos. La sociedad "íntima" roba a los hombres su espontaneidad, su facultad de reaccionar en cuanto a iniciar algo nuevo, su deseo de sobrepasar límites e interrumpir procesos automáticos, inaugurar y experimentar. Esa capacidad política del ser humano necesita distancia, diferencia y pluralidad, aquello que anula la psicologización de la sociedad.

Vivimos en una sociedad que nos incita continuamente a "desnudarnos" emocionalmente[6], que fomenta todo tipo de terapias,

---

5. Cf. Michel Foucault, *La volonté de savoir*. Gallimard, París, 1976, 14.
6. Lo que hace a nuestra sociedad tan infantil, como lo reconoció el cineasta Roberto Rossellini: "El mundo actual es inútilmente demasiado cruel. Crueldad es violar la personalidad de alguien, es colocarla en una condición tal que llegue a una confesión total y gratuita. Aceptaría esta situación si tal confesión tuviera un fin determinado, sin embargo es el ejercicio de un *voyeur*, de un villano, reconozcámoslo, es cruel. Creo firmemente que la crueldad siempre es una manifestación de infantilismo" (citado en Gilles Deleuze, op. cit., 161).

verdaderas dramaturgias de la intimidad. La consecuencia es la descomposición de la "civilidad", entendida como el movimiento aparentemente contradictorio de protegerse del otro y al mismo tiempo disfrutar su compañía. Una forma de tratar a los demás como extraños, es decir, usar una máscara, cultivar la apariencia, constituye la esencia de la civilidad, como una forma de huir de la identidad y crear un vínculo social basado en la distancia entre los hombres que no aspira a ser superada. El comportamiento civilizado, cortés, exige un gran control de sí mismo, ya que no es fácil contenerse y conducirse de tal forma que no se deje ver en los gestos y en la fisonomía las emociones más violentas del alma[7]. Esa facultad de una sociabilidad saludable y creativa se pierde en la sociedad "íntima". La civilidad se convierte en incivilidad, es decir, la habilidad demasiado difundida de incomodar al otro con el propio yo, de imponerle mi propia intimidad. La incivilidad tendría como consecuencias los comportamientos egoístas y narcisistas y el olvido del otro, ya sea como el desinterés por la vida pública que caracteriza nuestra sociedad, el refugiarse en lo privado y en la interioridad en la búsqueda de una autenticidad, una naturaleza original perdida "antes de que el arte haya moldeado nuestra conducta", como se quejaba Rousseau, el más cortés de los filósofos.

En *La condición humana*, Hannah Arendt reconoce a Rousseau como el primer teórico de la interioridad, que aparece como una forma de resistencia a la introducción de lo social en la esfera privada, la rebelión del corazón contra la existencia social. Rousseau también es el inventor del amor romántico, el que por ser extramundano es antipolítico, "quizá la más poderosa de las fuerzas humanas antipolíticas"[8]. Arendt critica el yo de la interioridad, del amor romántico, la idea de buscar la verdad sobre sí mismo en lo profundo de sí mismo, en las emociones, en la sexualidad, en el amor.

---

7. Cf. Claudine Haroche, *Da palabra ao gesto*, Campinas, Papirus, 1998, 25.
8. *A condiçao humana*, Río de Janeiro, Forense-Universitaria, 1987, 254.

Si en la actualidad el amor romántico se presenta como el ideal sentimental hegemónico[9], esto se debe a que encarna el ideal que corresponde a nuestra realidad antipolítica, es decir, la de una sociedad que dirige su mirada a la interioridad en busca de la verdad, del sentido, de la autenticidad, la satisfacción, y que contempla el mundo como hostil a esa búsqueda. La preocupación con el mundo, punto central de la política desde la antigüedad, fue sustituida en la modernidad con la preocupación por el hombre, el descubrimiento de sí mismo[10]. Una preocupación consigo mismo que se traduce actualmente en la preocupación por la salud y el cuerpo, que se convierte en *alter ego*.

Desde mi punto de vista, sólo al desarrollar nuevas formas de *amor mundi* en el sentido arendtiano, podemos concebir alternativas para ese ideal, crear y recrear formas de relacionarse dirigidas hacia el mundo, hacia el ámbito público, tales como la amistad, la cortesía, la civilidad, la solidaridad, la hospitalidad, el respeto. Todos ellas dependen de lo público, de un campo de visión capaz de dar luz a los acontecimientos humanos, de un mundo común que una o separe a los individuos, conservando siempre la distancia entre ellos, ésta es una condición de la pluralidad. En este sentido Hannah Arendt contrapone la amistad a la fraternidad en el ensayo sobre Lessing en *Hombres en tiempos sombríos*, ya que la amistad expresa con más fuerza la humanidad que la fraternidad, precisamente porque dirige su mirada a lo público. La amistad es un fenómeno político en cuanto que la fraternidad suprime la distancia entre los hombres, transformando la diversidad en singularidad y anulando la pluralidad[11]. En el fondo, la fraternidad es una forma de comunidad definida en la que bajo la condición de hermanos todos somos iguales.

---

9. Jurandir Freire Costa cuestiona la validez universal de ese ideal emocional: "Desde mi punto de vista, es extremadamente difícil imaginar otras formas de autorrealización personal en una cultura en que el amor romántico se ha vuelto sinónimo de prácticamente todo lo que entendemos como felicidad individual: éxtasis físico y emocional socialmente aceptado y recomendado, seguridad afectiva, compañía confiable, consideración por el otro, disponibilidad para la ayuda mutua, solidaridad sin límites, compartir ideas sentimentales fuertemente aprobadas y admiradas, como la constitución de la familia y la educación de los hijos, en fin, la satisfacción sexual acompañada de solicitud, cariño y comprensión". (*Sem fraude nem favor. Estudos sobre o amor romántico*, Río de Janeiro, Rocco, 1998, 101).

10. Cf. *¿Qué es la política?*, Barcelona, Paidós, 1997, 142.

11. Cf. Hannah Arendt, Sobre la humanidad en tiempos sombríos. Reflexiones sobre Lessing, en *Homens em tempos sombrios*. São Paulo, Companhia das Letras, 1987, 13-36.

La tradición del pensamiento político occidental se basa en la actitud de interpretar el ámbito de lo político (del cual la amistad forma parte) en categorías prepolíticas, familiares o domésticas. La "amistad económica", familiar, que propone Aristóteles es en el fondo, antipolítica, aunque le imprima un carácter político. Para el carácter antipolítico de la filosofía política tradicional, es decir, para el uso de categorías prepolíticas para describir las relaciones políticas, corresponde una percepción antipolítica de la amistad por seguir el modelo familiar y doméstico. El amigo aparece en los discursos filosóficos sobre la amistad en la figura del hermano. Desde Platón y Aristóteles hasta Carl Schmitt, el amigo se presenta como el hermano, el pariente directo o alguien semejante, como por ejemplo en *Lísis* platónico: "Si ustedes son amigos entre sí, deben estar *emparentados* (*oikeiótes*) entre ustedes por algún lazo natural"[12], o en Montaigne: "En verdad es un nombre hermoso y digno de mayor afecto el nombre de *hermano*; por eso La Boétie y yo lo utilizamos cuando nos hicimos amigos"[13]. La relación de amistad, interpretada siempre en términos familiares, sería en el fondo una forma de parentesco. Por lo tanto, se trata de una percepción filosófica de la amistad, y no política, ya que desde la visión de la *polis*, en la experiencia cotidiana de sus ciudadanos, la amistad era una relación política. Traducida en metáforas familiares, como lo hacen los filósofos, lleva a su despolitización. De Platón a Heidegger, el pretendido movimiento de politización de la amistad es simultáneamente un acto de despolitización.

De la misma forma en que la fraternidad y el amor se presentan como fuerzas antipolíticas, Arendt también critica la familia y el parentesco como modelos de organización política. La autora define a la sociedad moderna como una "administración doméstica colectiva", un "conjunto de familias económicamente organizadas", una "familia sobrehumana"[14], lo que sugiere un carácter profundamente antipolítico derivado de la comprensión de la política de acuerdo con criterios familiares:

---

12. Platón, *Lísis*, Introducción, traducción y notas de Francisco de Oliveira, Coimbra, Instituto Nacional de Investigación Científica. Centro de Estudios Clássicos e Humanísticos da Universidade de Coimbra, 221e.
13. Montaigne, De la amistad, op. cit., 96 (cursivas mías).
14. *A condiçao humana*, 38.

En la medida en que se construyen cuerpos políticos sobre la familia y se comprenden como una imagen de ella, se considera que los parentescos pueden, por una parte, unir a los más diversos, y por la otra, permitir que las figuras semejantes a los individuos se diferencien unas de las otras (...) *En ambos casos, la ruina de la política es resultado del desarrollo de cuerpos políticos a partir de la familia*[15].

En otras palabras, al traducir nuestras formas de sociabilidad en metáforas familiares buscando refugio y fortificación, seguridad en un mundo inhóspito y extraño a través de la formación de parentescos y analogías, suprimimos el potencial político contenido en ellas. La advertencia arendtiana es clara: el precio del deseo de seguridad y comodidad mediante el establecimiento de parentescos es la "perversión fundamental de lo político", ya que se suprime la pluralidad, condición de la política. Carl Schmitt define a la sociedad contemporánea despolitizada como la "era de la seguridad", percibiendo que existe una vinculación entre seguridad y despolitización, al igual que entre riesgo y política. Para los antiguos, ser libre significaba poder alejarse de la familia y del hogar, lo que era "no sólo el lugar donde los hombres estaban dominados por la necesidad y la coacción, sino también, en estrecha conexión con ello, el lugar en que se garantizaba la vida, donde todo estaba dispuesto para satisfacer las necesidades vitales". Ser libre quiere decir "estar dispuesto a arriesgar la vida", ya que "sólo podemos tener acceso al mundo público, que constituye propiamente el ámbito político, si nos alejamos de nuestra existencia privada, y de nuestra pertenencia a la familia, a la que está unida nuestra vida"[16]. ¿Pero, por qué lo hacemos? ¿Por qué traducimos nuestras relaciones de amistad en relaciones fraternales? Esto se da, sin duda alguna, por la inclinación a adaptar todo lo que se presenta como distante y desconocido con lo que nos es cercano y familiar, por medio de la formación de analogías. Por esto, las descripciones más enfáticas y emotivas de las relaciones personales reproducen relaciones de parentesco. Cuanto más significativa sea una relación, más nos inclinamos a compararla con relaciones familiares. En muchas culturas, el incremento en la

---

15. Arendt, *¿Qué es la política?*, 45-46 (cursivas mías).
16. Ibid, 46, 73-74.

intensidad afectiva en la relación de amistad conduce a substituirla por una relación familiar: el amigo pasa a ser hermano, como sucede en los discursos filosóficos sobre la amistad. En el fondo, se trata de un miedo a la diferencia, de lo abierto e indefinido, de la experimentación, y de una carencia de imaginación:

> No obstante, desde un punto de vista práctico-político, la familia obtiene su arraigado significado por el hecho de que el mundo está organizado de tal manera que dentro de él no hay ningún refugio para el individuo, para aquel más disímil. Las familias se fundan como albergue y fortificación en un mundo inhóspito y extraño, en que se desea establecer parentescos. Este deseo conduce a la perversión fundamental de lo político, porque mediante la introducción del concepto de parentesco, se suprime, o más bien se pierde la calidad fundamental de la pluralidad[17].

La política es un riesgo, resulta difícil abandonar creencias, valores, tradiciones, sin conocer el desenlace final, por lo que actuar es un inicio que se define por la irreversibilidad y lo imprevisto; sin embargo, al mismo tiempo es una oportunidad, una forma de sacudirse las imágenes y metáforas tradicionales, de experimentar y crear nuevas formas de vida. La noción arendtiana de *natalidad*, es decir, el nacimiento, que constituye el presupuesto ontológico de la existencia del actuar, sólo es realizable si salimos del ámbito de la seguridad y enfrentamos lo nuevo, lo abierto, lo contingente, si aceptamos el encuentro y el convivio con individuos nuevos, el desafío del otro, del extraño y desconocido, sin miedo ni desconfianza, como una forma de sacudirse formas fijas de sociabilidad, de vivir en el presente y de redescribir nuestra subjetividad, de recrear el *amor mundi* y reinventar la amistad.

En este contexto, cultivar un "*ethos* de la distancia", introducir una distancia en nuestras relaciones, no significa renunciar a relacionarnos, a comunicarnos. Más bien se trata de llevar al ámbito de lo serio la inconmensurabilidad existente entre el yo y el otro, lo que impide su incorporación narcisista. En otras palabras, no utilizamos al amigo para fortalecer nuestra identidad, nuestras creencias, es decir, "lo que somos", sino la posi-

---

17. Ibid, 46.

bilidad de concebir la amistad como un proceso en que los individuos involucrados trabajan en su propia transformación, en su invención. Frente a una sociedad que nos instiga a saber quién somos, a descubrir la verdad sobre nosotros mismos, y que nos impone una determinada subjetividad, este cultivo de la distancia en la amistad llevaría a sustituir el descubrimiento de sí mismo por la invención de sí mismo, por la creación de formas infinitas de existencia.

En el fondo la amistad es un "programa vacío", otra denominación para una relación aún por crear, una metáfora de lo abierto que puede sustituir a la familia en nuestros afectos imaginarios. No se trata de negar a la familia como institución, sino de cambiar las políticas estatales que la privilegian a costa de otras formas de vida, de combatir el monopolio que ejerce sobre nuestro imaginario emocional, y dejar de pensar las relaciones de amistad como imágenes familiares. Una sociedad como la nuestra, que concentra las fuentes de seguridad psíquica y de soporte material en la familia, dificulta la invención de otras formas de vida. Solamente una dislocación de la ideología familiar puede promover la variedad, la experimentación de formas de vida y de comunidad, y la multiplicidad de elecciones. Una dislocación que debería vitalizar el ámbito público, y recobrar el atractivo que poseía antes de la total familiarización de lo privado. Frente a un ideal de felicidad ("el hogar como el mejor lugar") que no se refleja en la vida de una gran parte de la población, y que provoca inexorablemente todo tipo de frustraciones e insatisfacciones, quizá sea momento de apostar a otras formas de sociabilidad como la amistad, que no sustituyan a la familia, pero que coexistan con ella, y proporcionar un apoyo material, emocional y cognitivo que permita una superación solidaria de los riesgos. De esta manera, podremos crear una amistad sin intimidad, no dirigida hacia el interior, la egología, la antropofagia, la apropiación narcisista del otro, sino dirigida hacia fuera, hacia el mundo, ya que en la interioridad (y aquí vale la pena recordar las palabras de Hannah Arendt) "lo máximo que puede hacerse es reflexionar, mas no actuar o transformar algo"[18]. La libertad surge en el espacio "entre" los individuos, como lo subraya nuestra autora reiteradamente, y ese "entre",

---

18. Ibid, 58.

"el espacio-intermediario", es el mundo: "El lugar de nacimiento de la libertad nunca es el interior de algún hombre, ni su voluntad, ni su pensamiento o sus sentimientos, sino el espacio *entre*, que sólo surge allí donde algunos se unen y sólo subsiste en cuanto permanecen juntos. Existe un espacio de libertad: es libre aquel que tiene acceso a él y no aquel que permanece excluido de sí mismo"[19]. El mundo compartido, la esfera de los "asuntos humanos" es ese espacio entre los hombres que debe conservarse y que es suprimido en las relaciones de parentesco, en la familia y en la fraternidad, al anular la pluralidad, la singularidad y la libertad.

Una nueva política y una nueva ética de amistad deben contemplar precisamente la promoción de esa voluntad de acción, recobrar un cierto llamado iluminador que dé el valor de pensar en una forma nunca antes pensada, de sentir y amar de manera diferente. Creo en la posibilidad de elaborar una política de imaginación que apunte a la creación de nuevas imágenes y metáforas para el pensamiento, la política y los sentimientos y que renuncia a prescribir una imagen dominante, ya que esto significaría sencillamente, en el fondo, sustituir un supuesto que se tornó obsoleto, por otro.

El uso de los términos "hermandad" (*sisterhood*) o "fraternidad" (*brotherhood*) –invocados con frecuencia por una variedad de grupos: feministas, antirracistas, homosexuales, anticapitalistas, etcétera, para hacer un llamado a la solidaridad y describir vínculos entre los individuos que escapan de la lógica instrumental y mercenaria del capitalismo–, subyace una idealización de la vida familiar, la supremacía de las imágenes familiares sobre la de otros vínculos basados en la elección libre, como la amistad. Por eso, debemos buscar alternativas a esas imágenes ortodoxas de los discursos sobre la amistad, luchar por un nuevo "derecho relacional" que no limite ni prescriba la cantidad y la forma de las relaciones posibles, sino que fomente su proliferación.

Mi propuesta es una invitación a experimentar, romper, inaugurar, imaginar incluso lo no imaginado, crear nuevas formas de vida y de comunidad. Esta tarea constituye una forma de resistencia política, ya que la acción política también se define por

---

19. Ibid, 113.

la búsqueda y el fomento de nuevas formas de subjetividad, de imágenes y modelos que deben pensarse y amarse. Vivimos en una época de despolitización que exige una reinvención de lo político, entendido como el espacio donde actuar y de la libertad, de la experimentación, de lo inesperado, de lo abierto, un espacio vacío en espera de ser llenado: la amistad como ejercicio político. La amistad constituye una nueva sensibilidad y una forma diferente de percibir, fundamentada en el cuidado y la puesta en acción de la "buena distancia". Las oportunidades de realizar una ética y una política de amistad son escasas. La mitología familiar siempre es la que recorre el imaginario relacional, proporcionando un complejo de significado social sumamente expresivo, dominante y unificador. La distancia entre la imagen de la familia ideal y la realidad conduce inevitablemente a frustraciones e insatisfacciones. La sobrevalorización de la vida familiar desvaloriza cualquier otro tipo de vida, dificultando la vida fuera de la familia, haciendo que los demás lugares, donde las personas pueden relacionarse y vivir juntas, parezcan una segunda opción en una sociedad constituida de acuerdo con una ideología de tipo familiar. Mientras que la ideología familiar esté presente en nuestras instituciones, nuestras formas de ser con los demás, en fin, nuestro imaginario emocional, político y relacional, un estilo de amistad tendrá pocas oportunidades de realización. Las oportunidades de cultivar la amistad fuera del matrimonio son reducidas, con frecuencia el cónyuge es el mejor amigo, o los amigos (normalmente casados) son amigos comunes del matrimonio lo que crea una situación difícil en casos de separación; con frecuencia los individuos se encuentran solos y sin amigos.

La amistad es un fenómeno público, y para florecer necesita del mundo, de la visión de los asuntos humanos. Nuestro apego exacerbado a la interioridad, a la "tiranía de la intimidad", no permite el cultivo de una distancia necesaria para la amistad, ya que el espacio de la amistad es el espacio entre los individuos, del mundo compartido –espacio de la libertad y del riesgo–, de las calles, de las plazas, de las avenidas, de los teatros, de los cafés, y no así el espacio de nuestros condominios cerrados y nuestros *centros comerciales*, que son meras prótesis que prologan la seguridad del hogar. De ahí que esta dislocación de la ideología familiar y la correspondiente rehabilitación del espacio público, permitirían que una variedad de estilos en la amistad fuera un experimento social y cultural plausible. Al intensificar nuestras redes de amistad podemos reinventar lo político. Nos toca a nosotros aceptar el desafío de pensar en la amistad más allá de la amistad misma, de imaginar metáforas e imágenes para nuestras relaciones de amor y amistad, de gozar el dulce sabor de esa nueva amistad.

Hannah Arendt
y el pensamiento político
sobre el signo del *amor mundi*

André Duarte

Hannah Arendt se doctoró en filosofía con una tesis sobre "El concepto del amor en san Agustín", que defendió y publicó en 1929, a los 23 años, después de un intenso periodo de estudios filosóficos con algunos de los pensadores alemanes contemporáneos más brillantes, entre los que destacan Heidegger, Jaspers y Husserl[1]. Parecía que su destino académico estaba trazado definitivamente, pero el ascenso de los nazis al poder, en 1933, interrumpió temporalmente los proyectos teóricos de esta intelectual judía alemana. Arendt llegó incluso a jurar que nunca se involucraría con la academia por la adhesión de varios de sus colegas y mentores intelectuales a aquel movimiento, Heidegger en particular. Con la creciente ola de antisemitismo que invadía Alemania, Arendt abandonó la filosofía para responder a las urgencias del presente, comprometiéndose políticamente dentro de un grupo sionista. El resultado de esto fue su encarcelamiento y fuga ilegal rumbo a París, donde viviría hasta 1941,

---

1. El texto en alemán, *Der Liebesbegriff bei Augustin* (Julius Springer Verlag) no se volvió a publicar. Existe una traducción al inglés y otra en francés. Véanse Hannah Arendt: (1966) *Love and Saint Augustine*, ed. y Ensayo Interpretativo de J. V. Scott y J. C. Stark, The University of Chicago Press; (1991) *Le concept d'amour chez Augustin*, traducción de A. S. Astrup, París, Tierce. Una síntesis de la tesis se encuentra en el apéndice de la biografía de Arendt elaborada por Elisabeth Young-Bruehl (1982), *Hannah Arendt: for Love of the World*, Yale University Press; existe una traducción en portugués (1997): *Hannah Arendt: por amor ao mundo*, Río de Janeiro, Relume Dumará.

año en que emigra hacia los Estados Unidos, país en que vivió hasta su muerte, en 1975[2]. Entre 1933 y 1951, año en que se convertiría en ciudadana estadounidense, Arendt vivió como refugiada política y como una apátrida, condición ésta que marcaría profundamente su reflexión política, una vez superado el trauma de su desilusión con el mundo intelectual.

Su enfrentamiento propiamente teórico con el presente se inició con la elaboración de la biografía de Rahel Varnhagen, una judía alemana que reunía en su salón berlinés de los inicios del siglo XIX a algunas de las figuras más importantes del romanticismo alemán[3].

En ese libro, acabado apresuradamente en 1936, y publicado sólo veinte años después, Arendt debió enfrentar seriamente algunos aspectos fundamentales de la llamada condición judía, particularmente los dilemas y tensiones entre la asimilación cultural y la preservación de los orígenes judíos en un mundo que se volvía aterradoramente inhóspito para el pueblo judío. Arendt, quien provenía de una familia de judíos asimilados, intentó resolver esos conflictos al asumir el judaísmo como su identidad política, es decir, asumiendo en sí misma la figura de "paria rebelde" y consciente, que ella vinculó a lo que denominó la "tradición oculta del judaísmo", alejándose tanto de las corrientes oficiales del sionismo como de los movimientos de renovación de las tradiciones judías, religiosas y culturales[4].

En vista de esos percances, Hannah Arendt conquistaría apenas tardíamente su posición en el escenario teórico del siglo XX,

---

2. Véase su entrevista, What remains? The language remains. Una conversación con Günter Gauss, en Jerome Kohn, ed. (1994) *Essays in Understanding*, Nueva York, Harcourt-Brace; citado de aquí en adelante como EU, seguido de la página de referencia. Hay una traducción en portugués: "Só permanece a língua materna", en Arendt (1993), *A dignidade da política*, Río de Janeiro, Relume-Dumará.
3. Véase Arendt (1974), *Rahel Varnhagen: the life of a Jewish Woman*, Nueva York, Harcourt Brace Jovanovich. Hay una traducción en portugués (1994): *Rahel Varnhagen: A vida de una judia alemã na época do Ramantismo*, Río de Janeiro, Relume-Dumará.
4. Arendt, *The Jew as Pariah: Jewish Identity and Politics in the Modern Age*, ed. Ron H. Feldman, Nueva York, Groove Press, 1978. Sobre la cuestión de la identidad judía en el pensamiento arendtiano, véanse: Richard Bernstein: (1996) *Hannah Arendt and the Jewish Question*, MIT Press; Dagmar Barnouw: (1990) *Visible Spaces: Hannah Arendt and the German-jewish Experience*, Baltimore, Johns Hopkins University Press; Leon Botstein (1983), Liberating the pariah: Politics, the jews, and Hannah Arendt, *Salmagundi, Politics and the Social Contract*, n. 60; F. Feher, (1986), The pariah and the citizen: On Arendt's political theory, *Thesis Eleven*, n. 15; J. Ring (1981, The pariah as hero: Hannah Arendt's political actor, *Political Theory*, n. 19; J. Isaac

con la publicación de *Los orígenes del totalitarismo*, en 1951.
En el transcurso de su confrontación teórica con los horrores de
la dominación totalitaria, descubrió que el siglo XX instituiría
realidades políticas sin precedente en la historia occidental, y
esto la llevó a pensar que las cuestiones políticas cruciales del
presente nunca más podrían recibir dilucidación alguna mediante el simple regreso a los principales conceptos de las tendencias del pensamiento político, situados a la izquierda o a la
derecha del espectro ideológico. Desde entonces, Arendt mantuvo su desconfianza hacia todas las tradiciones y buscó formu-
lar lo que ella llamó un "pensamiento sin amparos", mediante
el continuo enfrentamiento con la tradición del pensamiento político occidental. El rasgo característico del pensamiento arendtiano, ni liberal, ni marxista, ni conservador, puede definirse como
el *amor mundi*, el "amor del mundo", en el que el genitivo tiene el sentido de "por amor al mundo" o "amor por el mundo".
Como puede leerse en una carta de Arendt a Jaspers, fechada el
6 de agosto de 1955, *amor mundi* sería el título provisional elegido por ella misma para aquella que sería su principal obra teórica, *La condición humana*, publicada en 1958[5]. En las páginas
siguientes, pretendo caracterizar ese rasgo que define el pensamiento político arendtiano, elucidando en qué sentido debe
entenderse dicha calificación, explorando algunas consecuencias teóricas de su orientación del pensamiento político para el
mundo. ¿Qué significa profesar una actitud teórica del amor por
el mundo con el pensar en política, es decir, qué significa orien-
tarse en el pensamiento político por el amor del mundo? Y además: ¿qué significan amor y mundo en esa divisa arendtiana? Estas
cuestiones están presentes aún con mayor fuerza en la medida en
que la misma Arendt nunca explicó de dónde sacó tal divisa, ni
nunca se comprometió a explicitar en qué sentido la intuyó.

Ciertamente, el texto más importante de Hannah Arendt
sobre el amor es su tesis de doctorado sobre el concepto de amor

(1989), At the margins: Jewish identity and politics in the thought of Hannah Arendt,
Tikkun, 5/1; E. Vollrath (1995), Hannah Arendt: A German-American jewess views
the United States and looks back to Germany, en P. K. Graf, H. Mewes, E. Glaser-
Schmidt (ed): *Hannah Arendt and Leo Strauss: German Emigrés and American
Political Thought after World War II*, Cambridge University Press.
5. Cf. *Correspondence with Karl Jaspers, 1926-1969*, Nueva York, Harcourt Brace, 1992,
264.

en Agustín, en la que discurre en forma abundante sobre el concepto de *amor mundi*. Mientras tanto, como lo veremos, lo que se afirma ahí sobre ese concepto sólo puede aplicarse de manera esclarecedora a su reflexión política madura si el concepto de *amor mundi* estuviera descontextualizado y adaptado con propósitos políticos ajenos a los del pensamiento agustiniano, en un procedimiento teórico típico de las apropiaciones violentas mediante las cuales Arendt estableció su diálogo con los grandes pensadores de la tradición filosófica occidental. Valiéndose de innumerables conceptos oriundos de la obra recién publicada *Ser y tiempo*, de Heidegger, la tesis de doctorado de 1929 es uno de los textos más complejos en la obra de la autora, y no pretendo discutirlo en detalle; apenas quiero remarcar algunos aspectos relativos a su discusión del concepto de amor, con el fin de evidenciar que si Arendt pudo utilizar el *amor mundi*, dos décadas después, como signo de su propio pensamiento político, se habrían dado muchas transformaciones en su pensamiento durante ese periodo.

Arendt destaca que desde la perspectiva cristiana, el mundo no sólo es el cielo y la tierra, sino que se constituye más allá de todos aquellos que aman el mundo e imitan al Creador fabricando objetos que se incorporan a la creación divina y fundan una "patria humana" (*saeculum*) a partir de la *fábrica Dei*. Al llegar por medio de la creación a un mundo que le es preexistente, todo hombre es necesariamente "del" mundo, pero sólo se convierte efectivamente mundano a partir del instante en que habita el mundo y lo ama en función de su propia capacidad fabricante y anhelante. En su análisis, Arendt enfatiza la transitoriedad del acto de amar, que no es más que un anhelo, ya que el deseo siempre es deseo de alguna cosa que los hombres no poseen, y a la que atribuyen la calidad de un bien. Amar es anhelar algo considerándolo un bien en sí mismo que se desea poseer, aspecto en vista del cual este sentimiento se revierte en miedo de perder, o en miedo de ni siquiera llegar a poseer. Esa reversión del amor en miedo siempre ocurrirá cuando el hombre desee cosas temporales, sujetas al desgaste o perecimiento, sujetas a la acción del paso del tiempo, el que fatalmente las robará o arrancará. Por otro lado, la beatitud consiste en la posibilidad de poseer y gozar sin tener el temor a la pérdida, y por lo tanto, la vida feliz es aquella en la que no hay futuro ni muerte. En otras palabras, el amor como deseo está determinado por el objeto hacia el cual se orienta: si se dirige hacia las cosas mundanas, perecederas, entonces se dirige a un objeto falso. El amor justo, a su vez, ama apenas aquello que es eterno y que, en cuanto tal, nunca puede perderse. Del mismo modo, una vida dedicada al amor por las cosas del mundo se convierte en sí misma en una vida mundana, en un "bien del mundo", y todo lo que toca y produce se transforma inmediatamente en algo mutable y perecedero. Agustín llama amor justo, aquel que aspira la eternidad y el futuro absoluto, "caridad" (*caritas*); el amor mundano, lo denomina "codicia" (*cupiditas*). El hombre, al decidirse por la codicia, por el amor hacia las cosas mundanas, decidió su propia corruptibilidad, así como la corruptibilidad de las cosas del mundo; al decidirse por la caridad, el hombre da la espalda al mundo, que se convierte en un desierto, y apunta hacia la eternidad. Desde esta perspectiva de comprensión del sumo bien, definido a partir de la eternidad, el mundo y la temporalidad son "desvalorizados" y "relativizados" en el pensamiento de Agustín.

Según la formulación precisa de Jurandir Freire Costa: Esto es lo original de la contribución de Agustín a la idea cristiana del amor: la felicidad consiste en amar lo que no perece. Todo amor es deseo. Sin embargo, el amor hacia los objetos del mundo (*cupiditas*), siempre estará obscurecido por el miedo de perder lo que se tiene. El amor verdaderamente feliz es aquel que ama lo que no muere (*caritas*), porque el objeto amado se torna en "un elemento permanentemente inherente a nuestro propio ser"[6].

De esta forma se define el pensamiento agustiniano, una oposición fundamental entre el *amor mundi* y el *amor Dei*. ¿Cómo se puede comprender entonces el tema del amor al prójimo, central para el cristianismo, en el cuadro de este auténtico solipsismo existencial, que señala el abandono del mundo en vista de la relación de la creatura con el Creador? Arendt inten-

---

6. J. F. Costa, *Sem fraude nem favor: estudos sobre o amor romántico*. Río de Janeiro, Rocco, 1998, 92.

tará resolver este problema en el capítulo final de la tesis, explicando que para Agustín, el amor al prójimo es la actitud frente al otro, que nace de la caridad.

Evidentemente, ésta es una versión extremadamente resumida e incompleta de los argumentos que Arendt presentó en su tesis, los cuales además de complejos sólo se sugieren. Mientras tanto, lo importante a partir de ahora es señalar lo que quedará de su tesis de doctorado en sus consideraciones posteriores respecto del amor y el mundo: paradójicamente, puede decirse que mucho y a la vez casi nada, como veremos. De hecho, en sus obras maduras Arendt no escribió abundantemente sobre el fenómeno del amor sino casi exclusivamente sobre el mundo. Con todo, en algunas pocas y dispersas observaciones, esparcidas casualmente aquí y allí, Arendt elaboró algunas reflexiones interesantes sobre el amor y el mundo que parecen estar en una línea de continuidad con las premisas de su doctorado, en el que Arendt evidenciara las tensiones entre el *amor mundi* y el *amor Dei* en el pensamiento agustiniano. Así, en *La condición humana*, al discutir las consecuencias de la ascensión moderna de la esfera híbrida de lo social, en la que los asuntos públicos se ven continuamente privatizados y los asuntos privados se convierten en públicos, en función del retraimiento de la esfera pública y la redefinición de la esfera privada en términos de un espacio de intimidad, Arendt afirma que la experiencia del amor es estrictamente privada, y no puede soportar, la fuerte luz de la publicidad sin que se destruya:

> El amor, por ejemplo, en contraposición con la amistad, muere, o más bien, se extingue de tal forma que es llevado al ámbito público. ("Never seek to tell thy love, love that never told can be"). Dada su naturaleza extramundana (*worldlessness*), el amor sólo puede falsificarse y pervertirse cuando se utiliza para fines políticos, como la transformación o el salvamento del mundo[7].

Existen dos argumentos intrínsecos en esto: en primer lugar, aquel donde el amor no soporta su continua exposición públi-

---

7. Arendt, *A condiçao humana*. Río de Janeiro, Forense Universitaria, 1981, 61 (traducción modificada).

ca en actos y palabras que lo declaren, ya que tales demostraciones siempre pueden suscitar sospecha respecto a su sinceridad. Justamente por eso, y aquí surge el segundo argumento, el amor jamás podrá ser un argumento político ni nunca deberá inspirar la acción y el discurso políticos, bajo pena de convertir la experiencia política, que es plural y dirigida hacia aquello que se presenta ante todos, en una experiencia cuya propia exclusividad y exigencia de sinceridad sólo podrá generar intolerancia y exclusión contra las posibles sospechas de no compartir el mismo sentimiento, dando origen al llamado terrorismo de la virtud[8].

En otro pasaje de la misma obra, ahora en el contexto de su explicación del carácter político del perdón, que de manera acostumbrada se relaciona con el amor en el ámbito de la doctrina cristiana, Arendt afirma que el "amor, por su propia naturaleza, no es mundano (*unworldly*), y por eso es, y no por ser tan raro, que es no sólo apolítico, sino antipolítico, y tal vez la más poderosa de las fuerzas humanas antipolíticas"[9]. El motivo de esas consideraciones es que el amor, por su carácter pasional, aniquila el espacio-entre que se constituye entre los seres humanos donde sea que vivan en una comunidad política, aproximándose o distanciándose. El amor, a diferencia del respeto o la amistad, que prescinden de la intimidad o incluso de la proximidad, no puede tolerar los obstáculos o distancias entre los amantes, de tal modo que mientras dure su fascinación su único rasgo de mundano (*worldliness*) reside en el producto del amor, es decir, en el nacimiento de un hijo, el cual se entromete entre ellos y redefine su relación, estableciendo una mediación mediante la cual los amantes de antes son ahora aproximados y distanciados entre sí. Por eso, para perdonar en el ámbito político no es necesario amar, sino apenas considerar al otro digno de respeto, y aquí se trata de una consideración

> nutrida a distancia que el espacio del mundo coloca entre nosotros, [una] consideración que depende de las cualidades que podemos admirar o de realizaciones que podemos tener en alta consideración. (...) de cualquier modo,

---

8. Respecto al terror de la virtud instituido con el jacobismo, véanse los análisis arendtianos en *On revolution*, Nueva York, Viking Press, 1965.

9. Arendt, op. cit., 254 (traducción modificada).

una vez que se dirige exclusivamente a la persona, el respeto es suficiente para que se le perdone por lo que hace, por consideración a ella[10].

En más de una ocasión, se piensa en el amor como apolítico y antipolítico, en contraposición a la amistad, ya que invalida el espacio mundano que se construye entre las personas que viven en comunidades políticamente organizadas.

Por cierto, Arendt reconoce en *La condición humana*, que la filosofía política de Agustín efectivamente pensaba en la posibilidad de constituir una comunidad humana vinculada entre sí exclusivamente por medio de la caridad. Tales consideraciones estaban en consonancia con sus análisis finales en la tesis de doctorado, en las que aborda el tema del amor al prójimo al considerar la "caridad social" y la propia "pertenencia original" de los hombres unos con otros, instituida por su descendencia histórica común a partir de Adán. En la tesis, Arendt sostenía que Agustín poseía una doble concepción acerca del ser del hombre, en la dependencia de su comprensión ya sea como creatura en su aislamiento y su particularidad absolutos, o como ser social perteneciente al género humano. Desde esa perspectiva, se comprende que la igualdad de nuestra condición obliga a que nos amemos en cuanto miembros de una misma comunidad de naturaleza. Esta pertenencia a un pasado común también indica que la "proscripción del mundo", en la relación de fe entre creatura y Creador, no implica que el mundo sea sencillamente eliminado: si se abandona la ciudad terrestre, dicho abandono debe comprenderse en términos de un combate a un pasado pecaminoso que siempre estará en acción en el presente, en un mundo en el que es imposible el aislamiento total. Finalmente, sólo por medio del encuentro con el prójimo la conversación puede extenderse y, frente a esa tarea divina, recogerse en soledad se considera un pecado. Si es necesario abandonar el mundo tanto como llevar al prójimo a la conversión, se necesita construir un nuevo modo de vivir en común determinado por el amor recíproco y fraterno, es decir, será necesario fundar la "ciudad de Dios", paralelamente y en oposición a la vida en la antigua comunidad.

---

10. Ibid., 255.

Arendt sólo reconoció mucho después, cuando comprometió su reflexión con las cuestiones centrales de la política, que el problema de esas formulaciones agustinianas reside en las premisas sobre las que se basaban, es decir, las premisas de un desinterés supremo por las cosas del mundo común y de que el mundo mismo, en cuanto artefacto humano, no podría durar por siempre. Agustín podía pensar en la caridad como un principio político de vinculación en la medida en que, a pesar de ello, jamás podría engendrar un espacio público verdadero, pero que podía obrar perfectamente bien entre comunidades como las de los santos y los bandidos, que se afirman como no pertenecientes al mundo terrenal común, el cual, de todos modos, está predestinado a desaparecer algún día. Según la autora:

La negación del mundo como fenómeno político sólo es posible con base en la premisa de que el mundo no durará; sin embargo con base en tal premisa es casi inevitable que se dé esa negación, de una forma o de otra, y domine la esfera política. Esto fue lo que sucedió después de la caída del Imperio Romano; y, aunque por motivos muy diferentes y de forma muy diferente –y quizá también de manera más desalentadora–, parece estar ocurriendo nuevamente en nuestro propio tiempo. La abstención cristiana de las cosas terrenas no es, de ningún modo, la única conclusión que se puede sacar de la convicción de que el artificio humano, producto de manos mortales, es tan mortal como sus artífices. Por lo contrario: ese hecho también puede intensificar el gozo y el consumo de las cosas del mundo y de todas las formas de intercambio en las que el mundo no está fundamentalmente concebido como *koinon*, aquello que es común a todos[11].

Entonces permanece la pregunta: si el sentimiento del amor se considera extramundano, ¿cómo subordinar el pensamiento político al *amor mundi*?

Otra oportunidad en que Arendt teje consideraciones sobre la ausencia de relaciones entre el amor y la política se presenta en el intercambio de cartas que se estableció entre ella y

---

11. Ibid., 64.

Gershom Sholem, debido a la fuerte polémica que marcó la recepción de su obra *Eichmann en Jerusalén: un relato sobre la banalidad del mal*, publicada en 1963[12]. La controversia es conocida: en su análisis de conducta y personalidad de Eichmann, tal como le fueron revelados durante el curso de su juicio, en Israel, Arendt observó que el aspecto que lo hizo capaz de ejecutar meticulosamente su tarea burocrática en la deportación de los judíos a los campos de muerte no fue ninguna motivación o convicción de orden ideológico, sino por el contrario, el deseo ciego de seguir la regla y obedecerla incondicionalmente, sin detenerse a pensar y juzgar aquello que estaba haciendo. Innumerables intelectuales judíos acusaron a Arendt por haber dibujado un retrato del asesino de masas en el que no aparecía como un monstruo satánico, y por haber tocado el asunto sobre la delicada colaboración de los consejos judíos en la deportación de los judíos a los campos de muerte, y más ampliamente, por la propia comunidad judía, por haber no sólo amenizado el horror del holocausto– pues así fue que su mención de la banalidad del mal se comprendió inmediatamente, respecto a que dicha interpretación carecía absolutamente de fundamento– sino incluso por haber responsabilizado a su propio pueblo por la masacre, resultando de ahí la impresión difusa de que su libro no sería más que una manifestación llena de un perverso antisemitismo latente o, por lo menos, de un evidente rechazo del judaísmo. En este contexto particular Scholem la acusó de su carencia de "amor por el pueblo judío", una situación que él lamentaba, ya que consideraba indicativo de un rechazo o indiferencia de su condición judía[13]. Arendt le respondió que ella nunca pensaría en rechazar su judaísmo, esto era algo que le parecía demasiado absurdo como la de pretender negar su condición de mujer:

> Siempre consideré mi judaísmo un hecho indisputable de mi vida, y nunca deseé mudar o dejar de tomar en cuenta situaciones tales. Existe una gratificación básica por todo lo que es como es; por todo aquello que nos fue *dado*, por todo lo que no fue ni podría haber sido *hecho*[14].

12. Arendt, *Eichmann in Jerusalem, A Report on the Banality of Evil*, Penguin Books, 1992.
13. Arendt, *The Jew as Pariah...*, 241.
14. Ibid., 246.

Con todo, aunque Arendt nunca pretenderá rechazar su origen judío, siempre afirmaría que en realidad, jamás profesaría ningún tipo de amor por ninguna colectividad como lo puede ser un pueblo o una clase social:

> Usted tiene toda la razón –no me conmueve ningún amor de ese tipo, y es por dos razones: nunca en mi vida "amé" ningún pueblo o colectividad– ni el pueblo alemán, ni el francés, ni el estadounidense, ni la clase obrera o algo que se le pareciera. De hecho, 'apenas' amo a mis amigos y el único tipo de amor que conozco y en el que creo es el amor por las personas. En segundo lugar, para mí ese "amor por los judíos" parecería algo sospechoso, ya que yo misma soy judía. No puedo amarme a mí misma ni a nada que yo sepa es parte o fragmento de mi propia persona[15].

En más de una ocasión, Arendt afirmaría públicamente que las emociones y el corazón no constituyen buenos argumentos o buenos criterios de juicio de lo que sucede en la arena política, ya que puede inducir a ocultar la verdad factual en nombre de mejores sentimientos patrióticos. Y aparece nuevamente la pregunta: ¿por qué y de qué modo el *amor mundi* puede figurar como el emblema del pensamiento político arendtiano?

A fin de responder esta pregunta, es necesario considerar que a partir del instante en que su pensamiento se dirigió hacia la elucidación del ámbito de la política, abandonando su previa especulación filosófica, desinteresada de la política y de la historia, se modificó radicalmente el sentido de su constante referencia a Agustín, y por lo tanto también el concepto agustiniano de *amor mundi* sufrió una mutación considerable. A partir del inicio de los años cincuenta, el pensamiento arendtiano estuvo marcado por la evidente prioridad concedida a las experiencias políticas griega y romana, en una actitud teórica que evidencia su claro distanciamiento de los principios fundamentales de la filosofía política de inspiración cristiana. A partir de entonces, Agustín se vuelve una fuente de inspiración estrictamente tópica, aunque fundamental para la autora, por medio de la que se apropiaría de los conceptos de "inicio" y de "natalidad", a fin de pen-

---

15. Ibid., 246-7.

sar en el hombre como un ser capaz de "acción", es decir, de institución de la novedad en el mundo. Con el fin de ilustrar esa capacidad humana de iniciar algo nuevo e imprevisible, con frecuencia Arendt menciona un pasaje en el que Agustín afirma que el hombre fue creado, para que haya un inicio en el mundo, y no el inicio *del* mundo y *del* universo, a partir de lo cual Arendt extrae su conclusión respecto de la capacidad humana de constituir nuevos comienzos: "Porque es un comienzo el hombre puede comenzar; el ser humano y el ser libre son una y una misma cosa"[16]. Considera que ahí se encuentra el vínculo entre la acción, en cuanto capacidad de iniciar espontáneamente algo imprevisible, y la libertad, ambas radicadas ontológicamente en la natalidad humana. La historia comporta nuevos comienzos debido a la condición humana de la natalidad, por medio de la cual el mundo se renueva potencialmente en cada nuevo nacimiento humano: "como la acción es la actividad política por excelencia, la natalidad, y no la mortalidad, puede constituir la categoría central del pensamiento político, en contraposición con el pensamiento metafísico"[17]. Ella no extrae implicaciones teológicas de esa reflexión agustiniana sobre la natalidad, sino que busca señalar el vínculo propiamente político existente entre acción y libertad. La libertad es una capacidad humana y no una "disposición humana interna", es decir, una prioridad inalienable de cada hombre en particular, de modo que de una perspectiva política, es necesario afirmar que el hombre no es el que posee la libertad, sino que la libertad es la que viene a ser como el adviento de los *hombres* capaces de actuar y hablar en el mundo. También por esto, la libertad humana estará bajo el riesgo de desaparecer si se instituyen formas de gobierno en las que el espacio público esté vedado de la participación plural, en las que este espacio apenas consista en la administración tecnoburocrática de las necesidades sociales. Por lo tanto, se percibe aquí la razón profunda por la que Arendt se dedicó a pensar en el problema de la esfera pública y de su durabilidad, al definir el *amor mundi*, pensando en términos de responsabilidad por el mundo, como el signo de su pensamiento político. Veamos también cómo concibe Arendt el concepto de mundo.

---

16. Arendt, *Entre o passado e o futuro*, São Paulo, Perspectiva, 1979, 216.
17. Arendt, *A condiçao humana*, 17.

El concepto arendtiano de mundo no tiene nada que ver con la suma de todos los entes, sino que se refiere a aquel conjunto de artefactos e instituciones creadas por los hombres, que permiten que estén relacionados entre sí sin que dejen de estar simultáneamente separados, como se vio anteriormente. Este mundo no se confunde con la tierra o con la naturaleza, concebidos como el terreno en el que los hombres se mueven y del cual extraen la materia con la que fabrican cosas, sino respecto a las barreras artificiales que los hombres interponen entre sí y entre ellos y la propia naturaleza, refiriéndose también a aquellos asuntos que aparecen e interesan a los humanos cuando entran en relaciones políticas unos con otros. En un sentido político más restringido, el mundo también es aquel conjunto de instituciones y leyes comunes a todos, y que, por ser un artefacto humano, está sujeto a desaparecer en determinadas situaciones límite, en las que se avala el carácter de permanencia y estabilidad asociado a la esfera pública y a los objetos e instituciones políticas que constituyen el espacio-entre que unifica y separa a los hombres. Por lo tanto, se trata de aquel espacio institucional que debe sobrevivir al ciclo natural de la natalidad y mortalidad de las generaciones, y que se diferencia de los intereses privados y vitales de los hombres que habitan ahí, a fin de que se garantice la posibilidad de trascendencia de la mortalidad humana por medio de la memoria y de la narración de las historias humanas.

Contrariamente a la actitud intelectual que ella consideraba predominante en el mundo moderno, definida en términos de la alineación del hombre en relación con el mundo, implicada tanto en su fuga de la Tierra hacia el universo en su jornada de conquista del espacio como en su fuga del mundo para dentro de sí mismo, origen del moderno subjetivismo filosófico y de las tendencias psicologistas del pensamiento social contemporáneo, Arendt asumió como perspectiva privilegiada el cuidado del mundo. A partir de esa perspectiva antihumanista, o antisubjetivista, detectó uno de los grandes dilemas del presente, es decir, el carácter inestable e inhóspito de un mundo casi completamente regido por la lógica del trabajo y del consumo, que se perpetúa en un ciclo análogo a los grandes ciclos que constituyen la característica fenomenológica fundamental de la naturaleza. Arendt cuestionó críticamente la mentalidad reinante en las sociedades contemporáneas, según la cual toda y cualquier actividad humana se considera sólo apenas a partir de la perspectiva de la reproducción del ciclo vital de la sociedad y de la especie humana, anticipando incluso las consecuencias desastrosas generadas por la desaparición del trabajo en una sociedad en la que los hombres se definen, antes que nada, como trabajadores:

> La era moderna trajo consigo la glorificación teórica del trabajo y dio por resultado la transformación efectiva de toda la sociedad en una sociedad obrera. Es así que la realización del deseo, como sucede en los cuentos de hadas, llega en un instante en el que sólo puede ser contraproducente. La sociedad que debe ser liberada de los grilletes del trabajo es una sociedad de trabajadores, una sociedad que ha dejado de conocer aquellas actividades superiores y más significativas en beneficio de las cuales valdría la pena conquistar esa libertad. (...) Por lo tanto, lo que se nos depara es la posibilidad de una sociedad de trabajadores sin trabajo, es decir, sin la única actividad que les queda. Ciertamente, no hay nada peor que esto[18].

En las sociedades modernas de trabajo y consumo, las barreras que protegen el mundo en relación con los grandes ciclos de la naturaleza van siendo derrumbadas en nombre del ideal de la abundancia, el cual trae consigo, como consecuencia, una fuerte inestabilidad institucional y una pérdida del sentido de la realidad:

> La realidad y la confiabilidad del mundo humano descansa básicamente en el hecho de que estamos rodeados de cosas más permanentes que la actividad por la que fueron producidas, y potencialmente incluso más permanentes que la vida de sus autores. La vida humana, en la medida en que es creadora del mundo, está empeñada en un constante proceso de reedificación; y el grado de mundanidad de las cosas producidas, cuya suma total constituye el artificio humano, depende de su mayor o menor permanencia en este mundo[19].

---

18. Ibid., 12-13 (traducción modificada).
19. Ibid., 107.

Por todo esto, Arendt piensa que uno de los aspectos principales de la política se refiere a la preservación de la estabilidad del mundo, y no al cuidado de los intereses privados y a la supresión de las necesidades vitales de aquellas que lo construyen y habitan. A partir de esto, si se observan desde la óptica de la necesaria conservación del mundo en su objetividad y durabilidad, para la autora el socialismo y el capitalismo se muestran igualmente deficientes, ya que ninguna de esas alternativas es capaz de obstruir el desarrollo del proceso de manifestación igualitaria del hombre, reducido al común denominador de animal que trabaja y consume para trabajar. Para la autora, el advenimiento de las sociedades de masa es un fuerte síntoma de que, finalmente, la "esfera de lo social (...) abarca y controla, igualmente y con la misma fuerza, a todos los miembros de determinada comunidad", trayendo consigo un ideal de igualdad que sintetiza el rechazo a la excelencia y la distinción en el trato de los asuntos públicos. Esta igualdad moderna tiende a nivelar a los ciudadanos que están por debajo exigiéndoles sólo que se comporten, lo que se diferencia frontalmente de la igualdad antigua, en la que la convivencia entre los pares estaba "permeada de un espíritu frenéticamente agnóstico", es decir, del continuo deseo de cada uno de ellos por superar a los demás en acciones y palabras, al considerar los asuntos que interesan a todos.

La época moderna y el presente llevaron la subordinación y el funcionamiento de la actividad política a la actividad económica, la sumisión de la libertad a la necesidad, y de la acción y del discurso a los imperativos de la violencia, obscureciendo de esta manera las principales características, potencialidades y la propia dignidad del ámbito político. El pensamiento político de Hannah Arendt se dirigió a comprender ese proceso de oscurecimiento de la libertad y a vislumbrar lo que aún nos queda en términos de posibilidades de obstruirlo. Menos que intentar encontrar soluciones concretas para la subordinación moderna de lo político a lo económico, Arendt intentó pensar en el lazo que une la participación política en acciones y palabras a la libertad misma, percibiendo en determinadas manifestaciones políticas de la modernidad y del presente la señal que surge de una plena reinstitución de lo político: las revoluciones, así como los movimientos políticos de resistencia a la opresión del orden político y económico, ciertamente figuran en su pensamiento como la tenue y frágil alternativa que nos queda, en cuanto que el fenómeno de la libertad no desaparezca por completo, al verse reducida la posibilidad de elección de bienes de consumo en el mercado internacional. Arendt pretendió repensar las propiedades de la acción política y de los principios fundamentales que rigen el espacio público justamente en el momento histórico en que ambos están en vías de desaparecer bajo el privilegio concedido a la actividad del trabajo, bajo el peso de la maquinaria administrativa y partidaria de las sociedades contemporáneas, y bajo la presión de los *lobbies* privados que determinan los rumbos políticos nacionales e internacionales. Por lo tanto, no hay nada más justo que llevar la figura del *amor mundi*, la responsabilidad por el mundo público y común, al centro mismo de su pensamiento político.

Comprensión y perdón en Hannah Arendt: la política como problema filosófico

Theresa Calvet de Magalhães

No fue la traducción de *The Human Condition* [1958] en 1961[1] ni incluso la célebre reseña de Raymond Aron de la obra *The Origins of Totalitarianism* [1951][2] y el artículo Ideologie und Terror [1953][3], de Hannah Arendt, publicado en 1954 en la revista *Critique*[4], los que dieron a conocer su obra al público francés; sin embargo, sí lo fue la polémica que anunció y después

---

1. Hannah Arendt, *The Human Condition*. Chicago, University of Chicago Press, 1958 (esta obra tiene como origen la serie de conferencias que Arendt presentó en 1956 en la Universidad de Chicago bajo el título de *Vida Activa*). Traducción francesa de G. Fradier: *La condition de l'homme moderne*. París, Calmann Lévy, 1961 (nueva edición con un Prefacio de Paul Ricoeur en 1983).
2. Arendt, *The origins of totalitarianism*. Nueva York, Harcourt, Brace & Co., 1951. La segunda edición, con un nuevo capítulo, "Ideology and Terror: A Novel Form of Government", y un Epílogo, "Totalitarian Imperialism: Reflexions on the Hungarian Revolution", fue publicada en Nueva York, en 1958, por World Publishing Co./Meridien Books. La tercera edición, con una nueva Introducción, y sin el Epílogo adicionado a la segunda edición, fue publicada en Nueva York, en 1966, por Harcourt, Brace & World. Todas nuestras referencias son a esta tercera edición.
3. Arendt, "Ideologie und Terror", *Offener Horizont: Festschrift für Karl Jaspers*, Munich, Piper, 1953, p. 229-251 (la versión en inglés, Ideology and terror: A novel form of government, fue publicada en 1953 en *Review of Politics* 15/3, 303-327). La redacción de ese texto precede por poco tiempo a las conferencias inéditas sobre la naturaleza del totalitarismo presentadas por la autora en la *New School for Social Research* en 1954 (cf. On the nature of totalitarianism, en *Essays in Understanding 1930-1954* (Uncollected and unpublished works by Hannah Arendt, ed. Jerome Kohn). Nueva York, Harcourt, Brace & Company, 1994).
4. Raymond Aron, L'essence du totalitarisme, *Critique*, vol. 19, n. 80 (1954), 51-70.

acompañó la traducción de *Eichmann in Jerusalem: A Report on the Banality of Evil* [1963], en 1966[5]. La reseña de Aron no logró romper la muralla de silencio ni provocó, en esa época, un aprofundamiento teórico en torno a lo que ella considera el fundamento de los regímenes totalitarios –*los campos de concentración*[6]. Fue necesario esperar que llegara 1972, 1973 y 1982 para que fuera publicada por tres editores diferentes, la traducción francesa de la tercera parte, y de las dos primeras partes de *The Origins of Totalitarianism*[7].

En la medida en que la emergencia de los gobiernos totalitarios constituya "el acontecimiento central del mundo que

5. Arendt, *Eichmann in Jerusalem: A Report on the Banality of Evil*, Nueva York, The Viking Press, 1963 (segunda edición revisada y aumentada, 1965). Traducción francesa de A. Guérin: *Eichmann à Jérusalem. Rapport sur la banalité du mal*. París Gallimard, 1966 (nueva edición revisada por Michelle Irene Brudny de Launay en 1991). Esta polémica es mencionada el 26 de octubre de 1966 en *Le Nouvel Observateur* bajo el título "Hannah Arendt est-elle nazie?" (37-38).

6. Arendt ya había afirmado en su ambicioso *Proyecto de investigación sobre los campos de concentración* reeditado en diciembre de 1948, que el totalitarismo es un tipo de gobierno fundado en los campos de concentración: "Tanto la historia nazi como la historia soviética permiten demostrar que ningún gobierno totalitario puede existir sin terror y que ninguna forma de terror puede ser eficaz sin campos de concentración. Desde esa perspectiva, todas las demás diferencias que distinguen a las instituciones de los países democráticos de las instituciones de los países totalitarios apenas son aspectos secundarios y accesorios. No se trata de una oposición entre socialismo y capitalismo, ni entre capitalismo de Estado y libre empresa o sociedades de clases y sociedades sin clases. Este conflicto opone un tipo de gobierno fundando en las libertades civiles a un tipo de gobierno fundado en los campos de concentración" (Hannah Arendt, *La nature du totalitarisme*, París, Payot, 1990 [171-178] 172). En la carta dirigida a Jaspers del 28 de mayo de 1948, en que menciona la recepción de su artículo *Konzentrationsläger* publicado en 1948 en *Die Wandlung* 3, n. 4, 309-330 (la versión inglesa, *The concentration camps*, fue publicada también en 1948 por la *Partisan Review*, 15/7, 743-763, julio de 1948), Arendt no sólo anuncia que éste será un capítulo de su libro sobre el fenómeno totalitario (fue en realidad incorporado a la última división, *Total domination*, del capítulo *Totalitarianism in power* de la Tercera parte, *totalitarianism*), pero concluye: "e incluso si no ocupara [en ese libro] un lugar central, es evidente que si no comprendemos eso, sencillamente no comprendemos nada de lo que se dice al respecto en el resto" (*Hannah Arendt, Karl Jaspers, Briefwechsel*, 1926-1969, eds. Lotte Köhler y Hans Saner. Munich, Piper, 1985, C, 69). Habermas, al referirse a H. Arendt en *Conscience historique et identité post-traditionnelle*, afirma que ella "vio en los campos de concentración la característica más profunda que simbolizaba nuestro siglo" (*Bulletin trimestriel de la Fondation Auschwitz*, n. 25-26, [1990], 16).

7. Arendt, *Le Système totalitaire*. París, Le Seuil, 1972 (trad. J. L. Bourget, R. Davreu y P. Lévy); *Sur l'antisémitisme*. París, Calmann Lévy, 1973 (trad. M. Pouteau); *l'Impérialisme*. París, Fayard, 1982 (trad. M. Leiris).

conocemos", dice Arendt, en *Understanding and Politics*[8], "comprender el totalitarismo no consiste de ninguna manera en disculpar [*to condone*]; se trata de reconciliarnos con un mundo en el que tales eventos son sencillamente posibles" (p. 40). A diferencia del perdón –esa acción única que ella considera quizás "la más audaz de las acciones a la que los hombres pueden consagrarse, en la medida en que [esa acción] intenta realizar lo que parece imposible, deshacer lo que fue hecho, y consigue instituir un nuevo comienzo ahí donde todo parecía haber llegado a su término"– la comprensión es "esa forma de conocimiento (...) a través de la que los hombres que actúan (...) pueden aceptar finalmente lo que ocurrió de manera irrevocable y reconciliarse con lo que existe de modo inevitable"; y, en ese sentido, la comprensión es, dice ella, "el otro lado de la acción" [9].

Al considerar retrospectivamente, en su Introducción a la tercera edición de *The Origins of Totalitarianism*, en los años de 1945 a 1949, cuando redactó su primera obra, Arendt afirma que todo ese periodo aparece como "el primero de calma relativa luego de décadas de disturbios, confusión y verdadero horror". Con la derrota de Alemania, dice:

> Una parte de la historia llegó a su fin. Éste parecía el primer momento apropiado para considerar los acontecimientos contemporáneos con la visión del historiador, que se dirige al pasado, y el celo analítico del científico político, la primera oportunidad para intentar *comprender* [cursivas mías] lo que había sucedido, ahora *sine ira et studio*, siempre con pesadumbre y dolor y, por lo tanto, con una tendencia a lamentarse, pero ya no en estado de choque sin voz y de horror impotente. (...) Por lo menos, era el primer momento en que era posible articular y elaborar las cuestiones que mi generación había sido obligada a vivir durante la mejor parte de su vida adulta: *¿Qué sucedió? ¿Por qué sucedió? ¿Cómo pudo haber sucedido?* (p. VII-VIII).

---

8. Arendt, Understanding and Politics, *Partisan Review*, vol. 20, n. 4 (1953), 377-392. La primera versión francesa de este texto fue publicada en la revista *Espirit*, n. 42, junio, 1980. Una segunda traducción, de Michelle-Irène B. De Launay, se publicó en 1990, en Hannah Arendt, *La nature du totalitarisme*, París, Payot, 39-65. Nuestras referencias son a esa nueva traducción.

9. Arendt, Compréhension et Politique, en *La nature du totalitarisme*, 39 y 58-59.

Comprender significa, ya lo decía el prefacio a la primera edición (redactado en 1950),

examinar y cargar de manera consciente el peso que colocó nuestro siglo sobre nuestros hombros –sin negar su existencia ni someterse pasivamente a su peso–. La comprensión, en resumen, significa enfrentar la realidad atenta y sin premeditación, sin oponerle resistencia –cualquiera que sea– (p. XXX).

Es decir, para Arendt se trata, y esto es lo que ella acentúa cuando cita a Karl Jaspers en la introducción de *The Origins of Totalitarianism* –"Weder dem Vergangenen anheimfallen noch dem Zukünftigen. Es kommt darauf na, ganz gegenwärtig zu sein"[10], "mantenerse completamente en el presente".

Las dos primeras partes –Antisemitismo e Imperialismo– de *The Origins...* retoman trabajos, documentos, estudios y artículos anteriores a 1947-1948. Y sólo en la tercera parte –Totalitarismo– Arendt, al apoyarse en documentos reunidos entre 1948 y 1949 relativos al funcionamiento del sistema soviético y a la existencia de los campos de concentración, integra en el mismo cuadro conceptual el estalinismo y el nazismo. El índice, de 1946, de esta obra no incluye ni el término totalitarismo ni el proyecto de ampliar su análisis del fenómeno totalitario al campo constituido por el régimen soviético[11].

En *Understanding and Politics*, Arendt afirma que

[el] uso corriente del término totalitarismo para denunciar un mal político extremo no se remonta a más de cinco años. Hasta el final de la segunda Guerra Mundial e incluso en los primeros años de la posguerra, el mal político venía designado bajo el cliché de imperialismo, [término que, ella dice] entonces era generalmente usado para simbolizar la agresividad en la política exterior; se asimilaban de hecho de manera tan profunda estos dos términos que podían sin dificultad alguna ser utilizados indiferentemente.

10. Karl Jaspers, *Philosophishe Logik*, t. I: *Von der Wahrheit*, Munich, Piper, 25, 1948.
11. Arendt había utilizado primero el término genérico "imperialismo" y después influenciada por la lectura de la obra de Franz Neumann, *Behemoth: The structure and practice of national socialism*, 1933-1944 (Toronto, Nueva York, Oxford University Press, 1944), utiliza también el término "imperialismo racial" para nombrar al nazismo.

Lo mismo sucede con el término totalitarismo en los años 1950: dicho término es ahora utilizado, observa Arendt, "para designar la sede de poder, la voluntad de dominación, el terror, así como una estructura estatal monolítica". Esta evolución en el uso del término totalitarismo es la que identifica y comenta Hannah Arendt:

Mucho tiempo después del surgimiento del bolchevismo, del fascismo, y del nazismo, el imperialismo permaneció como un lema popular. (...) Incluso no fue ni siquiera una guerra contra alguna potencia totalitaria, sino únicamente la caída efectiva del imperialismo (reconocida después de la rotura del imperio británico y de la entrada de India en la *Commonwealth*) lo que llevó a admitir que un nuevo fenómeno, el totalitarismo, había tomado el lugar del imperialismo como problema político central de la época.

Aún así, si el discurso popular reconoce mediante la adopción de un nuevo término un nuevo acontecimiento, entonces invariablemente utiliza ese tipo de nociones como sinónimos de otros términos que designan males antiguos y familiares: agresividad y sed de conquista en el caso del imperialismo, terror y deseo de poder, en el caso del totalitarismo. La elección de un término inédito significa que todos saben que sucedió algo nuevo y determinante, mientras que el uso inmediato que se hace de dicho término, la asimilación de un fenómeno nuevo y específico hacia una realidad familiar y muy general, indica una reticencia a admitir que cualquier cosa fuera de lo común pudiera haber sucedido verdaderamente.

Como expresión de la precomprensión, el discurso popular inicia el proceso de la verdadera comprensión[12]. Aquello que se ha sacado a la luz debe seguir constituyendo el contenido de la verdadera comprensión, si ésta no quiere perderse en el limbo de la mera especulación, un peligro que siempre está presente. (...)

---

12. En lo que dice respecto al *círculo hermenéutico*, véase M. Heidegger, *Sein und Zeit* [1927], S2 y S32. Véase también J. Greisch, *Ontologie et temporalité. Esquisse d'une interprétation intégral de* Sein und Zeit, París, PUF, 1994, 80 y 193-200).

Ahora, si en verdad estamos frente a una realidad que destruyó nuestras categorías de pensamiento y nuestros criterios para juzgar esa tarea de comprensión ¿acaso no se convirtió en algo sin esperanza? ¿Cómo podemos medir sin disponer de una medida de referencia, cómo podríamos enumerar sin tener noción de los números?[13]

Por lo tanto, se trata de encontrar categorías apropiadas para *comprender la naturaleza del totalitarismo*[14], es decir, para intentar reconciliarse con el mundo en que dichos acontecimientos son posibles y dar así sentido a la lucha contra el totalitarismo[15]. Al ser entrevistada por Günther Gaus, en 1964, Hannah Arendt declaró que cuando, en 1943, escuchó por primera vez hablar de Auschwitz, al principio no creyó, porque esa solución "no tenía ningún objetivo militar [e] iba en contra de cualquier tipo de necesidad"; cuando no tuvo más que creer en lo sucedido en Auschwitz, dijo:

> En verdad fue como si un abismo se abriera frente a nosotros, porque habíamos imaginado que todo lo demás podía ajustarse de alguna manera, como sucede siempre en la política. Pero en este caso, no. Eso [la fabricación sistemática de cadáveres] nunca podría haber sucedido. (...) Auschwitz no debería haber sucedido (p. 31)[16].

Cuarenta años después de la publicación de *The Origins of*

---

13. Arendt, Comprensión et politique, 44-47.
14. Cf. Th. Calvet de Magalhães, A natureza do totalitarismo: o que é comprender o totalitarismo?, en: Odílio Alves Aguiar et al. (orgs.), *Origens do totalitarismo: 50 anos depois*, Río de Janeiro, Relume Dumará, 2001, 47-59.
15. En 1966, en su nueva Introducción a la tercera edición de *The Origins of Totalitarianism*, Arendt ya pone en aviso, cuando menciona el caso de la China comunista, y se pregunta si un estudio sobre el totalitarismo puede realmente ignorar lo que sucedió y que ya estaba sucediendo entonces en China, que "tenemos todos los motivos para usar la palabra 'totalitario' [*totalitarian*] en pocas ocasiones y con prudencia [*sparingly and prudently*]". Sin embargo insiste en más de una ocasión que la dominación total "es la única forma de gobierno en la que es imposible la coexistencia" (XIII).
16. *Was bleibt? Es bleibt die Muttersprache.* Entrevista con Günther Gauss televisada el 28 de octubre de 1964, en el segundo canal de televisión alemán. La traducción francesa de ese texto, realizada por Sylvie Courtine-Denamy, fue publicada en 1980 en el número 6 de la revista *Espirit* (19-40); nuestras referencias son a esa traducción. Las primeras noticias sobre los campos de exterminio nazi, dice uno de los sobrevivientes de Auschwitz, Primo Levi, en su Prefacio a *I sommersi e i salvati* [1986], "comenzaron a difundirse en el año crucial de 1942. Eran noticias vagas,

Totalitarianism, el análisis arendtiano del totalitarismo fue ree-xaminado justamente en torno del exterminio de los judíos por el régimen nazista. Si para Arendt el problema era el de la sin-gularidad de los "crímenes totalitarios", para la reflexión actual, o por lo menos para una parte de ella, se provocaba en gran parte por la controversia de los historiadores *[Historikerstreit]* en Alemania[17] –y en el fondo se trata de poner en alerta sobre los peligros de la relativización del nazismo que acontece en su comparación con el estalinismo–, el proble-ma es el de la *singularidad de los campos de exterminio [Vernichtungslager]* nazis (Auschwitz, Belzec, Chelmno, Majdanek, Sobibor, Treblinka...) tanto en relación con el Gulag como en relación con los campos de concentración, lo que no significa de modo alguno negar los crímenes estalinsitas[18]. El *exterminio* como fin explícito, confesado, y como realidad, es de otro orden diferente a la *desintegración de la persona,* tan detalladamente descrita por Arendt en *Totalitarianism,* median-te la destrucción de la persona jurídica, la destrucción de la per-sona moral y la destrucción de la individualidad –tres procesos

pero convergentes entre sí: delineaban una masacre de proporciones tan amplias, de una crueldad tan extrema, de motivaciones tan intricadas que el público tendía a rechazarlas debido a su propio absurdo. Es significativo cómo ese rechazo había sido previsto con mucha anticipación por los propios culpables; muchos sobrevi-vientes (...) recuerdan que la SS se divertía avisando cínicamente a los prisioneros: 'Sea cual fuere el fin de esta guerra, la guerra contra ustedes la ganamos nosotros; nadie quedará para dar testimonio, pero incluso si alguien escapara, el mundo no le creerá. Tal vez haya sospechas, discusiones, investigaciones de historiadores, pero no habrá seguridad, porque destruiremos las pruebas junto con ustedes. Y aunque queden algunas pruebas y sobreviva alguien, las personas dirán que los hechos narra-dos son tan monstruosos que no merecen ninguna confianza: dirán que son exage-raciones de la propaganda aliada y nos creerán a nosotros, que negaremos todo, y no a ustedes. Nosotros dictaremos la historia de los *lager*'. Curiosamente, ese mis-mo pensamiento ('aunque lo contemos no nos creerán') brotaba, bajo la forma de un sueño nocturno, de la desesperación de los prisioneros. Casi todos los sobrevi-vientes, de manera oral o en sus memorias escritas, recuerdan un sueño muchas veces recurrente en las noches de confinamiento, variado en los particulares pero único en sustancia: de haber vuelto a casa y contado con pasión y alivio sus sufrimientos pasados, dirigiéndose a una persona querida, y que no se les creía o escuchaba. En la forma más típica (y más cruel), el interlocutor se volteaba y se alejaba silencio-samente" (P. Levi, *os afogados e os sobreviventes.* Trad. De Luiz Sérgio Henriques, Río de Janeiro, Paz e Terra, 1990, 1).
17. *Historikerstreit,* Munich, Piper, 1987; traducción francesa: *Devant l'histoire. Les documents de la controverse sur la singularité de l'extermination des Juifs par le régime nazi,* París, Vrin, 1992, 87-109.
18. Cf. J. -M CHAUMONT, La singularité de l' univers concentrationnaire selon Hannah Arendt, en: A.-M. Roviello y M. Weyemberg (eds.), *Hannah Arendt et la Modernité.* París, Vrin, 1992, 87-109.

acumulativos que transforman, en los campos de concentración, al individuo humano en cadáver vivo–[19]. Ahora, concluye Chaumont, "si la producción de muertos-vivos constituía el objetivo principal de la dominación totalitaria, debemos creer entonces que el exterminio directo obedecía aún a otros motivos, a motivos de respeto de los que Arendt no dice nada"[20].

Hablar, en cuanto historiador, de la singularidad de los crímenes nazis exige, según Ricoeur, que se haya sometido previamente a análisis la idea de la singularidad o de la unicidad:

(...) el error consistiría en confundir la excepcionalidad absoluta en el plano moral con la incomparabilidad relativa en el plano historiográfico. Esta confusión afecta en muchas ocasiones la tesis de pertenencia de los dos sistemas, bolchevique y hitleriano, al mismo género –totalitario–, o la aseveración de una influencia mimética y casual de un crimen sobre el otro. La misma confusión afecta muchas veces el alegato de la singularidad absoluta de los crímenes nazis. Inversamente, no vemos cómo la pertenencia al mismo género, totalitario –o incluso a la influencia mimética y casual de un crimen sobre el otro–, tendría una virtud de disculpa ["virtud disculpante"] para los herederos de la deuda de un crimen particular. El segundo uso del concepto de singularidad –el incomparable– no disipa el anterior- lo que no puede ser repetido ["le non répétable"]: el género común no impide la diferencia específica, en la medida en que ella es la importante para el juicio moral sobre cada crimen considerado individualmente. A ese respecto, defendería de buen grado una singularidad propiamente moral, en el sentido de una incomparabilidad absoluta de las irrupciones del horror, como si las figuras del mal tuvieran, en virtud de la simetría entre admirable y abominable, una singularidad moral absoluta. No posee una escala de lo inhumano, porque lo inhumano no tiene escala, en la medida en que escapa a las normas incluso negativas ["l'inhumain est hors échelle, dès lors qu'il est hors normes même négatives"][21].

---

19. Arendt, *The Origins of Totalitarianism*, 437-459.
20. Chaumont, op. cit., 108.
21. Paul Ricoeur, *La Mémoire, L'Histoire, L'Oubli*. París, Seuil, 2000, 432-435.

Con todo, la novedad radical del totalitarismo, sobre la que Arendt insiste mucho, es la que acaba por convertir propiamente en *impensable* para Ricoeur el "concepto enteramente nuevo, sin precedente, de poder" [22], subyacente a la política de los regímenes totalitarios: "Esta sería la paradoja epistemológica sobre la que se fractura la obra *The Origins of Totalitarianism*". Y esto es lo que exigirá un cambio de enfoque en *The Human Condition*: "La posibilidad del mundo no totalitario debe buscarse en los recursos de resistencia y renacimiento incluidos en la propia condición humana[23]". Arendt ya había anunciado, en la carta del 6 de agosto de 1955 que escribió a Karl Jaspers, su intención de escribir un libro que sellaría su reconciliación con el mundo, y que sería intitulado *Amor mundi*[24].

Su propia experiencia de los efectos de la dominación totalitaria enseñó a Arendt que su morada era un mundo común compartido con una pluralidad de hombres y no por la actividad de pensar. Está claro que ella sabía que la actividad de pensar también era necesaria para proteger ese dominio común o público. Sin embargo, para Arendt eso no significa que el pensar pueda regir todas las demás actividades, la fabricación, la acción, el querer y la actividad de juzgar.

Cuando describe, en *The Human Condition*, la "única actividad que se ejerce directamente entre hombres, sin la mediación de los objetos o de la materia" y que "corresponde a la condición humana de la pluralidad, ante el hecho de que son los hombres y no el Hombre, los que viven en la tierra y habitan el mundo"[25], Arendt destaca dos características notables de acción, su

---

22. Arendt, op. cit, 417.
23. Ricoeur, Prefacio a la segunda edición francesa de *Condition de l'homme moderne*. París, Calmann-Lévy, 1983, VIII-IX.
24. *Hannah Arendt, Karl Jaspers, Briefwechsel, 1926-1969*, C, 169.
25. Arendt, *the Human Condition*, 9. Para Arendt la *pluralidad* "es la condición de la acción humana porque todos somos semejantes [*because we are all the same*], es decir, humanos, de tal manera que nunca nadie es idéntico a ningún otro hombre que haya vivido, viva o vaya a vivir" (*HC*, 10). La pluralidad humana, condición básica no sólo de acción sino también de discurso, posee de esta forma el doble carácter de *igualdad* y *distinción*: "Si los hombres no fueran iguales [*If men were not equal*], no podrían comprenderse los unos a los otros, ni comprender a aquellos que los precedieron, ni planear el futuro y prever las necesidades de aquellos que vendrán después de ellos. Si los hombres no fueran distintos (...) no necesitarían del discurso o de la acción para hacerse entender" (*HC*, 155-156). La pluralidad humana, que significa al mismo tiempo igualdad y distinción, favorece la individualidad en vez de destruirla: "la pluralidad humana es la pluralidad paradójica de seres únicos" (*HC*, 156).

inherente no limitación y su inherente imprevisibilidad, pero también su futilidad, su fragilidad y la irreversibilidad del proceso que se inicia al actuar[26]. En el análisis de Arendt, la acción propiamente dicha, *el concepto espontáneo de algo nuevo*, aparece como ambigua y paradójica. Actuar consiste en ejercer la libertad y, al mismo tiempo, en perderla:

> La capacidad humana de la libertad, (...) al crear la trama de las relaciones humanas, parece enredar de tal modo lo que produce, que aparece mucho más como la víctima de lo que hace, y de lo que sufre, y no como su autora y agente. En ninguna otra parte, en otras palabras, ni en el trabajo, sujeto a las necesidades de la vida, ni en la fabricación, dependiente de un material dado, el hombre aparece menos libre que en esas capacidades cuya misma esencia es la libertad y en ese dominio debe su existencia única y exclusivamente al hombre (HC, 209-210).

Los hombres de acción no son los únicos sino también los pensadores, los que siempre buscan un sustituto para ese carácter paradójico de la acción. Todas esas tentativas para escapar de la fragilidad de los asuntos estrictamente humanos se resumen, en la opinión de Arendt, en la supresión del propio dominio público. Lo que caracteriza todas esas tentativas es el concepto de *gobierno,* es decir, "la noción de que los hombres sólo pueden vivir juntos, legítima y políticamente, cuando algunos tienen el derecho de mandar y los demás son forzados a obedecer" (*HC*, 198). En Platón encontramos , dice ella, esa substitución de acción por el gobierno, así como una interpretación de la acción en términos de fabricación. Todo el vocabulario de la teoría política y de la reflexión política testimonia la persistencia y el triunfo de esta metamorfosis de acción en fabricación. Sustituir el actuar (*acting*) por el hacer (*making*) es en cierta forma el voto secreto de todos los pensamientos antidemocráticos[27].

En ningún momento, Arendt concibe la acción como un medio para lograr un fin –toda concepción instrumental de la acción impide la distinción entre la acción y la violencia. Según Arendt, la acción permanece fuera de la esfera de la violencia,

---

26. Cf. *HC*, 171, 174, 208-209.
27. Cf. *HC*, 202-206.

por lo tanto fuera de la esfera de la desigualdad. El espacio público –el espacio político– implica al mismo tiempo igualdad y diferencia. La acción auténtica, al contrario del trabajo y la obra, siempre es *interacción* que supone una rica diversidad del espacio público. Ni el trabajo, ni la obra logran abrir un espacio para la pluralidad humana. La acción y el diálogo requieren de un espacio público, y es justamente la existencia de ese espacio lo que permite la aparición de la *libertad*. Libertad y política coinciden. Al enraizar la propia capacidad de actuar, o la iniciativa de la acción, al *hecho de la natalidad*, Arendt quería recuperar la concepción de libertad que aparece en Agustín en su tratado político *De Civitate Dei* [413-426], es decir, la libertad considerada idéntica a la capacidad humana de dar inicio a algo nuevo e imprevisible[28]. La capacidad de actuar o la iniciativa de acción siempre está acompañada de calamidades o de lo que Arendt llama "enfermedades de la no soberanía" (*HC*, 211). En ese contexto, a partir de su análisis de la acción surge una pregunta con el fin de saber si esta actividad no conlleva ciertas potencialidades que le permitan superar su infortunio específico, las enfermedades de la no soberanía, y que se introduce el tema de la *redención* de la acción.

---

28. En *The Life of the Mind* (Mary McCarthy [ed.], vol. II: *Willing*, Nueva York, Harcourt Brace Jovanovich, 1978), Hannah Arendt regresa a la noción agustiniana de libertad como un carácter de la existencia humana en el mundo. Al confrontar la temporalidad de las facultades humanas con la no temporalidad de Dios, en el último de sus grandes tratados, *De Civitate Dei* [413-426] –una confrontación no sólo teológica sino *estrictamente fenomenológica*–, el análisis agustiniano de la voluntad presenta un elemento suplementario. Arendt resume aquí el alcance de esta confrontación (en los Libros XI a XIII de *La Ciudad de Dios*), en lo que dice respecto a la fenomenología de la voluntad: Dios, "El mismo eterno", y sin embargo, "sin comienzo", no sólo creó el tiempo al mismo tiempo que el mundo, sino que creó al hombre como un ser esencialmente temporal, y no, como una creatura que vive sencillamente "en el tiempo". La creación del mundo no se confunde con la creación del hombre. Y para marcar esa diferencia, Agustín utiliza la palabra *initium* para la creación del hombre, y la palabra *principium* para la creación del mundo. La creación del hombre consistió de esta manera en instaurar un *initium*, es decir, un poder de innovar, que es indisociable de una individualización que se manifiesta mediante la voluntad: "el hombre ha sido puesto en un mundo de cambio y movimiento como un nuevo comienzo porque sabe que tiene un comienzo y que tendrá un fin; sabe incluso que su comienzo es el comienzo de su fin –'toda nuestra vida es tan solo una carrera en dirección hacia la muerte" (*La Ciudad de Dios*, Libro XIII, capítulo 10). Con el hombre, creado a imagen de Dios, vino al mundo un ente que puede estar dotado de capacidad de querer y de rechazar [*capacity of willing and nilling*]

Al contrario del trabajo y de la obra, escribe Arendt, la acción no debe su redención a alguna otra facultad o a una facultad posiblemente superior a ella, sino el *potencial inherente a la propia acción.* La primera potencialidad inherente a la acción se refiere al *pasado,* y sirve para deshacer lo que se hace: "la redención posible del infortunio de la irreversibilidad –de ser incapaz de deshacer lo que se hace, aunque no se sepa, y no se puede saber, lo que se hacía– es la facultad de perdonar". La

porque era un comienzo en carrera hacia un fin" (*Willing,* p. 108-109). El alcance fenomenológico de esta especulación consiste en lo siguiente: el primado de la voluntad [capacidad de querer y de rechazar] necesita no sólo el primado del futuro, sino también la capacidad del individuo para innovar en lo singular, de ser "un nuevo comienzo en virtud de su nacimiento" (*Willing,* p. 109). Arendt puede entonces concluir: "Si Agustín hubiese llevado esas especulaciones hasta sus consecuencias, habría definido a los hombres no como lo hicieron los griegos, como mortales, sino como "natales" ['*natals*'] y habría definido la libertad de voluntad no como *liberum arbitrium* (...) sino como la libertad de la que habla Kant en la *Crítica de la Razón Pura*" (*Willing,* p. 109) –es decir, como una pura espontaneidad, una facultad de iniciar por *sí mismo* un estado (una *espontaneidad* "capaz de dar inicio *por sí misma* a una serie de fenómenos que se desarrollan según las leyes de la naturaleza", KrV, B 474). Entonces no es la noción voluntarista e interior de la libertad sino otra concepción de la libertad en Agustín la que Arendt tiene la visión de recuperar, es decir, una noción de libertad, en la que ésta es idéntica a la capacidad humana de dar inicio a algo nuevo e imprevisible: "Porque es un comienzo el hombre puede comenzar; ser un hombre y ser libre son una misma cosa" (H. Arendt, *Between Past and Future: eight exercises in political thought*, Nueva York, Viking Press, 1968, 167). La voluntad, en la última sección de The abyss of Freedon and the *novus ordo seclorum* [El abismo de la libertad y el *novus ordo seclorum*], de las "Conclusiones" de The Life of the Mind, cede el lugar a la libertad propiamente política. Ese segundo volumen de *The Life of the Mind* termina con ese pasaje de la libertad filosófica, la libertad de la voluntad, la libertad política del ciudadano. Ella esperaba encontrar en los hombres de acción una noción de libertad purgada de las dificultades o perplejidades causadas por la *reflexividad* de la voluntad en la medida en que es una facultad mental, sin embargo, para su frustración llegó apenas a la conclusión de que siempre que los hombres de acción, hombres que querían cambiar el mundo, se preparaban seriamente para un nuevo comienzo, ellos se dirigían hacia algo anterior. Las dos grandes leyendas de la fundación de la civilización occidental, la judía y la romana, que se convirtieron en guías para el pensamiento político occidental, señalan el problema –el abismo de la libertad– sin resolverlo: "El abismo de la pura espontaneidad (...) se vio cubierto por el recurso típico de la tradición occidental (la única tradición en que la libertad siempre fue la *raison d'être* de toda política) de comprender lo *nuevo* como una reafirmación mejorada de lo antiguo" (*Willing,* 216). Arendt concluye el segundo volumen de *The Life of the Mind* retomando la única alternativa propuesta, que ella conoce, en toda nuestra historia del pensamiento político, a esa conclusión tan frustrante, es decir, retoma la noción agustiniana de libertad como un carácter de la existencia humana en el mundo. En *La Ciudad de Dios*, cuando Agustín fundamenta la propia capacidad del comienzo en la *natalidad*, mencionó, dice Arendt, pero no esclareció, "lo que podría haberse transformado el cimiento ontológico para una filosofía política (...) verdaderamente romana" (*Willing,* 216-217).

segunda potencialidad inherente a la acción respecto al *futuro*, sirve para crear, en ese océano de incertidumbre, islas de seguridad: "El remedio para la imprevisibilidad, para la incertidumbre caótica del futuro, está incluido en la facultad de prometer y de cumplir promesas" (*HC*, 212-213). De esta forma, pasado y futuro están estrechamente vinculados por esas dos facultades[29]. En la medida en que el perdón y la promesa corresponden al hecho de que vivir siempre es vivir entre hombres, en otras palabras, entre aquellos que son mis iguales[30], "su papel en la política establece un conjunto de principios de orientación ['guiding principles'], diametralmente diferente de los patrones 'morales' inherentes a la noción platónica de gobierno" (*HC*, 213). Para Arendt, el código moral, inferido a partir de las facultades de perdonar y de prometer, se apoya en *experiencias* que se basan completamente en la presencia de los demás, es decir, en la experiencia que nadie puede tener consigo mismo en la soledad o el aislamiento[31].

El perdón *desvincula* al agente de las consecuencias de un hecho, *y sólo por medio de esta liberación el agente puede permanecer un agente libre* (*HC*, 216). En ese sentido, el perdón es exactamente lo opuesto a la venganza, que *vincula* al agente a la cadena de consecuencias de la primera falta [*misdeed*]. Al contrario de la venganza, el perdón conserva la imprevisibilidad tan característica de la acción: "En otras palabras, el perdón es la única reacción que no re-actúa sino que actúa de manera nueva e inesperada, no condicionada por el hecho que la provocó, y que, por lo tanto, libera de las consecuencias del acto al mismo tiempo aquello que perdona y a aquél que es perdonado" (HC, 216). De esta forma, el perdón está ligado a la *acción*; y como sólo perdonamos lo que se hizo en consideración a *quién* lo hizo, el deshacer lo que se hizo "parece mostrar

---

29. Según François Ost, todavía es necesario asociar la memoria al perdón y la revisión [*remise en question*] a la promesa para la institución *jurídica* del tiempo social: "La memoria aparece como la proyección detrás de la promesa, la revisión será, a su vez, la anticipación del perdón. Sin embargo, se deja entrever largamente una subida en cuatro tiempos: unir y desunir el pasado, unir y desunir el futuro" (F. Ost, *Le Temps du Droit*, París, Odile Jacob, 1999, 28)
30. Para Arendt la pluralidad humana es específicamente "la condición −y no sólo la *conditio sine qua non*, sino la *conditio per quam*− de toda vida política" (*HC*, 10).
31. Cf. *HC*, 214.

el mismo carácter revelador que el mismo acto" (*HC*, 217). Al igual que la acción y el discurso, el perdón habla respecto de la identidad inconfundible de cada ser humano[32].

El descubrimiento del papel del perdón en el dominio público proviene, según Arendt, de una *auténtica experiencia política* cuyo primer germen puede ser visto desde el principio romano *parcere subjectis*:

> El único signo rudimentario de una conciencia ["an awareness"] de que el perdón puede ser el correctivo necesario para los daños inevitables que resultan de la acción, puede verse en el principio romano de perdonar a los vencidos (*parcere subjectis*) –una sabiduría que los griegos desconocían completamente–, o en el derecho de conmutar la pena de muerte, probablemente también de origen romano (...) (*HC*, 215).

Los griegos tampoco reconocían el poder de prometer y cumplir promesas como uno de los remedios inherentes a la acción. Según Arendt, esa capacidad se remonta "al sistema del derecho romano, a la inviolabilidad de los acuerdos y tratados (*pacta stunt servanda*)", pero también podemos atribuir a Abraham, "el hombre de Ur", dice ella, el descubrimiento del poder de los pactos y la promesa[33]. Este poder tiene la capacidad, que instaura los pactos y los contratos, de redimir la acción del infortunio de la imprevisibilidad, que debe no sólo a su desconfiabilidad fundamental ("ningún hombre puede garantizar hoy lo que será mañana") sino también la "imposibilidad de prever las consecuencias de un hecho en una comunidad de iguales, donde todos tienen la misma *capacidad* de actuar" (*HC*, 219). Para Arendt, la fuerza de la promesa mutua o del contrato consiste en "mantener unidos" a todos aquellos que la integran, dis-

---

32. Véase aquí *HC*, 155-161, 217. En lo que dice respecto al castigo, éste es considerado por Arendt no como el opuesto del perdón, sino como una alternativa del perdón: "ambos intentan finalmente algo que sin interferencia podría proseguir indefinidamente" (*HC*, 217). Entonces es muy significativo –y se trata, para Arendt, de un elemento estructural en el dominio de los asuntos humanos– "que los hombres son incapaces de perdonar lo que ellos no pueden castigar, y que son incapaces de castigar lo que se revela finalmente imperdonable" (217).

33. Cf. *HC*, 219.

poniendo "pequeñas islas de certidumbre" o "marcos de confiabilidad" en lo que aparece como un "océano de incertidumbre" (*HC*, 220). Para Arendt, la soberanía asume, en el caso específico de muchos hombres unidos mutuamente por promesas, "una cierta realidad limitada. La soberanía reside en la independencia limitada, que resulta de esas uniones, en relación con el carácter incalculable del futuro, y sus límites son los mismos que aquellos inherentes a la propia facultad de hacer y de cumplir promesas" (*HC*, 220). Nietzsche, "con su extraordinaria sensibilidad para los fenómenos morales", recuerda aquí Arendt, no sólo "vio en la facultad de prometer (la 'memoria de la voluntad', como él la llamó) la propia marca que diferencia la vida humana de la animal, pero también vio con incalculable claridad la conexión entre la soberanía humana y la facultad de hacer promesas", en el segundo tratado de su obra *Zur Genealogie der Moral*[34].

Arendt busca, con la capacidad de perdonar y la capacidad de prometer y cumplir promesas, normas "morales" que no se fundan en una facultad posiblemente superior a la acción o en experiencias externas a su dominio. Para ser válida políticamente, la moral sólo puede apoyarse en remedios inherentes a la propia acción, es decir, en remedios que "surgen de la voluntad de vivir con los demás en la moralidad de actuar y del discurso"; en cuanto preceptos morales, por lo tanto, "la capacidad de perdonar y ser perdonado, de hacer promesas y cumplirlas (...) son mecanismos de control imbuidos en la misma facultad de iniciar procesos nuevos y sin fin" (*HC*, 221). El hecho de la natalidad, en el que se funda la propia capacidad de iniciar algo nuevo, o la capacidad de actuar, es entonces lo que "salva" el dominio de los asuntos humanos.

---

34. Cf. *HC*, 221. Véase aquí Oswaldo Giaccoia, Jr., *El gran experimento sobre la oposición entre eticidad (Sittlichkeit) y autonomía en Nietzsche*, *Trans/Form/Ação*, v. 12 (1989), 106-109. 118-129.

Adélia Prado (1935-...)

Devoción a Adélia Prado

Fray Brás José da Silva

Conocí a Adélia Prado en la Pontificia Universidad Católica (PUC), cuando yo estudiaba filosofía. Primero conocí a la persona y no así la obra. Transcurría el año de 1980 –cuatro después de la publicación de *Bagagem*–, y me encontré con la poetisa por medio de Affonso Romano de Sant'Anna. Yo era alumno de filosofía, pero estaba muy interesado en letras, literatura y, naturalmente, teología. Conocí a Adélia hablando, leyendo algunos poemas, incluso el primer poema de su libro. Fue entonces que me llevé un susto –cito el término que ella misma utiliza cuando se refiere a Drummond y João Guimarães Rosa– e inmediatamente compré, allí, nuestros *pilotis* de la PUC, el único y primer libro disponible de la autora en esa época era *Bagagem*.

Desde entonces he estado en contacto con la poesía de Adélia Prado. No es una relación intelectual, metódica, literaria, porque no tengo tal formación. Mi formación, en relación con su obra es de lector, y también de poeta. He leído y acompañado sus pasos de tal manera que en una ocasión Adélia se dirigió a mí, diciendo: "Eres mi *devoto*. El padre Brás no es un lector sino un *devoto*". Yo sabía dónde estaban todos los poemas que mencionaba en su conversación. "¿Dónde está el poema 'Casamento'?, preguntaba ella. Yo decía: "En la página 177". Una vez más: "¿Y el poema 'Muchacha y su cama?' Respondía en el momento: "En la página 175..."

Antes que alguna persona del auditorio encontrara el poema, yo ya lo sabía de memoria. Llegué a ese punto, en relación con sus primeros libros. Sin embargo, recientemente he perdido un poco de habilidad, porque el libro *Poesia reunida* abarca la poesía, además de la prosa de la autora. Por eso, las páginas cambiaron –pero mi amor y mi afecto nunca cambiarán. En una ocasión visité a Adélia Prado en Divinópolis. ¡Créanme: llegue a tanto!... Vivía en Minas y fui a Divinópolis, durante un viaje a Patos de Minas, donde nací. Sabiendo que ella tenía un hermano que era fraile franciscano, yo –también fraile- fui a visitarla. Toqué en el número 173 de la calle Ceará, si no me equivoco, la calle de la infancia. La casa cambió, pero Adélia continúa hasta hoy en la misma calle. No estaba, había ido al teatro. Fuimos al teatro, yo y otras dos amigas conocedoras de su obra. Al llegar allí, la poetisa nos recibió cariñosamente –nosotros, los inoportunos. Dijo que deberíamos visitarla otro día. Le dijimos: "Sí, con mucho gusto". Agregó: "Entonces, vayan a tomar café conmigo mañana".

¡Pueden imaginar cómo quedó este lector, un fraile apasionado por la poesía de Adélia –y por ella– con esa acogida! Fuimos al día siguiente a su encuentro. Puedo decir que tomé café con una escritora, mujer importante, mujer de palabra. –Era casi Navidad, y ya había preparado el nacimiento– "Lapinha", uno de sus bellos títulos publicado en *Terra de Santa Cruz* (1981). Había preparado el nacimiento, y cuando llegué, me permitió que yo colocara a san Francisco de Asís. Lo colocamos, como ya se hacía en el año 1223 d.C. en Greccio, Italia, cuando san Francisco inventó y teologizó (volvió litúrgico) el nacimiento. Después de esto, nunca más dejé de ser el Niño Jesús de la poesía de Adélia.

Leía su poesía con gran devoción. Y, así pude escuchar su voz. Me quedé en *estado de gracia* –para utilizar un término suyo– cuando descubrí el tomo desconocido de la autora, con los poemas de los *Oráculos de maio*. ¡Imagínense qué belleza!... tuve la oportunidad de escuchar, con una bella banda sonora hasta el fondo, el espectáculo en el que Adélia Prado leyó sus poemas, hace algunos años, en São Paulo.

Aquello que se percibe de inmediato en su poesía es la presencia de los dos elementos consustanciales: lo cotidiano y el lenguaje coloquial. Al mismo tiempo, la obra desmiente una aparente simplicidad. En ella afloran, en algunas ocasiones con violencia, temas singularmente entrelazados, como el misticismo y el erotismo. Se trata de una poesía en la que el rigor del len-

guaje no abdica el rigor de la pasión, de la denuncia y de la infinita capacidad de aprehensión conmovida de lo que hay de
mayor o menor en la vida humana. Hablar de Adélia es hablar de una *mujer*. Una gran responsabilidad. Es necesario que descubra –a partir de mi sensibili-
dad masculina y femenina– *lo que* ella nos habla, de los hombres, cómo habla de ellos, y *sobre quién* habla la autora. Aquí,
me dedico exclusivamente a su literatura poética, no trato la
prosa. Además de eso, utilizo solamente el libro *Bagagem*, el primero. Podría citar el último, porque ambos concuerdan. Parece
que Adélia escribió uno ayer y otro hoy. En la temática del contenido, en la forma literaria, incluso habiendo transcurrido tantos años entre los dos, son muy cercanos. En *Bagagem*, ella
aborda situaciones vitales del ser humano. Anticipa, en la primera obra, aquello que será una constante en la construcción coherente de su palabra poética sobre la vida y sus misterios. La
construcción de lo femenino y su participación enérgica en la construcción de lo masculino se dan en asociación con la vida y en
asociación con la literatura.

En el desarrollo de este minúsculo trabajo que presento, está
presente nuestro encuentro con el hombre y con los hombres en
la poesía, en el sueño, en el cuerpo y en la vida de la autora. El
itinerario de este ensayo se basará en el modo poético de Adélia
Prado, descrito por ella misma a partir de la constatación de que,
después de los vendavales de la vida, se recompone cierta dulzura. Podemos leer:

EL MODO POÉTICO[1]
...el polvo misericordioso cubrió cosa y dolor,
dio el retoque final.

La esencia de este texto es el hombre como personaje del libro
Bagagem.

Continúa el itinerario de palabra de esa mujer, sobre el universo masculino descrito a la luz del universo femenino. Porque
la mujer es la que escribe sobre el hombre. Se trata del lengua-

---

1. Adélia Prado, *Bagagem*, en *Poesia reunida*, São Paulo, Siciliano. 2001, 79.

je de la mujer apasionada que describe el objeto del amor y del deseo, delicada y vigorosamente, con decisión y pasión decisiva. Describe al hombre como género, el género masculino: ¿dónde encontramos, en *Bagagem*, al hombre como género, la teología del género, la poesía del género, la literatura del género? En la obra, la primera expresión poética de la autora ya indica que el hombre es el personaje literario que define su modo poético:

CON LICENCIA POÉTICA[2]
Ser cojo en la vida es maldición para el hombre,
La mujer es desdoblable. Yo soy.

Aquí percibo, también en la literatura, una constatación del papel del hombre y de la mujer. Esta referencia-respuesta al poeta Carlos Drummond de Andrade traduce su lenguaje literario y su condición de mujer en la poesía y, naturalmente, en la vida. Veremos este aspecto en varias descripciones que Adélia hace de los hombres.

LO QUE CANTA LA MUSA ETERNA[3]
"Aborrezco que me llamen intelectual,
soy un hombre como todos los demás"

NOSTALGIA BUCÓLICA[4]
Después, café en el jarro y una pena.
Eso es lo que un hombre necesita para hablar,
entre azadón y sueño: ¡Alabado sea Dios!

REZO PARA LAS CUATRO ALMAS DE FERNANDO PESSOA[5]
Los rebaños guardados vigilan al hombre.

Ésta es una clara referencia al poeta Fernando Pessoa, revisitado por Adélia Prado, en forma de poesía:

---

2. Ibid., 11.
3. Ibid., 41. Las comillas son de la autora. En el poema los versos se presentan como reproducción de la declaración de un jugador de futbol a quien la autora no identifica.
4. Ibid., 43.
5. Ibid., 53.

UNA VEZ VISTO[6]
Para un hombre con flauta,
Su boca y manos,
Yo permanezco callada.
(...)
El hombre con la flauta
Es mi susto pendiente
(...)
Como los ratones de la fábula yo lo sigo
Royendo el incarcomible amor.
¿Existe el hombre con la flauta?

INSOMNIA[7]
El hombre vigila
Dentro de él, exaltados,
Aúllan los perros de la memoria.

Por lo tanto, encontramos al hombre como género masculino.
¿El hombre es compañero del amor? Está presente: es clara la
participación con este sujeto histórico, sujeto literario, personaje.

EN MEDIO DE LA NCOHE[8]
Desperté a mi amor para contarle mi sueño:
(...)
Viendo que no mentía dijo:
las mujeres son complicadas. El hombre es muy sencillo.
Yo soy sencillo. (...)

LOS LUGARES COMUNES[9]
Cuando el hombre que iba a casarse conmigo
Llegó por primera vez a mi casa,
(...)
Me miró con ojos admirados
Y tomó mi mano (...)
(...)
Hasta hoy me ama con amor
Con parsimonia y repentinos roces.

---

6. Ibid., 85.
7. Ibid., 122.
8. Ibid., 17.
9. Ibid., 89.

PSICÓRDICA[10]
Vamos a dormir juntos, mi bien,
sin serias patologías.

UNA SOLUCIÓN[11]
Mi amor es así, sin ningún pudor.

AMOR FEO[12]
Yo quiero un amor feo.
(...)
Duro por su fuerza, el amor feo es poco, chiflado por el sexo
y con hijos los que haya.
(...)

PARA CANTAR CON EL SALTERIO[13]
Te espero y no me canso, desde ahora y por siempre,
amado que vendrá a poner su mano en mi cabeza
e inventar con su boca de verdad
un nombre para mí.

VENTANA[14]
(...) vi
a mi amor llegar en bicicleta y decir a mi padre:
mis intenciones con su hija son las mejores posibles.

Percibimos, entonces, al hombre y al género masculino más abstracto, y después nos encontramos con el hombre de la mujer apasionada, de la muchacha, la hembra, femenina. ¿Y el hombre José? Ya no se trata del hombre universal, sino del hombre en particular. El paralelo literario es el marido –es decir, José, José Assunção de Freitas. El paralelo literario entre el personaje José, nombre de su marido, y el José de la poesía de Drummond de Andrade, explícitamente citado, termina en un poema maravilloso, amoroso, que saluda a los hombres en su literatura más romántica, a punto de comprenderlos como semejantes a la imagen celeste.

---

10. Ibid., 90.
11. Ibid., 94.
12. Ibid., 97.
13. Ibid., 98.
14. Ibid., 105.

AHORA, JOSÉ[15]

Es tu destino, José,
a esta hora de la tarde,
apoyarte contra la pared,
las manos hacia atrás.
Tu saco abotonado
de otros fríos te guarda,
adorna con tres botones
tu dura paciencia.
La mujer que tienes, demasiado histérica,
demasiado histórica, desanima.
(...)
'En medio del camino había una piedra'
'Tú eres piedra, y sobre esta piedra'
La piedra, oh José, la piedra.
Resiste, oh José. Sueña, José,
duerme con tu mujer,
Gira la pesadísima aldaba de hierro.
El reino del cielo es semejante a un hombre
como tú, José.

En este momento, vale la pena leer el maravilloso poema
"Pelea en el callejón". De vez en cuando leo en los matrimo-
nios un poema de Adélia en vez de leer el llamado "Casamiento", me gusta recitar "Pelea en el callejón":

PELEA EN EL CALLEJÓN[16]

Encontré a mi marido a las tres de la tarde
con una güera oxigenada.
Tomaban guaraná y reían, los desvergonzados.
Los ataqué por atrás con mis manos y palabras
que nunca creí saber.
Volaron tres dientes y grité, los golpeé y grité,
Mis gritos eran rugidos, un torrente de improperios.
Se juntó gente, se oscureció el sol,
el polvo se levantó como una cortina.
Él me pegaba en los brazos, en las piernas, en la cintura,
sin poderme parar, piraña, bicho de lo peor,
hembra ofendida, aullaba.

---

15. Ibid., 35.
16. Ibid., 101.

Grité, grité, grité, hasta que el volcán se agotó.
Cuando ya no pude más me quedé rígida,
las manos en la garganta de él, los dos petrificados,
yo sin tocar el piso. Cuando abrí los ojos,
las mujeres abrían paso y me tocaban, pidiéndome favores.
Desde entonces hago milagros.

Todo el universo romántico de la autora, sin ningún pudor, tan sólo una declaración apasionada, está dedicado al Zé, su amor especial, su amor universal. Dice así:

PARA ZÉ[17]
Yo te amo, hombre, hoy, como
toda la vida quise y no sabía,
(...)
...Yo te amo, hombre, amo
tu corazón, como es, la carne de que está hecho,
(...)
...Tomo tu mano, me afierro, viajo
para tener melancolía, me callo,
(...)
...Te aprendo, hombre. Lo que la memoria ama
permanece eterno...
(...)
Yo te amo, hombre, exactamente como amo lo que
siento cuando escucho el oboe...
(...)
...Así,
te amo de la manera más natural, un verdadero romántico,
hombre mío, especial, hombre universal.

En otro poema, ella dice: "Mis hijos me repudiaron avergonzados,/mi marido se quedó triste hasta la muerte,/yo quedé loca en el camino./Sólo mejoro cuando llueve". Esto pertenece a un poema bellísimo, llamado "Mujer loca", que inspiró al director de teatro Naum Alves de Souza y a la actriz Fernanda Montenegro, dando por resultado un monólogo escenificado en Río de Janeiro.

---

17. Ibid., 101.

"¿Mi papá es el hombre?" Adélia tenía 15 años, cuando murió su madre. El papá, la figura que marcará su poesía, la acompañó por mucho tiempo, hasta 1972, año en que murió. La madre también está presente en bellísimos poemas, pero nuestra atención, por la fuerza de la temática, destaca el personaje del padre.

LECTURA[18]
Anda, Dios mío, padre mío, padre mío.
Después encontré a mi padre, que me hizo fiestas
y no estaba enfermo ni había muerto, por eso reía...

EXTRAÑO POEMA[19]
Madre, oh madre, oh, padre, mi padre.
¿Dónde están escondidos?
Están dentro de mí.

IMPRESIONISTA[20]
En una ocasión,
mi papá pintó toda la casa
de anaranjado brillante.
Por mucho tiempo vivimos en una casa,
como él mismo decía,
de un amanecer constante.

ELEGÍA DE LAS TRES HERMANAS[21]
Nuestro padre murió, dijo la primera,
nuestra madre murió, dijo la segunda,
somos tres huérfanas, dijo la tercera.

DOS MANERAS[22]
...me escondo tras la puerta,
donde mi papá cuelga su camisa sucia...

---

18. Ibid., 19.
19. Ibid., 21.
20. Ibid., 37.
21. Ibid., 54.
22. Ibid., 72.

CANCIÓN DE JUANA DE ARCO[23]
...mi papá me comprende sin preguntas...

ENREDO PARA UN TEMA[24]
Lo mejor del amor es su recuerdo, dice mi padre.

LA CANTIGA[25]
...canta más, canta que pienso en mi madre,
en mi vestido estampado, en mi padre sacando
la carne del sartén,
canta que yo pienso en mi vida.

LA NIÑA DEL OLFATO DELICADO[26]
...no quiero comer, madre
(cuando inauguren la luz eléctrica y mi padre
consuma con el gasómetro, comeré).

Es interesante observar la aparición del sentimiento familiar y la declaración de amor de dos mujeres, madre e hija, dedicadas al mismo amor, el marido y el padre:

ENSEÑANZA[27]
Mi mamá pensaba que el estudio
era la mejor cosa del mundo.
No lo es.
La mejor cosa del mundo es el sentimiento.
Aquel día de noche, mi papá en el sarao,
ella habló conmigo:
'Pobre, hasta esas horas en el servicio pesado'.
Ordenó pan y café, dejó la cazuela en el fuego
con agua caliente.
No me habló con amor.
Esa palabra de lujo.

---

23. Ibid., 87.
24. Ibid., 91.
25. Ibid., 109.
26. Ibid., 112.
27. Ibid., 118.

LA POESÍA[28]
La última palabra, sofocada. Sus ojos empañados.
¿Oh mi padre, qué me dabas entonces?
¿La comida que mata el hambre y que trae otras hambres?

La voz del padre acompaña a Adélia Prado, y lo reconoce
con ternura, respondiendo con poesía a la voz del padre:

FIGURATIVA[29]
Mi papá cuando cavaba el campo nos mostró,
con el ojo del azadón, el chistoso bicho,
la cobra de dos cabezas.
(...)
Mi madre me habló: 'vaya a casa de su abuelo
a buscar harina...'
(...)
Su voz no era acre. 'Hazte a un lado, hazte a un lado',
mi papá hablaba con amor.
Todavía en un sueño, ansiosa de recuerdos,
la poeta escribe:

EL SUEÑO[30]
Lo reconocí en la manera de decir mi nombre,
me llamó como en vida,
A partir de la tónica:
'Delia, ven acá'.

Esto nos recuerda a Jesús, cuando, después de la resurrección, menciona el nombre de una de las mujeres más próximas
a él: María (Jn 20, 19). Inmediatamente, ella lo reconoce, de la
misma forma en que Adélia, en el sueño-poesía, recuerda la voz
del padre llamándola por su nombre. La autora lo reconoce de
inmediato.

Con fe y deseo de perpetuar la memoria paterna, su poesía
absoluta decreta:

---

28. Ibid., 130.
29. Ibid., 131.
30. Ibid., 132.

PARA LA PERPETUA MEMORIA[31]
Después de morir, resucitó
y se me apareció muchas veces en sueños.

La relevancia de la muerte del padre se da en el orden presente en las muertes sucesivas. Vean la belleza del hombre-padre que describe esa mujer:

LAS MUERTES SUCESIVAS[32]
Cuando mi hermana murió lloré mucho
y me consolé muy rápido...
(...)
Cuando murió mi madre, mi consuelo fue más lento.
(...)
Cuando murió mi padre nunca más hallé consuelo.

En el poema, en ocasiones, Adélia habla del padre como él, y en otras como un hombre. La tristeza frente a la muerte del padre provoca el nacimiento del verso:

LA TRISTEZA CORTESANA ME GUIÑA LOS OJOS[33]
Tengo tres elecciones: en la primera, un hombre
que todavía está vivo y en el borde su cama me señala
y habla con su tono más bajo: "¿Ya vio, rece para
que pueda dormir?
(...)
En la última, yo mismo engendro este horror:
la sirena silba llamando a un hombre ya muerto
y se hace de noche y amanece, y él no vuelve...

Éste es un tema recurrente en su obra.

Sobre la fe en la resurrección, el recuerdo poético de la autora se remonta a las enseñanzas paternas:

---

31. Ibid., 133.
32. Ibid., 134.
33. Ibid., 70.

FE[34]
Una vez, desde la ventana, vi a un hombre
que estaba a punto de morir,
comía plátano amasado.
(...)
'¡Qué misterio profundo!' dijo
y dijo aún, gracias a Dios,
posando el plato.

CANTIGA[35]
Un hombre que había muerto cantaba...
(...)
Su alma, zumbaba de tan grave, tocable
como el aire de su garganta vibrando.

Éstas son algunas citas en las que ella habla del padre como él o el hombre –en el contexto de la poesía, sabemos que precisamente es el padre–.

¿Y el hombre Jesús? Adélia Prado no hace un discurso *cristocéntrico*, pero sí *teocéntrico*. Por eso, encontramos la relectura de la humanización de Dios en la persona de Jesús, el hombre.

SALUDO[36]
Te saludo, carne florecida en Jesús.
(...)
Donde hizo Jesús su amor inteligible.

ANTES DEL NOMBRE[37]
Quien entiende el lenguaje entiende a Dios
cuyo Hijo es el Verbo.

Ella no tomó cursos de teología, pero la reveló en la poesía. No lo hizo académicamente, pero la propone bien y vitalmente.

---

34. Ibid., 123.
35. Ibid., 129.
36. Ibid., 20.
37. Ibid., 22.

AZUL SOBRE AMARILLO, MARAVILLA Y ROJO[38]
En el alma, el amor de un mundo tan pequeño
como el que tiene en las manos el Niño Jesús de Praga.

GUÍA[39]
La poesía me salvará.
Digo constreñida, porque sólo Jesús
el Cristo es el Salvador, conforme escribió
un hombre –sin coacción alguna–...

CANCIÓN DE AMOR[40]
Ah, dijeron Marta y María, si hubieras estado aquí,
nuestro hermano no habría muerto. Esperen,
les dijo Jesús,
dejen que yo llore primero.

Además, tenemos la figura del hombre en expresiones masculinas genéricas. Adélia utiliza la expresión su dueño –expresión recurrente en los poemas de la autora. El presidente chupando naranjas. Después, menciona a los niños o al niño, en una serie de ocasiones, los doctores, aquellos que intrigados por su poesía, quieren decretar normas y todo lo que se pueda. También menciona a los muchachos, y son muchos los muchachos que aparecen en sus historias.

Ella no se olvida de los santos. Son muchos, en su literatura, prosa y poesía. Recurrencias a los santos más presentes –san Antonio y san Francisco de Asís–, naturalmente debido a su formación franciscana. Aparecen otros hombres especiales: Vinicius, Mozart, Pablo, Juan, Antonio, Víctor...

DESCRIPTIVO[41]
Los analistas dirán, según Freud: 'complejo de
castración'.

---

38. Ibid., 23.
39. Ibid., 63.
40. Ibid., 100.
41. Ibid., 71.

BOLETO DE PAPEL ROSA[42]
Cuántas locuras hice por tu amor, Antonio.
(...)
tu boca de brasa, Antonio, nuestra vidas unidas.
Antonio lindo, mi bien,
mi amor adorado,
Antonio, Antonio.
Tuya, para siempre.

En su obra, los padres son muchos. Cuando visité a Adélia
Prado aquella mañana del café, me dijo: "Ah, fraile, hace mucho
tiempo que un padre no venía a mi casa, desde que publiqué el
primer libro". Pregunté: "¿Y por qué será, Adélia?..." Recuerdo
sus versos:

LOS ACONTECIMIENTOS Y LOS DECIRES[43]
Aquel que está vivo dice:
Hoy a las tres el padre Liberio
da la bendición en la Villa Vicentina

CABEZA[44]
...Un obispo, cuando tiene celo
apostólico, es una cosa encantadora.
No me canso de explicárselo al pastor
de mi diócesis, pero él no comprende
y sólo me dice: 'hija mía, hija mía'.
¿'Cosas de obispo, de pastores, no es cierto'?

En cuanto a escritores y poetas, no podrían dejar de estar presentes en *Bagagem*. Aparecen muchos más en el transcurso de
la obra. Drummond, Raimundo Correia, João Cabral... Sobre éste
último, la autora tiene cierta "bronca" –o tal vez la bronca sea
de él–.

---

42. Ibid., 92.
43. Ibid., 39.
44. Ibid., 73.

TODOS HACEN UN POEMA A CARLOS DRUMMOND DE ANDRADE[45]

...la mujer habló alto:
sucede esto, siento envidia de Carlos Drummond
de Andrade
a pesar de nuestras extraordinarias semejanzas.
Y descifró el malestar de su existencia junto con el de él.

DISRITMIA[46]

El poeta sombrío aguarda la crítica
y lee sus versos, tres veces al día,
hecho un monje, con su libro de las horas.

EL MODO POÉTICO[47]

Mucho más grande que la muerte es la vida.
Un poeta sin orgullo es un hombre de dolores,
y mucho más de alegrías.

Ahora vienen los niños, porque los niños merecen un capítulo aparte. Adélia escribe cinco libros, y nunca menciona el término *criatura*. Es curioso... Sólo llega a citarlo cuando se hace abuela. Los hijos eran niños –los nietos pasan a ser *criaturas*–. Esto es un descubrimiento extraordinario, interesantísimo. Los niños pueblan su universo. Los niños, los gatos, los cachorros, el león y muchos otros animales. Los niños pueblan la literatura de la infancia, el Evangelio de san Lucas, que es el Evangelio de la infancia, en sus primeros capítulos. De esta manera, también la poetisa tiene particular atención hacia los niños de su infancia, su historia: el viejo caballo, los niños que ríen satisfechos, los niños que abren la puerta en la noche, el niño que repite, a los siete años:

LOS ACONTECIMIENTOS Y LOS DECIRES[48]

Tengo miedo, es de día; de noche, no,
porque está claro.

---

45. Ibid., 57.
46. Ibid., 58.
47. Ibid., 79
48. Ibid., 39.

EPIFANÍA[49]
Sucederá alguna de estas cosas:
ladra un cachorro,
llora o grita un niño.

Está ahí, en el poema.

En todo, el hombre es nombrado de diversas formas. En ciertas ocasiones se dirige a sí misma como él:

FATAL[50]
Por eso, cuando ellos no me ven.
Como si me dijeran: acomódate en tu rama,
pienso: son bonitos como potros...

En su obra, la autora también los critica, y los trata de compañeros. En *Bagagem* hay títulos que se refieren a la figura masculina. Pueden encontrarse con nombres de hombres o referencias explícitas al ser humano-hombre. En "Ahora, oh José", un hombre enfermo hace oración en la mañana. Tenemos un poema para Zé, una declaración de amor. Se lee, además, "Rezo por las cuatro almas de Fernando Pessoa". Finalmente, "Todos hacen un poema a Carlos Drummond de Andrade".

En este ensayo, propongo un vuelo poético, citando a los *hombres* de Adélia. El hombre universal, el género masculino. Los hombres concretos de su vida. Su amado especial, José de Freitas. Su amado padre, los hijos, los niños, los santos, los escritores... Todos hacen posible una llave de lectura singular. Ellos no son los protagonistas de su obra –a mi parecer, el verdadero protagonista de esa mujer es el poema, la literatura. De cualquier forma, en ella los hombres están más presentes que la madre, las hijas, los personajes femeninos–.

Aquí, a través de mi mirar sobre *Bagagem* –el libro, primero y definitivo, de Adélia Prado–, deseé demostrar la devoción que tengo por ella, como lector apasionado. La experiencia de

---

49. Ibid., 106.
50. Ibid., 96.

la autora, traducida en cada verso, produce en mí un proceso de autotrascendencia, que considero necesario para el tiempo mental de lo cotidiano. La trascendencia –como dice Leonardo Boff, en su voz humanista– humaniza nuestros sueños y devuelve la esperanza, el encanto, lo bueno de la vida. Es un deleite ser masculino en la poesía de Adélia.

La poetisa abre su verso y su corazón a los compañeros de la vida, en lo cotidiano transfigurado en belleza. Los dolores y las alegrías están todos juntos, en la misma materia poética. La remisión o la resurrección de la propia vida. La obra de Adélia Prado envuelve al lector como noticia buena, transfiguración fundamental y cotidiana. Es la irrupción de la mujer que habla, una necesaria mañana de sol en la vida literaria contemporánea. Acomete la mujer para aclarar un poco la comprensión del misterio de la vida. Muerte a la mujer castrada, la beata histérica y la sumisión endiosada. Muerte a la palabra prohibida.

La palabra de mujer es toda poesía.

El brillo que la razón no opaca "Bliss" y la experiencia mística en la prosa de Adélia Prado*

Gisela Campos

Así son las poetisas, las místicas,
tienen hipérboles y éxtasis,
el brillo que la razón no opaca,
gozo prometido a los simples de corazón.
("El hombre de la mano seca", p. 159)

La pasión según Adélia Prado y "Bliss"

Al estudiar la prosa de Adélia Prado se encontraron algunas marcas comunes a los cuatro libros, señales éstas que funcionan como hilo conductor para la comprensión del proceso místico de elevación espiritual por el que atraviesan los personajes principales. A este proceso lo llamamos "pasión", en el sentido de sacrificio, renuncia, purificación; como la pasión de Cristo. Sin embargo, empleamos pasión, sobre todo, en el sentido clariceano, de *A paixão segundo G.H.* La "pasión" de G.H. es la historia cotidiana de una mujer arreglando el cuarto de la empleada doméstica. Ahí es donde la vida se revela sublime, después del sufrimiento, trayecto que también se refiere, a su vez, a la pasión de Cristo.

---

* Artículo elaborado a partir de la disertación presentada al Departamento de Letras de la PUC/RJ como parte de los requisitos para la obtención del título de Maestría en Literatura Brasileña, en julio de 1995, bajo la guía de la Prof. Dra. Rosiska Darcy de Oliveira.

No logramos encontrar un vocablo en español que tradujera perfectamente ese sentimiento experimentado por las personajes adelianas. Fue una casualidad que al leer el cuento "Bliss", del libro *Bliss and Other Stories,* de la inglesa Catherine Mansfield, surgiera la palabra reveladora: *bliss,* no sólo felicidad, ni sólo éxtasis, ni sólo alegría, sino todo esto junto, resplandeciente. En el cuento "Bliss", de Mansfield, Berta el personaje que narra la historia se ve de repente, sin motivo aparente, invadida por una súbita felicidad, algo más que una felicidad traducida por *bliss:*

> What can you do if you are thirty and, turning the corner of your own street, you are overcome, suddenly, by a feeling of bliss —absolute bliss!— as though you'd suddenly swallowed a bright piece of that late afternoon sun and it burned in your bosom, sending out a little shower of sparks into every particle, into every finger and toe?...[1]

Bliss, conforme a lo descrito por Mansfield, es la felicidad absoluta. Traducido por Anna Cristina Cesar, *bliss* fue llamado "éxtasis". Pero un éxtasis casi sin razón de ser, una alegría que invade al personaje cuando ella menos lo espera, sencillamente a los treinta años. Treinta años: una edad en la que las obligaciones dichas "adultas" deben cumplirse y cuando supuestamente ya no hay tiempo para los cambios de humor de la adolescencia. Además, el sentimiento de *bliss* la invade cuando está dando vuelta a la esquina de su propia calle, es decir, una calle del todo conocida, donde supuestamente no habría nada que provocara un sentimiento tan intenso. En ese momento más que lo cotidiano, Berta se siente como si hubiera tragado un pedazo de crepúsculo y brillara resplandeciente de tanta felicidad.

Ese sentimiento coincide con aquel descrito por los personajes de la prosa de Adélia Prado, que en general también lo experimentan al observar las cosas más cotidianas y sin sentido. En

---

1. Katherine Mansfield, *Bliss and Other Stories*. Harmondsworth, Middlesex, Penguin Books, 1964. "Bliss", 95. Observación: Todas las traducciones del cuento de Mansfield, "Bliss", mencionadas aquí, se tomaron del libro *Escritos da Inglaterra*, de Ana Cristina Cesar (São Paulo, Brasiliense, 1988). La traducción comentada del cuento "Bliss" fue la disertación de maestría que defendió Ana Cristina Cesar.

ocasiones se manifiesta como unas ganas de reír a carcajadas, de cantar, de comprar un nuevo cosmético para recuperar la juventud o incluso bailar un *rock'n roll*, "chasqueando los dedos, haciendo la cara propia de 'no venga quien no tenga', que todo joven alocado sabe hacer (SC, 54). A ese sentimiento lo llamamos *bliss*.

La palabra en inglés, *bliss*, no significa apenas felicidad o alegría. *Bliss* también es éxtasis: éxtasis erótico, vivido a dos, y éxtasis individual, experimentado en un nivel místico en las "horitas de descuido" como diría Guimarães Rosa. Esa segunda definición, esa felicidad que viene sin avisar, es el sentimiento más frecuente en la prosa de Adélia Prado, aquella súbita y extraña sensación de felicidad que nos invade sin motivo aparente.

Las personajes Adelianas son provocadas por cosas cotidianas como puede ser una simple cajita con granos de arroz, un escote bordado o una piedrita en forma de corazón, y son instigadas a vivir un sentimiento que rebasa lo racional y vislumbra los límites cuando "el aire se transustancia". En esos momentos experimentan esa felicidad que aquí llamamos *bliss*, un éxtasis casi místico. Al igual que santa Teresa de Ávila, san Juan de la Cruz y tantos otros que tuvieron experiencias místicas intensas, las personajes de Adélia Prado tampoco pueden controlar ese sentimiento. Se ven invadidas de *bliss* cuando menos lo esperan.

La palabra *bliss*, a pesar de las semejanzas formales y semánticas, no presenta en sus orígenes ninguna conexión con *bless* (bendición). *Bliss* proviene del alemán *blithiz*, que significa gentil, agradable, de donde surge *blithe*, palabra ya en inglés, que significa feliz. La palabra *bliss* en sí viene de la adición del sufijo *–tjo*, que produjo la derivación *blithsjo*, que entró al inglés antiguo como *bliths* (felicidad) para más tarde reducirse a *bliss*.[2]

Son muchas las definiciones de *bliss*: dulce, feliz, brillante, contento, piadoso, agradable, felicidad[3]. O también: alegre, amigable[4], o gloria, hechizo, arrobo, deleite y embelezamiento[5].

2. John Ayto, *Bloomsbury of Word Origins*. Londres, Bloomsbury, 1990.
3. Walter W. Skeat, *A Concise Etymological Dictionary of the English Language*. Oxford, Oxford University Presss, 1965. 1ª ed. 1882.
4. T. F. Hoad, *The Concise Oxford Dictionary of English Etymology*. Oxford, Oxford University Press, 1986.
5. Emilio M. Martinez Amador, *Diccionario inglés-español-inglés*. Barcelona, Editorial Ramon Sopena, 1971.

Además según un Thesaurus del idioma inglés[6], la palabra *bliss* puede asociarse a: beatitud, bendición, éxtasis, euforia, felicidad, felicitación, paraíso, alegría, cielo, rapto. Además de: maravillado, satisfecho, encantado, raptado, eufórico, etcétera.

Todas esas definiciones coinciden al mismo tiempo con el sentimiento que experimentan las personajes adelianas: al mismo tiempo que sienten una dulzura, una tierna compasión "por todo lo que existe", se sienten también raptadas de sí mismas, acariciadas en la gigantesca mano de Dios. En otras ocasiones esos personajes prueban una alegría eufórica tan intensa que llegarán a pensar que el cielo también está aquí, y además, en otros momentos, *bliss* será para ellas el éxtasis erótico, la afirmación del contacto físico como medio de comunicación entre los hombres permitido por Dios.

Sin embargo, además de *bliss*, otra palabra nos apunta a ese sentimiento que abarca el éxtasis místico y erótico que traduce tal felicidad eufórica: es *joi*. *Joi*, según Octavio Paz[7] era una exaltación empleada por los poetas provenzales, una exaltación física y espiritual, una felicidad casi indefinible. En la forma que se describía *joi*, para los poetas provenzales era una referencia al gozo de posesión carnal, refinado por la espera y por el cortejar de la mujer amada, por la mesura. El amor cortés, tan cantado por esos poetas, no era algo desordenado, sino una estética de los sentidos.

Joi también se refería a una especie de sentimiento de unión con la naturaleza a través de la contemplación de la amante desnuda, comparando ese sentimiento con la sensación que nos invade ante la contemplación de algunos paisajes de la naturaleza. Para otros poetas, *joi* era una elevación del alma semejante a aquella experimentada por los místicos. Para Octavio Paz, la felicidad es, por esencia, un sentimiento indescriptible y *joi*, al ser un género inusitado de felicidad, es doblemente indescriptible. Solamente la poesía podría aludir a ese sentimiento. *Joi* era una gracia natural concedida a los amantes que habían depurado sus deseos. El sentimiento de *joi*, en el sentido de felicidad indescriptible provocada incluso por la contemplación de la naturaleza, coincide con *bliss*, ya que ambos pueden traducir esa felicidad absoluta que nos invade sin motivos y sin avisos.

---

6. William T. Mc.Leod. *The New Collins Thesaurus*, Glasglow, Collins, 1986.
7. Octavio Paz, *La llama doble*. Barcelona, Seix-Barral, 1993, 93-94.

Sin embargo, además de Adélia Prado y Catherine Mansfield, también Clarice Lispector[8] en *Agua viva*, encontramos la expresión de un sentimiento que podríamos llamar *bliss*. El libro se abre exactamente con la descripción de un sentimiento que encajaría en la definición de un éxtasis místico y al mismo tiempo erótico. Una alegría inexplicable, casi indecible:

Es como una alegría tan profunda. Es una aleluya tal. Aleluya, grito yo, aleluya que se funde con el más oscuro aullido humano de dolor de separación pero que es un grito de felicidad diabólica (AV, p. 9).

Bliss es sin duda alguna una felicidad casi pecaminosa, una alegría más profunda que otras, un grito de aleluya. Sin embargo bliss también es un grito de dolor, porque implica parto y transformación. Como veremos en la obra de Adélia Prado, también el "grito" de esos personajes será un grito de felicidad, pero siempre una felicidad que incluye sufrimiento, ya que para alcanzar la iluminación espiritual será necesario atravesar el sacrificio. En Lispector, la personaje-narradora de *Agua viva* también atraviesa por un proceso de elevación y sabe que no es fácil dar el grito de liberación, no es para nada fácil lograr el *bliss*.

Pero, volviendo una vez más a Catherine Mansfield, en ciertas ocasiones encontramos al personaje Berta con un sentimiento también indecible, intransmisible:

And, indeed, she loved Little B so much (...) –that all her feelings of bliss came back again, and again she didn't know how to express it– what to do with it[9].

De manera cotidiana, Berta es arrebatada por ese sentimiento (casi) místico de felicidad: al ver a la hija, un árbol, al cruzar una calle. Un sentimiento tan intenso difícil de lidiar. La sensación de estar demasiado feliz: "I'm too happy –too happy!"[10] como si la felicidad poseyera una cuota límite y pasarse de esa

---

8. Clarice Lispector, *Água viva*. 5. ed. Río de Janeiro, Nova Fronteira, 1980.
9. Mansfield, op. cit., 98.
10. Ibid., 100.

cuota pudiera ser peligroso. La descripción de un sentimiento así coincide con la descripción de los "raptos" sufridos por santa Teresa de Ávila, o con los trances a los que llegaba san Juan de la Cruz y tantos otros místicos. *Bliss* es una felicidad casi peligrosa, un encuentro total del yo, un estado de elevación y gracia. Un estado embriagante:

> 'I'm absurd. Absurd!' She sat up; but she felt quite dizzy, quite drunk. It must have been the spring.
> Yes, it was the spring. Now she was so tired she could not drag herself upstairs to dress[12].

Berta se siente tan absurdamente feliz que no comprende, necesita sentarse para no caer, el sentimiento es tan fuerte que la invade. Intenta explicarlo con un simple mareo y llega a pensar que está ebria, procurando justificaciones: La primavera, sólo podía ser la primavera. Cuando el sentimiento de *bliss* invade a los personajes de Adélia Prado o de Mansfield, no tiene mayor explicación racional posible, la única salida es rendirse. Y después experimentar la misma sensación de cansancio experimentada por santa Teresa de Ávila, después de los "raptos" a la que era sometida.

> Mas acaece, aunque se quita, quedarse la voluntad tan embebida y el entendimiento tan enajenado, y durar ansí día y an días, que parece no es capaz para entender en cosa que no sea para despertar la voluntad a amar, y ella se está harto despierta para esto y dormida para arrostrar a asirse a ninguna criatura[13].

El cansancio que viene después del momento de posesión divina, cuando el cuerpo se deja llevar por las manos de Dios, coincide con el cansancio del que habla Berta, después de los momentos de *bliss*. También el gozo interior, el deleite, el arrobamiento al que se refería santa Teresa son sensaciones que la invadían sin avisos, como en la narración de Mansfield:

---

12. Ibid., 100.
13. Santa Teresa de Jesús, *La vida. Las moradas*. Barcelona: Planeta, 1989. *Las moradas*, capítulo IV, p. 360.

Oh, why did she feel so tender towards the whole world tonight? Everything was good –was right. All that happened seemed to fill again her brimming cup of bliss[14].

La compasión por el mundo también será probada por los personajes femeninos adelianos, quienes, en los momentos de felicidad, les parecerá que el ser humano no tiene culpa de nada. En ese momento, todo parecerá bueno y cierto y todo contribuirá a aumentar aún más la felicidad. Sin embargo para Mansfield *bliss* está también asociado al deseo erótico, además de la plenitud espiritual. Berta se ve súbitamente atraída por el marido, un deseo nunca antes experimentado:

But now –ardently¡ ardently¡ The word ached in her ardent body! Was this what that feeling of bliss had been leading up to?[15]

Entonces *Bliss* puede preceder el instante de gozo, pero siempre es un gozo que no se limita al gozo físico, sino que se extiende a lo espiritual, como los arrobamientos sufridos por santa Teresa. Aquí nuevamente la fusión del éxtasis místico con lo físico, como una manera de alcanzar la felicidad absoluta. Porque *bliss* no se limita al gozo, va más allá del gozo –en dirección al encuentro del yo, al encuentro del mundo–.

Según el pensador francés Georges Bataille, ese sentido de fusión total con el mundo y esa felicidad inexplicable forman parte de la "experiencia interior"[16]. La experiencia interior sería exactamente el proceso que han atravesado aquellos que se atreven a una unión más fuerte con la vida, con los santos y los personajes de Adélia Prado. En ese sentido, la "experiencia", como dice Bataille, coincide con el sentimiento de *bliss* que vivirán los personajes femeninos adelianos.

---

14. Mansfield, op. cit., 105. Traducción: "¿Por qué sentía esa noche tanta ternura por el mundo entero? Todo estaba bien –ciertamente. Al parecer todo lo que sucedía parecía llenar nuevamente hasta el borde la taza desbordante de su propio éxtasis".

15. Ibid., 108. Traducción: "Pero ahora –¡ardientemente! ¡ardientemente! ¡La palabra dolía en su cuerpo ardiente! ¿Acaso sería esto lo que aquel sentimiento de felicidad venía augurando? ¿Era hacía allí que la conducía aquella sensación de éxtasis?"

16. Georges Bataille, *A experiência interior*. São Paulo, Ática, 1992.

A partir de la experiencia, dice Bataille, "ya no hay existencia limitada. Un hombre no se diferencia en nada de los demás"[17]. En ese momento, todo discurso debe abandonarse, como lo hace la Berta, de Mansfield, quien no sabe cuáles palabras utilizar para definir sus sentimientos. Según Bataille, sólo "a través de un íntimo cese de toda operación intelectual se expone el espíritu. Por el contrario el discurso lo mantendrá en su pequeño achatamiento"[18.].

Es el momento de la entrega total a lo desconocido, el yo necesita abandonar la solidez del *logos* y de los conocimientos anteriores para alcanzar esa felicidad absoluta. Si la entrega no fuera total, el espíritu estaría condenado al "achatamiento", a la existencia mediocre, sin *bliss*, sin esta vía de acceso al infinito, al encuentro de las almas, y como vía de acceso a sí mismo, al "todo sin fragmentos" del que habla Adélia Prado. Como en la Berta de Mansfield, *bliss* como una ternura por el mundo entero, una felicidad indecible. Es tan intensa que amenaza con que se pierda el yo, como en santa Teresa:

> Parecía que el alma se me quería salir del cuerpo, porque no cabía en ella ni se hallaba capaz de esperar tanto bien. Era ímpetu tan excesivo, que no me podía valer, y, a mi parecer, diferente de otras veces, ni entendía qué había el alma, ni qué quería, que tan alterada estaba. (...) Ya el alma estaba de tal suerte que, perdiéndose en sí de sí, la perdió de vista[19].

Alcanzar lo "deshumano" parece ser un sentimiento *bliss*: perderse, dejar de tener conciencia de que se existe y, por eso mismo, existir más intensamente que nunca: un dolor dulce, al que se refiere santa Teresa en *La vida*, un dolor fuertísimo, más espiritual que físico y que, a pesar de su agudeza, se desea. ¿Por qué se desea? Porque Dios es quien duele por dentro. Y Dios dolerá provocando felicidad, una extraña sensación que resulta dulce atravesar por ese proceso.

---

17. Ibid., 35.
18. Ibid., 21.
19. Santa Teresa de Jesús, op. cit., capítulo XXVIII, 240-241.

Mujer de Palabra

Notas para el estudio de la espiritualidad litúrgica en Adélia Prado

José Carlos Barcellos

En un primer enfoque, la poesía de Adélia Prado se revela profundamente original por la forma en que logra articular, en un todo conexo y coherente, cuatro aspectos poco frecuentes en la tradición poética brasileña: una identidad femenina muy marcada, el estilo típico de una pequeña clase media de provincia, el universo simbólico del catolicismo popular tradicional y un fuerte llamado erótico y sensorial. Aunque algunos de estos aspectos ya han sido explorados con gran maestría por poetas como Bandeira, Drummond o Cecília Meirelles (o, en otros géneros, por Ariano Suassuna, por ejemplo), es mérito de Adélia haberles dado, a lo largo de varios libros que publicó, un tratamiento amplio y sistemático, de alta calidad literaria, por medio de una dicción poética inconfundible.

Desde el punto de vista de la teología, llama la atención el rescate que hace la poesía adeliana de la centralidad del misterio de la encarnación para la fe cristiana, conforme se lee en poemas antológicos como "A catecúmena" o la "Festa do corpo de Deus"[1]. Lo sorprendente es el reencuentro de un cristianismo plenamente ortodoxo –e incluso tradicional– con la valorización de la condición carnal y encarnada del ser humano, de que el erotismo es la mayor expresión:

---

1. Adélia Prado, *Poesia reunida*, São Paulo, Siciliano, 1991, 47 y 279.

DIOS NO RECHAZA LA OBRA DE SUS MANOS

Es inútil el bautismo para el cuerpo,
y el esfuerzo de la doctrina para ungirnos,
no coma, no beba, mantenga el cuadril inmóvil.
Porque éstos no son pecados del cuerpo.
Al alma sí, bautícenla y pongan el santo crisma,
escribía para ella la Imitación de Cristo.
El cuerpo no tiene desvíos,
sólo inocencia y belleza,
tanta que Dios nos imita
y quiere casar con su Iglesia
y declara que los pechos de su amada
son como los hijos gemelos de la gacela.
Es inútil el bautismo para el cuerpo.
El que tiene sus leyes las cumplirá.
Los ojos verán a Dios[2].

En la poesía de Adélia hay entonces toda una espiritualidad de la encarnación, que se abre en una inequívoca valorización de lo cotidiano y del erotismo como espacios privilegiados del encuentro con Dios, y en eso se muestra su profunda sintonía con la cultura contemporánea, ya que como escribe Armindo Rizzi, "la caída de las utopías históricas y al mismo tiempo la necesidad de no hacer concesiones a las fugas de la historia hacen de la vida cotidiana el lugar de manifestación del Espíritu en el *presente*"[3].

La valorización teológica de lo cotidiano y del erotismo en Adélia Prado debe comprenderse, por lo tanto, en esa tensión ente la caída de las utopías y el colapso de las grandes narrativas, por un lado, y el rechazo hacia las diversas formas de fuga de la historia, por el otro. Entre esos dos polos, en la vuelta a lo cotidiano y al tiempo presente la poesía y la espiritualidad adelianas buscan una forma de anclaje en lo real y de configuración de una identidad humana y cristiana:

---

2. Ibid., 318.
3. A. Rizzi, O homen espiritual hoje, en T. Goffi y B. Secondini (orgs.) *Problemas e perspectivas de espiritualidade*, São Paulo, Loyola, 1992, 149 (cursivas del original).

GRAN DESEO

No soy matrona, madre de los Gracos, Cornelia,
soy mujer del pueblo, madre de hijos, Adélia.
Hago la comida y como.
Los domingos golpeo con el hueso el plato y
llamo al cachorro
y tiro las sobras.
Cuando siento dolor, grito ay,
cuando algo es bueno, me sacio,
las sensibilidades sin gobierno.
Pero tengo mis llantos,
claridades atrás de mi estómago humilde
y una voz fortísima para los cantos de fiesta.
Cuando escribo el libro con mi nombre
y el nombre que voy a ponerle, voy con él a una iglesia,
a una lápida, a un descampado,
para llorar, llorar y llorar,
fina y propia como una dama[4].

A su vez, esa espiritualidad se alimenta de una forma específica de la perspectiva del mensaje cristiano, que podemos calificar de litúrgica, en contraposición a una perspectiva pragmática, que busca en la lectura de la Biblia una orientación dirigida primordialmente hacia la acción según el método ver-juzgar-actuar (como se practica en los círculos ligados a la teología de la liberación, por ejemplo), y una perspectiva de cuño más existencial, que se circunscribiría en la búsqueda de respuestas en el ámbito personal y privado (como se practica en algunos grupos informados por la renovación carismática, por ejemplo).

En contraste con ambas, la hermenéutica litúrgica propone una lectura de la Sagrada Escritura y de la Tradición que se caracteriza fundamentalmente por ser contemplativa, eclesial, sensorial, orante y dramática. En realidad se trata de una lectura sacramental de la Palabra de Dios, una lectura que es, antes que nada, la actualización en el presente del misterio pascual rememorado. En ese sentido, es una lectura que está al mismo tiempo aquí y allá en busca de directrices para la acción colectiva o de sentidos para un itinerario personal de fe. La hermenéutica litúrgi-

---

4. Prado, op. cit., 12.

ca siempre es una aproximación al misterio en cuanto misterio, es decir, en cuanto presencia, que se impone, de una realidad que es inefable en sí misma. Las cinco dimensiones señaladas buscan precisamente preservar −y no disolver− ese carácter paradójico del misterio cristiano. Explorémoslas rápidamente.

A) LECTURA CONTEMPLATIVA

Una lectura contemplativa es aquella que reconoce de manera preliminar el carácter inefable del misterio, sin pretender decodificarlo en forma cabal y definitiva, ni trasponerlo de manera integral a nuestras categorías o nuestros problemas. Es una lectura consciente de la alterabilidad del misterio divino y de la oscuridad de la propia revelación, aquella que, más que como un conjunto de respuestas listas y acabadas −de la que dispondríamos indiscriminadamente−, podría ser descrita como una pregunta que se nos plantea y con la que necesitamos aprender a coexistir a lo largo de la vida en humildad y silencio:

> **FÉ**
> Cierta vez, desde la ventana, vi a un hombre
> que estaba a punto de morir,
> comía plátano amasado.
> La línea de su mandíbula era ya de fronteras,
> pero él no lo sabía ¿o lo sabía?
> ¿Cómo puedo saberlo?
> Comía, pensando con alegría,
> invitándome como de costumbre.
> Preguntó repentinamente
> −¿o preguntó como las otras veces?−:
> ¿cómo será la resurrección de la carne?
> Es como nosotros ya sabemos, le dije,
> igual que aquí pero sin ruindades.
> '¡Qué misterio profundo!' dijo
> y dijo aún, gracias a Dios,
> soltando el plato[5].

---

5. Ibid., 121.

En la lectura contemplativa, la respuesta de la fe no acalla los problemas, sino por el contrario, los vuelve más agudos y perceptibles. Contemplar es rumiar el misterio de la fe, sentir su placer, explorar su amplitud, profundidad y espesura. Contemplar es aproximarse sensorial e integralmente al misterio.

B) LECTURA ECLESIAL

La lectura eclesiástica es aquella que se realiza en el seno de una comunidad de fe. Aunque profundamente personal, no se circunscribe al ámbito de lo privado, sino por el contrario, se propone como patrimonio común a los miembros de la Iglesia, tanto en perspectiva sincrónica como diacrónica. En otras palabras, aunque deriva de una experiencia personal está pensada en íntima relación con las tradiciones comunitarias y no echa mano del lenguaje en que se expresó esa tradición:

INSTANCIA
Cometí pecados,
de palabra, hecho y omisión.
Se los confieso a Dios,
a la virgen María, a los santos,
a san Miguel arcángel,
y a ustedes hermanos.
Tan criticable tristeza
y su divisible ser
pelean por ceñirme
su collar de desesperación.
Pero yo pido perdón:
a Dios y a ustedes, hermanos.
Mi pecho está desnudo como cuando nací;
en paños de alegría me envolvió mi madre,
besó mis perecibles carnes,
en mi boca mentirosa exprimió su leche,
por eso sobreviví.

Ahora, ustedes, hermanos, perdónenme,
por mi madre que se fue.
Por Dios que no veo, perdónenme[6].

Para la espiritualidad litúrgica, la comunidad eclesiástica
–lejos de ser una agrupación aleatoria de personas que buscan
las mismas prácticas religiosas o un mismo compromiso ético
político– es el lugar privilegiado de encuentro con la invisibi-
lidad divina en la visibilidad de la asamblea, en la concreción
de sus ritos y tradiciones. El encuentro con el Otro pasa por lo
sacramental del otro o de los demás.

C) LECTURA SENSORIAL

Al ser contemplativa y comunitaria, la lectura litúrgica movili-
za todo el cuerpo, la voz, la expresión, el canto. No es una lectura solitaria, aun cuando se procesa en la soledad. No se res-
tringe al ámbito de lo privado y de lo interior, sino que tiende
a exteriorizarse y a asumir una forma material, es decir, tiende
a hacerse arte:

GREGORIANO
¿Qué hay de mayor sensualidad?
Los monjes cantando en el coro.
dilatado como sólo puede estar
una flor totalmente abierta,
despierta a las rosas
evita la melancolía y la tristeza.
"Un día veremos a Dios con nuestra carne".
El espíritu no es quien lo sabe,
lo es el mismo cuerpo,
el oído,
el conducto lagrimal,
el pecho que aprende:
Respirar es difícil[7].

La espiritualidad litúrgica, por lo tanto, no puede prescindir
del llamado a los sentidos y de lo concreto de la materia. Su diná-

---

6. Ibid., 228.
7. Ibid., 225.

mica interna es la apertura al universo del arte y a la experiencia de trascendencia que ella propicia. La música, el canto, la arquitectura, la pintura, la escultura, el teatro, la poesía, todas las artes, en fin, son convocadas para dar forma concreta al encuentro con aquello que está más allá de toda forma o materia.

D) LECTURA ORANTE

Lectura orante quiere decir lectura dialogal. Nunca se trata de una relación intersubjetiva, en que está en juego el mismo sujeto, así como los demás y Dios, en infinitas configuraciones posibles, en la relación entre intérprete y texto. Al ser dialogal, la lectura orante se vincula más con las preguntas y los titubeos que con las respuestas y certezas. Siempre es una interpelación del misterio y al misterio:

> CANTO EUCARÍSTICO
> En la fila de la comunión veo frente a mí a una vieja,
> la mujer que hace muchos años crucificó mi vida,
> por quien mi marido se hincó sollozando
> [frente a mí:
> 'juro por el *Magnificat* que ella me tentó hasta que cedí,
> pido perdón, por el alma de mi padre muerto,
> por el Santísimo Sacramento, sólo fue esa vez, sólo
> esa vez'.
> Sucedieron cosas atroces.
> Hasta que la tía Cininha, que vivía lejos,
> dio por aparecerse al día siguiente.
> Conversábamos a puerta cerrada,
> ella con una expresión en el rostro que no adivinaba ver,
> enojándose algo con el niño, dejándolo reinar.
> Tenía los puños cerrados, observaciones científicas
> sobre la rapidez con la que la brillantina desaparecía
> del frasco,
> sobre cómo puede un hombre, en un solo día,
> cambiarse dos camisas limpias.
> Irritación, impertinencia,
> una juventud maldecida que toma cuenta de todo,
> una alegría –que así llamé a falta de otro nombre–

que invadía nuestra casa con la voracidad de las cosas
del diablo.
Recé de manera terrible.
El perdón tenía espasmos de cobra malherida
y no quería perdonar,
Era esdrújulo, un perdón subrayado,
que semejaba perdón.
'Hija mía, aquella mujer que va allí
no es digna de nuestros saludos'.
¿Pero, madre, por qué no es digna?
'Cuando crezcas, entenderás'.
Señor, yo no soy digno
de que entres en este pecho
pero tú, oh Dios *benigno*,
borras los pecados.
En la fila de la comunión, ambas cantamos.
La anciana y yo[8].

La espiritualidad litúrgica al asumir el carácter de oración
reconfigura radicalmente el problema ético. La pregunta de
cómo actuar es llevada del campo de las certezas y de las leyes
a la dinámica del diálogo y la intersubjetividad. En esa perspectiva, la ética cristiana deja de pensarse en términos de imposi-
ciones e imperativos, en un contexto legal y jurídico, para pensarse como una invitación e interpelación, en un contexto inter-
subjetivo y dialogal. En el ámbito de la espiritualidad litúrgica, el imperativo ético se convierte en mistagogia.

E) LECTURA DRAMÁTICA

La lectura dramática conserva la tensión entre la palabra y la
expresión. No se trata de una palabra sin significado, concebi-
da como un mero instrumento de comunicación, almacenamien-
to o cambio de información, en perspectiva funcional, sino de
una palabra plena, que actualiza en el aquí y el ahora de la
acción litúrgica el misterio del que es portadora. Léela y proclá-
mala. Vacíala de su sentido y vuélvela peligrosamente inocua:

---

8. Ibid., 197.

LA MISA DE LAS 10
El padre Santiago ora y nadie escucha.
Pero habla con piedad, para él mismo
y tiene manía de orar por los parroquianos.
Las mujeres que luego van a los clubes,
los jóvenes ricos de costumbres piadosas,
los hombres que prevarican un poco en sus negocios
a todos ellos les gusta ir a la misa del padre Santiago,
poblada de ejemplos, de vida de santos,
De la certidumbre maliciosa de que al final de todo
una confesión 'in extremis' garantizará el paraíso.
Nadie ve el Cordero degollado en la mesa,
la sangre en las toallas,
su lacerante grito,
nadie.
Ni el padre Santiago[9].

La espiritualidad litúrgica es, pues, una espiritualidad dramática. En ese sentido, lejos de pretender verter el mensaje cristiano en un lenguaje secularizado, para el paladar y la sensibilidad actual, busca preservar celosamente el lenguaje original en que se pensó y transmitió aquel mensaje. En vez de procurar disolver sus eventuales dificultades, o acomodarlas a la mentalidad contemporánea, insiste en retomar las narrativas fundacionales del cristianismo y reiterar los términos en que fueron articuladas discursivamente. Por eso, se torna dramática, una vez que registra la crisis del mito en el propio lenguaje mítico que la posibilita.

La particular configuración de la espiritualidad cristiana que nos propone la poesía de Adélia, tiene por lo tanto sus raíces en la liturgia. Como tal, mantiene la tensión entre revelación y misterio, dimensión pública y personal, pregunta y respuesta, palabra y expresión, fe y vida. La novedad y la originalidad de la hermenéutica de la Palabra que nos presenta esa espiritualidad son indisociables de la tradición teológica y literaria dentro de la que ella se construyó:

9. Ibid., 323.

LA INVENCIÓN DEL MUNDO

(...)
Porque todo lo que invento ya fue dicho
en dos libros que leí:
las escrituras de Dios,
las escrituras de Juan.
Todo es Biblias. Todo es un Gran Páramo[10]

REFERENCIAS BIBLIOGRÁFICAS

Poesía reunida. Adélia Prado. São Paulo, Siciliano, 1991.
O homen espiritual hoje. Armindo Rizzi En: GOFFI, Tullo,
SECONDIN,Bruno (orgs.). *Problemas e perspectivas de espiritualidade*. São Paulo, Loyola, 1992, p. 139-161.

---

10. Ibid., 26.

La poetisa desdoblable

Vera Souza Lima

En un testimonio sobre la obra de Adélia Prado, a propósito de la relectura de la correspondencia que mantuvo en el periodo anterior al lanzamiento de su primer libro, el poeta, teórico y profesor Affonso Romano de Sant'Anna, su legítimo descubridor, quien a través del contacto con Carlos Drummond de Andrade, hizo viable el nacimiento público de la poetisa, se expresa de la siguiente manera:

> Al releer esas cartas escritas a tinta, a lápiz, con anotaciones garabateadas aquí y acullá, con alegre desparpajo, puedo ver lo tenso e incluso tardío de la madurez de esa artista. Mujer madura, madre de varios hijos metida en aquella vida beata y dulcemente provinciana, no surgió así de repente: iba madurando su escritura, buscando la manera de sacarla a la luz, comunicándola en una comunión poética. Ella expresa a través de su escritura su propia fuerza telúrica y uterina en un momento en que la poesía brasileña estaba perdida en mil intelectualismos y en el *underground* del capitalismo periférico.

Las afirmaciones precisas y puntuales en extremo de Affonso Romano de Sant'Anna delinean las características más significativas de la obra poética de Adélia Prado, las cuales sin duda fueron las responsables de su sacralización.

De hecho, Adélia Luzia Prado, desde los 14 años, después de la muerte de su madre, ya ensayaba algunos poemas de rima tradicional, pero no fue sino hasta 1973, después de la muerte de su padre, ocurrida un año antes, que se sintió dueña de una dicción propia, personal, libre de las influencias con las que se identifica y dialoga: los Salmos, Guimarães Rosa, Fernando Pessoa, Murilo Mendes, Manoel Bandeira, Alphonsus de Guimarães.

Ya madura, a los 40 años, Adélia despunta en *Bagagem*, no como alguien que empieza sino como alguien que domina el hacer poético, conforme lo demuestra en el poema que da inicio al libro, "Con licencia poética", en el que, parodiando y contraponiéndose a Drummond y Bandeira, hace referencia al mismo tiempo que delimita la especificidad de su voz.

Compuesto por 113 poemas, el más extenso de sus libros, no constituye una reunión aleatoria de textos, sino que se estructura en cinco bloques, interrelacionados por una idea conductora central. En él están presentes las religiosidades (la vida beata), la visión amorosa con la que recupera la dignidad de las circunstancias de esa vida interior, la irrupción de la fuerza telúrica, la naturaleza revelada en sus manifestaciones más singulares, una voz indiscutiblemente marcada por su fuerza uterina es.

La "mujer del pueblo, madre de hijos, Adélia", expresión con la que se define en el poema "Gran deseo", se revela una mujer, que golpea el plato para llamar al cachorro, que tiene comportamientos y reacciones objetivas en relación con los estímulos recibidos: "Cuando siento dolor, grito ay, cuando algo es bueno, me sacio", pero que tiene sus susceptibilidades y sus requintes. Aunque se niegue textualmente a ser "matrona, madre de los Gracos, Cordelia", muestra gestos de gran dama, lo que la remite a la etimología de su propio nombre, de procedencia francesa, que significa de origen o estirpe noble.

Ocupada con la casa, el fogón, los hijos, el jardín, el huerto, Adélia es "locuaz" con el mundo y los objetos en un tono singular y sofisticado al mismo tiempo, rememorando recuerdos místicos del pasado y de la infancia.

Nació en Divinópolis, ciudad del divino, en el interior de Minas Gerais, en 1935. Es hija de una ama de casa y de un ferrocarrilero, vive una infancia sin recursos, cursa la secundaria, ingresa en la escuela normal que concluye en 1953. En 1958, se casa con José Assunção de Freitas, empleado del Banco do Brasil, y tiene cinco hijos. En 1965, se inscribe junto con su esposo a la Facultad de Filosofía, Ciencias y Letras, "para despejar el pensamiento" según ella.

En la poesía de Adélia, lo cotidiano femenino –sus realizaciones y frustraciones– se habla insistentemente, de manera tal, que valoriza los papeles tradicionales, en un discurso que no siempre coincide con la dicción literaria y feminista de la época. En el poema "Peces" (signo bíblico), la unión entre marido y mujer se metaforiza mediante el ritual simbólico de limpiar los peces, en una visión contraria a la de las mujeres dichas emancipadas:

> Hay mujeres que dicen:
> Mi marido, si quiere pescar, pues que limpie los peces.
> Yo no. A cualquier hora de la noche me levanto, ayudo
> a descamar,
> [abrir, cortar y salar].
> Es muy agradable, al estar solos en la cocina
> de vez en cuando los codos se rozan...
> Finalmente, los peces cuelgan del travesaño
> vamos a dormir.
> Puntos plateados saltan por doquier:
> somos novio y novia.

El poema promueve la exaltación del matrimonio y del amor, dentro de los valores y de las vivencias de un universo privado del tercer mundo y provinciano.

Esa lectura conservadora de lo femenino provocó ciertamente polémicas en la recepción crítica de la época, ya que la irrupción de Adélia en el escenario literario coincide con la efervescencia de los estudios relativos a la mujer y a la literatura femenina. La voz que expone de forma espontánea y libre las cuestiones más simples y prosaicas de la vida de una mujer, como las que se refieren al cuerpo, a la preocupación de la pérdida de la belleza y del potencial de seducción, si por un lado tiene el valor de exponerse y manifestar una sexualidad no culpada, al lado de otras aspiraciones legítimas de lo femenino, con franqueza y falta de compromiso formal, por el otro se inserta en un neoconservadurismo, cuando confiesa que para ella el lugar de lo femenino es lo segundo, visto como el lugar de la posibilidad que traduce el SÍ de María. De acuerdo con Adélia, cuando María dice Sí Señor, está afirmando un poder mayor, el poder de dejar hacer (Hágase Su voluntad). También afirma que el acto de crear es masculino y lo masculino es el primer sexo. Un aspecto parece retroceder lo que concierne a las conquistas femeninas, justamente en el momento en que otro personaje de Minas, Branca Maria da Cunha, gana un premio de literatura erótica otorgado por la revista *Status*, y la actriz Leila Diniz, soltera, exhibe provocativamente su vientre de mujer encinta.

El aspecto formal de la obra de Adélia, obra lírica espontánea, también provocó extrañamientos en la recepción crítica, que revela, no obstante, el manejo valeroso de la palabra. En medio de los intelectualismos de las vanguardias el concretismo y el tropicalismo, después del 64, su poesía se mantiene desvinculada de esos esquemas y también sin compromiso con la poesía político-ideológica.

Adélia se declara contra la poesía que se dice comprometida e ilustra sus opiniones con varios ejemplos. Sólo en *Terra de Santa Cruz*, se permite un poema ideológico, escrito en ocasión de la muerte del padre Tito.

Su poesía tiene fuertes rasgos rurales, que expone los usos y costumbres provincianos: el paso de los trenes, las procesiones, las fiestas de la iglesia, la parálisis de los domingos. De esta forma se contrapone, en más de ese aspecto, al *underground* del capitalismo periférico, manifestando gran simpatía por las criaturas sencillas, pobres y oscuras, especialmente las comadres y amigas, las mujeres de su pequeña ciudad, entre las que ella se incluye y con las que se identifica, cuando afirma en "Los componentes de la banda": "...soy caipira de Minas Gerais".

En Adélia conmueve el respeto por el individuo y sus derechos de ciudadano, la valorización de sus experiencias aparentemente insignificantes:

Las casas bajas, las personas pobres,
y el sol de la tarde,
imaginen lo que era el sol de la tarde
sobre nuestra fragilidad.

Lo mismo sucede con la significación afectuosa que atribuye a los objetos, en función de su uso: "la camisa espesa de herrumbre y sudor", que usaba el padre, "el pocillo de peltre en el que mi padre hacía espuma con la brocha para rasurarse". Una jarra pequeña con tres rosas de plástico, los urinales, las bacinicas, las ollas, el frasco de pegamento sin tapa, la escoba de palma.

De igual manera, conmueve en Adélia la mirada que se dirige hacia abajo, un movimiento que se aproxima de alguna manera al poeta Manoel de Barros, para contemplar y rescatar la naturaleza en sus aspectos más humildes y sin importancia aparente: el bicho bobo, la cobra de dos cabezas, los comejenes volando bajo, los patos, las hormigas, "los mosquitos como invitados bienvenidos a casa", los zancudos, los nidos de las gallinas, el arbusto de flores amarillas, platanales, plantas de albahaca y clavel santo, los matorrales, la flor menuda.

En su poesía, no tiene pudor en esconder acciones menos nobles, por lo contrario tiene dignidad en esos gestos, hechos naturales, como recoger cosas de la basura, sacarle lo podrido a los plátanos o cuidar el huerto o el gallinero.

> Con disgusto, porque si yo no cuido la cocina
> una lata de aceite sólo dura dos días

Los rituales de lo femenino insisten en decir, tanto en la poesía como en la prosa, ambas marcadas por rasgos autobiográficos, que la autora no intenta esconder, sino por el contrario expone, cuando inserta su propio nombre en el texto: " 'Eso Delão, eso!', dice el padre, 'Delia, ven acá' ", o configura en los perfiles de sus personajes femeninos el suyo propio. Hay innumerables coincidencias entre el universo real de la autora y el universo lírico y de ficción de los poemas y de la prosa.

Entrevistas y conferencias definen la identidad socioeconómica, cultural, sexual y religiosa de su existencia en Divinópolis, situaciones, hechos y preocupaciones de su vida, que transferidos al espacio literario y sometidos al proceso de elaboración artística, pueblan sus libros.

Si existe contaminación entre la vida y el poema y la vida y la narrativa de ficción, también existe contaminación entre poesía y prosa en la obra de Adélia Prado. Lo poético es para ella la poesía propiamente dicha y la prosa es los cachos, los fragmentos que sobran de la poesía y que van a constituir otro núcleo, la prosa también poética, conserva vínculos estrechos y confluencias con la poesía, a tal punto que el personaje Antonia de *O Homem da mão seca* firma una carta hecha poema: "Boleto de osada doncella".

Todas las marcas prescritas en la obra de Adélia Prado, ya comentadas, se iluminan, al ser pasadas por un frenesí de trascendencia –la religiosidad–. Denominada la vida beata por Afonso Romano de Sant'Anna... "En sexo, muerte y Dios/ Pienso invariablemente todo el día", dice la autora.

Una poesía reflexiva, que indaga el aspecto humano y divino de la vida, lo eterno y lo perenne en el tiempo, en el cuerpo y en la constitución de los objetos, Dios es una imagen recurrente. "Todo es Biblias. Todo es un Gran Páramo".

Para Adélia, escribir es construir la relación entre Dios y los hombres, que se realiza a través de la belleza de la poesía, cordón sensible, que es tocado solamente en la hora en que Dios quiere y no en la hora en que la autora así lo desea, convirtiéndola entonces en un instrumento, a merced de ese don que no es de ella.

Quiero afear el poema
para lanzarte mi desprecio
en vano.
Escribe Quien me dicta las palabras,
escribe a través de mi mano.

Intermediaria entre el Creador y las creaturas, la poetisa debe estar abierta a la voz del Espíritu Santo: "Él quiere hablar y me usa. Por eso, yo soy su Oráculo". Esto lo revela en una reciente entrevista para *Cadernos de Literatura Brasileira*, editados por el Instituto Moreira Salles. Para unir experiencias religiosas y la experiencia poética, identifica la poesía con la alabanza: "Una oración verdadera está ungida de misterio, por lo tanto de belleza, por lo tanto de poesía. Esto es fatal. Basta con mirar los Salmos, Isaías, Ezequiel... También concibe la poesía como misterio y revelación, es decir, epifanía, acto de desvendar, de poner al descubierto".

En el análisis de su obra, la propia forma poética, la estructura de composición, demuestra, a través de epígrafes, sacados casi todos de los libros sapienciales, del Antiguo Testamento, y de vocativos, que indican el llamado, la mirada continua dirigida hacia Dios, la naturaleza religiosa de su poesía que afirma:

Los escritores son insoportables
incluso los sagrados,
los que terminan así sus alocuciones:
Oráculos del Señor.

El sentimiento religioso, más difuso en la primera fase de su poesía, se intensifica y evoluciona, transformándose en una forma de misticismo erótico, en el que el sujeto lírico femenino se enfrenta con un Dios progresivamente más humanizado, con quien dialoga, en un lenguaje coloquial amoroso, posiblemente similar al llamado estilo hebraico que se expresa a través de imágenes y metáforas osadas, transformando las construcciones abstractas y espirituales en expresiones realistas y concretas, referentes a Dios y sus acciones, personificado en la figura de Jonathan.

Este, mencionado en *O coração disparado*, segundo libro de la poetisa, surge inicialmente como *alter ego* masculino de Adélia:

Veinte años más veinte es lo que tengo
mujer occidental que si fuera hombre,
amaría llamarse Eliud Jonathan

Para después aparecer en *O pelicano*, su cuarto libro, considerado, después de *Bagagem*, el más importante. En él, la figura de Jonathan ocupa toda una sección del libro además del poema final. Nombre hebraico –*Y-honatan*– significa dádiva de Jehová o de Dios, traducido al portugués como Jônatas.

Canto muy alto:
Jonathan es Jesús.

Adélia Prado dejará fluir la pasión hacia la figura de Jonathan, los arrobamientos erótico-amorosos, los muchos juegos de seducción, la traición, el rechazo, las desconfianzas, todas las expresiones de una mujer enamorada que, en arrebatos místicos y eróticos, promueve la humanización de lo divino y la divinización de lo humano, justamente en el libro *O pelicano*, tomado por la iconografía cristiana como el símbolo de Cristo, para simbolizar el amor paternal de Dios por sus hijos, por la manera delicada con que esta ave protege sus crías.

Presente en *A faca no peito*, libro posterior a *O pelicano*, Jonathan cederá lugar a la Virgen María en *Oráculos de maio*, último libro de Adélia Prado, especie de relectura y síntesis de su libro de estrella, donde se rebela contra su posición de mensajera, pidiendo:

O Dios
déjame trabajar en la cocina,
ni vendedor ni escribano,
me deja hacer Tu pan.
Hija, me dice el Señor,
Yo sólo como palabras...

Para después aceptar su destino, cumplir el pago de la promesa, la poesía como forma de oración, segura de que

a unos Dios los quiere sufrientes
a otros los quiere escribientes.

Cecília Meirelles (1901-1964)

Cecília Meirelles:
la ascesis poética

Eliana Yunes

Cecília Meirelles, la más carioca de las poetisas brasileñas, presencia femenina en el movimiento modernista que renovó las artes en la década de 1920 desde São Paulo, se mantuvo original y personal en la turbulencia que sacudió la tradición artística nacional, en el afán de posicionar a Brasil en pie de igualdad con la vanguardia europea. Nació en Río de Janeiro el 7 de noviembre de 1901. La semblanza de su vida personal está marcada por pérdidas significativas, cuyo luto se percibe en el tono de sublimación que impregna en sus versos, como lo deja entrever en una entrevista: "el sentimiento de transitoriedad de todo explica cuanto he hecho en literatura, educación e incluso folclor". Cuando aún estaba dentro del vientre materno pierde al padre y a los tres años a la madre, quedando a los cuidados de doña Jacinta Benevides, su abuela materna, una mujer azoriana de San Miguel de Portugal, y de Pedrina, una nana seca de color, que será su compañera mágica de la infancia. De ambas bebe las fuentes de la oratoria, al escuchar cuentos y cantigas cuyo ritmo rescata líricamente en sus versos.

En un hermoso libro de esas memorias, intitulado *Olinhos de gato* (1940), nombre que se ganó por referencia al color claro y mirar misterioso heredados del padre, la poetisa expresa la experiencia feliz que tuvo en la infancia, sin poder evitar que una lectura comparada de sus poemas evidencie, mínimamente, un curioso contrapunto. A éste se acumula *Giroflê, giroflá* (1956) y, en la literatura infantil, *Ou isto ou aquilo* (1964), ambos integrados a la obra poética revisada por ella misma en vida. Las imágenes de su infancia están rodeadas de musicalidad, brillantez y alegría, mientras que los personajes de su obra adulta, siempre aparecen en un marco de dolor y desencanto. De este último libro, el poema "Menino azul":

El niñito quiere un borrico
que sepa inventar
historias bonitas
con personas y animales
y barquitos en la mar.
Y los dos irán por el mundo
que es como un jardín apenas algo más grande
y tal vez más alto
y que no tenga fin.

La paradoja continúa en el poema "Criança", del libro *Viagem*:

Cabecita buena de niño triste,
de niño triste que sufre solito,
que solito sufre –y resiste.
(...)
Cabecita buena de niño mudo,
que no tuvo nada, no pidió nada,
por miedo a perder todo.
(...)
Cabecita buena de niño santo,
que desde lo alto se inclina sobre el agua del mundo
para mirar su desencanto.
Para ver pasar en una ola lenta y fría
la estrella perdida de la felicidad
que sabía que nunca tendría.

Siendo estudiante recibe a los nueve años de las manos de Olavo Bilac, un poeta notable que dirigía el sistema educativo, su primera medalla al mérito por los versos escritos para el mural de la escuela pública a la que asistía. Cecília explica que la literatura entró en su alma por los oídos, mucho antes de aprender a leer y amar los libros: su nana le contaba historias de las tradiciones portuguesa, africana e indígena, mezcladas en la cultura popular, y las dramatizaba, cantaba y danzaba, le decía adivinanzas entre leyendas y fábulas; la abuela, quien había traído de su isla en el Atlántico mitos y fe, la envolvía con cantigas y cuentos. Ella escribe en "Memória":

Mi familia va lejos
se refleja en mi vida
pero no sucede nada:
por más que me acuerde, se hace la olvidadiza
y no hay comunicación.
Unos son nubes, otros tortugas
veo las alas, siento los pasos
de mis ángeles y payasos
en una ambigua trayectoria
de que soy el espejo y la historia
Murmuro para mí misma: ¡todo es imaginación!
¡Pero sé que todo es memoria!

Más tarde la pequeña oyente se hace devoradora de libros, especialmente de *Los tres Mosqueteros*, de Alejandro Dumas, y *Don Quijote*, de Cervantes, ediciones ilustradas que habían sido del abuelo. Descubre el diccionario como fuente inagotable de sorpresas y se fascina cada vez más por la compañía que le hacen las palabras en un mundo donde la soledad y el silencio son bienvenidos, cuando las compañeras se van. Los libros también le interesan en cuanto "objetos", del papel a la encuadernación, de la composición a sus bordes dorados. En la pequeña y vieja biblioteca de la familia nace la vocación para el magisterio entre las gramáticas latinas que utilizó su madre y las partituras que utiliza para las clases de violín.

A los 16 años ya es maestra alfabetizadora y estudia idiomas, cultura oriental y canto, y mientras tanto escribe el primer libro de poesías, *Espectros*, que se edita en 1919 y no aparece en la obra completa. Se decide por la literatura porque, "llena de voces, ella hablaba del mundo". Esto también hace que se entregue de alma entera a la educación, investigando la literatura popular, arengas y cantigas y desarrollando en los diarios una actividad intensa a favor de una escuela nueva, al lado de educadores expresivos, ya apoyados por Monteiro Lobato, otro brillante escritor del periodo. En 1934, organiza e inaugura la primera biblioteca pública de Río de Janeiro dedicada al público infantil, simiente que luego se esparció por todo el país. Su libro *Problemas de literatura infantil* (1950) se volvió un clásico, en cuanto a la primera incursión en las letras para los pequeños lectores, *Criança, meu amor* (1933), le pareció de poca importancia y no se reeditó hasta su muerte.

Dos años después de *Nunca maís...* y *Poema dos poemas* (1923) escribe *Baladas para El-Rei* (1925), cuyo horizonte poético es el de la tradición ibérica con imágenes y ritmo de nostalgias y crepúsculos en el que una cierta veta mística despunta en la parsimonia de los versos alejandrinos, como letanías, hechas de paralelismos y reiteraciones. Estos libros la acercan al movimiento modernista de Río de Janeiro, que rechaza la iconoclastia paulina, y hacen que sea tomada como neosimbolista, aunque se aparte de etiquetas y políticas académicas. Cuando fue invitada para dar clases en las universidades del Distrito Federal, de Coimbra y Lisboa, da cátedra de literatura comparada, literatura oriental y lusitana brasileña.

En la siguiente década, con *Viagem* (1937), nace la obra completa que revisará antes de morir. El libro recibe el premio de la Academia Brasileña de Letras, reconociendo así a Cecília al frente de la poesía brasileña. La alteración sensible de su texto indica que, sin optar por lo anecdótico, por el nacionalismo en boga por efecto del modernismo, la poetisa encadena una herencia poética de estudio aplicada de la poesía en lengua portuguesa y una visión y un acento propios definiendo un estilo inconfundible en las letras brasileñas. "Motivo", el soneto que abre el libro, será considerado para siempre su trabajo poético:

Canto porque el instante existe
y mi vida está completa
No soy alegre ni triste:
soy poeta.
... Sé que canto.
Y la canción es todo.
Tiene sangre eterna el ala ritmada.
Algún día sé que estaré mudo:
y nada más.

Una vez delineado su trayectoria poética, Cecília Meirelles transitó del verso más lírico al poema histórico, de las traducciones a la literatura infantil sin abdicar una sensibilidad impar que jamás se dejó atrapar en el estereotipo, en el poema fácil. Contemplativa, no sucumbe a la razón lógica, sino que se abre a todo tipo de percepciones –táctiles, visuales, gustativas–, en un juego en que las cualidades aparecen por artes del sustantivo y la sinestesia comanda las imágenes: "Mis manos aún están *mojadas de azul* de las olas entreabiertas y *el color que escurre* de mis dedos colorea las arenas desiertas" ("Cançao").

La visión del mundo que todo abarca, sin exclusiones –de los seres diminutos a las experiencias límite de lo humano–, salta sobre las apariencias para rescatar de lo transitorio un dato trascendente. Es como si Cecília estuviera en un estado permanente de vigilia, para desnudar lo más recóndito y singular de cada cosa, apuntando hacia su permanencia. El desencanto y el desaliento por la fugacidad del tiempo que la crítica canónica señala como su "motivo" (esta palabra aparece en casi dos decenas de poemas) principal pueden llevar a un juicio poco iluminador de que ella reedite el dilema barroco entre la condición terrena que se desliza inexorablemente y la aspiración a lo eterno. La eternidad no es para ella una aspiración diferente al acto de escribir; en otras palabras, aunque pueda parecer una cuestión temática y de contenido, el problema para Cecília se resuelve en cuanto forma, palabra que en su arreglo garantiza, por artes del poeta, que el tiempo no vacía por completo, arrastrando la vida que carga: *Tiene sangre eterna el ala ritmada.* Si en el barroco el yo lírico pasa de la exaltación a la depresión inapelable y la llave de oro del soneto sugiere una tonalidad moralizante, la certeza trágica de la desaparición no inmoviliza sino transfigura suavemente la nostalgia cierta en flagrante afirmación de lo poético.

De *Vaga música* (1942) a *Retrato natural* (1949), pasando por *Mar absoluto* (1945), Cecília consolida en cerca de cuatrocientos poemas un cancionero moderno, plural, denso y femenino, aunque no corresponda al modelo lacrimoso y lastimoso con el que se esperaría que sonara en ese tiempo el verso de mujeres. Aún faltándole el "mal comportamiento y la audacia sin pundonor" con que se destacan las poetisas de los años 1980, Cecília derrocha virtuosismo poético y sensibilidad musical propios de una poesía no mensurable por el género y se hace cantante de la naturaleza sin aires de bucolismo, en cuanto inaugura imágenes sorprendentes: "Hasta los buitres son bellos en el largo círculo de los días sosegados. Apenas entristece un poco este huevo azul que los niños apedrean: ávidas hormigas devoran la albúmina del pájaro frustrado" ("Los días felices").

Asomada al mundo, la poetisa opta por insinuar y no demostrar, por sugerir y no responder, donde el gusto metafísico de su texto no produce una verdad existencial o trascendente, sino una especie de presentimiento que se deja ver en la brillantez de un momento que ella materializa en verso ("Pássaro"):

Aquello que ayer cantaba
ya no canta.
Murió con una flor en la boca
y no de espinas en la garganta
(...)
No fue deseo o imprudencia:
no fue nada
Y el día toca en silencio
la desventura causada.
Si acaso es desventura:
abandonar la vida sobre una rosa tan bella,
por una leve herida.

Según ella, en una entrevista fechada en 1949, " la poesía practicada de modo vital está exenta de la claridad de la lógica. La poesía es el grito transfigurado".

Si por un lado es posible acompañar su ejercicio poético como arte e ingenio que aflora sobre la relatividad y dispersión de la materia, por otro, es notable su acompañamiento atento de lo que sucede tanto en la historia presente y pasada del país como de lo que ocurrió en otros tiempos y otros lugares. La obra que no va a dejar dudas sobre su aliento poético se publica en 1953, habiéndole costado muchos años de investigación histórica: *Romanceiro da inconfidência* rescribe el episodio de la insurrección en la provincia minera que costó la vida de mártires de la patria en el siglo XVIII, en el primer intento de independencia del yugo portugués. Cecília recompone escena por escena, los bastidores y el palco del evento con un envidiable dominio de los hechos y de las imágenes con que lo proyecta en la literatura:

...
Duerme mi niño, duerme...
Duerme y no quieras soñar.
Murió Felipe dos Santos y, como castigo ejemplar
después de muerto en la horca
¡lo mandaron descuartizar!
Los caballos que lo arrastraron
se estremecían de dolor
al tirar de su cuerpo
ensangrentado en el polvo.
Hay multitudes para los vivos:
Sin embargo, aquel que muere va solo.
(...)
Abajo y encima de la tierra, algún día el oro se secará
Cada vez que grita un justo
un verdugo viene a acallarlo
Quien no presta permanece vivo,
quien es bueno lo mandan matar.
("Romance V o de la destruição de oro podre")

En esta línea se continúan *Pistóia, Cemitério militar brasi-leiro* (1955) *y la Crônica trovada da cidade de Sam Sebastiam do Rio de Janeiro*, escrita en el cuarto centenario de su funda-ción (1965), con los que se dedica a poner en poesía la historia de Brasil sin desviarse del estilo que la identifica singularmen-te en el modernismo brasileño.

Poemas escritos na India (1953) es más tarde traducido al hindú y abre el camino para las muy exitosas traducciones de Rabindranath Tagore (1962) en que se confirma su pasión por el Oriente y elige a Ghandi como el franciscano más admirable de la actualidad. (*Ghandi, um herói desarmado*, s.d.). En la ele-gía sobre su muerte, canta:

El viento lleva tu vida toda y la mejor parte de la mía
sin banderas. Sin uniformes. Sólo el alma
en medio de un mundo desmoronado.
Prosternadas están las mujeres de la India,
con sollozos harapientos.
Tu hoguera está ardiendo. El Ganges te llevará lejos,
Puñado de cenizas que las aguas besarán infinitamente.

Que el sol levantará de las aguas hasta las infinitas
manos de Dios.
Les hommes sont des brutes, madame.
¿Tú, qué dirás a Dios, de los hombres que encontraste?

Su interés poético llega incluso a las confines del folclor y
de la cultura popular, que también investiga con insistencia: *A
Nau catarineta* fue escrita para teatro de marionetas (1946); *Artes
populares*, en 1952; *Batuque, samba e macumba*, en 1953, en
el que además de los relatos expresa con habilidad insospecha-
da los modelos y figuras de esa tradición, legándonos un pre-
cioso libro de historia cultural; y *Panorama folclórico da ilha
dos Açores, especialmente da ilha de S. Miguel*, en 1955, en que
revisita la tierra de los abuelos y lega un texto poético a la isla
de sus ancestros. Un auto de Navidad, *O menino atrasado*, sale
a la luz en 1966. Entre 1942 y 1944 regresa al periodismo, que
ejercerá en los años 1930 a favor de la educación, esa vez para
diseminar los estudios sobre el folclor infantil. Ayuda a crear la
Comisión Nacional del Folclor y preside su primer congreso en
1951, imprimiendo valor a las colecciones de arte popular brasileño, en el que la fragilidad y el simbólico perenne se integran
y se completan.

La visión transfiguradora y provisoria del terreno hacen que
Cecília Meirelles sea señalada como poeta mística, sin los arrebatos de sus predecesores medievales como Teresa de Ávila y
san Juan de la Cruz, de quien se confiesa una lectora asidua. Su
proceso incluye las cosas y lo cotidiano en una ascesis con la
cual se identifica con lo contemplado, y en vez de dejarse tur-
bar por la fragilidad que todo alcanza, la poetisa le da *ánimo* a
través del sortilegio mágico que extrae de la conciencia de su
arte. Apunta hacia lo concreto y lo vuelve etéreo, le da *alma*.
Su identificación con mujeres y hombres santos, de época y fe
diferentes, está registrada en *Pequeño oratório de Santa Clara*
(1955), *Romance de Santa Cecília* (1957) y *Oratorio de Santa
Maria Egipsíaca*, para teatro.

Una faceta poco estudiada y explorada por la crítica es la de
cronista, en la que opina, dialoga, critica y se posiciona políticamente en relación con la dictadura de 1930 a 1933, insurrec-
cionándose contra un populismo autoritario y defendiendo una
escuela nueva para la constitución de una república efectiva-

mente democrática. Cecília se revela muchas veces " indignada" con la falta de un sentido colectivo en las acciones públicas y políticas, pero sus reflexiones nunca pierden la poesía. Al igual que Monteiro Lobato, actúa como publicista de una sociedad crítica y defiende para el país una participación mayor de la población en su historia, a través de la lectura, desde la más tierna edad. Buena parte de ellas se reunió en *Quadrante 1 y 2* (1962 y 1963), *Escolha seu sonho* (1964) y *Vozes da cidade* (1965).

Pero ella es la poetisa de las canciones (más de cien) y de dos epigramas, verdaderas joyas de concesión poética donde el poema se condensa en lo mínimo, en el estilo de un haiku de los trópicos ("Epigrama núm. 8"):

Me apoyé en ti sabiendo bien que eras tan solo una ola
sabiendo bien que eras nube
puse mi vida en ti
Como sabía muy bien todo esto y me di a tu destino
frágil
me quedé sin poder llorar cuando caí.

La lírica continúa en tonalidades muy particulares en libros menos extensos. En 1952, publica *Amor em Leonoreta*, *Noturnos da Holanda* y *O Aeronauta*, que rescatan lecturas y viajes. Regresa a *Canções* en 1956, y la cronología de sus escritos poéticos va cerrándose; *Metal Rosicler* (1960) y *Solombra* (1963) muestran una poética que se perfecciona:

Hay un labio sobre la noche: un labio sin palabra.
El secular oído espera, como en ruinas,
sin poder desistir, sin el valor de creer
(...)
¿a la muerte, mi alma robo apenas?

Respecto a su vida privada, Cecília se casa con Fernando Correia Dias, quien le da tres hijas y se suicida, provocando una de las más bellas y breves elegías de la poesía en lengua portuguesa (" Elegía"):

Cerca de tu sepultura
Llevada por el humilde sueño

que hace mi desventura,
mal las manos pongo en la tierra,
retirándolas extrañamente luego.
...
Yaces como la extraña, muda, inmensa
amada eterna y tenebrosa
por tus manos elegida
para tu convivio absoluto.

Años más tarde, se casa con Heitor Grilo, con quien comparte el gusto por los pintores flamencos, el teatro, la música ibérica y oriental, además de los libros sagrados de todas las culturas y los clásicos de todas las lenguas.

Cecília ya sabe que tiene cáncer, pero no deja de producir: "Si pudiera recomenzar la vida me gustaría ser la misma, pero mejor". Continúa publicando hasta el año de su muerte, cuando prepara su edición de *Obra poética*. El poema "Parusia" es de abril de 1964, y está incluido en el libro entre los *Inéditos*:

Moriré sin asistir a aquella llegada:
cuando los cielos se abrirían en haces de luz
y la Presencia descendería del Misterio.
Cuando todos nos sentiríamos alegres y dichosos:
el corazón como un ramo de flores, los ojos con todas
las constelaciones
No: la Parusía se quedó en aquel libro dorado,
con páginas tan leídas, tan volteadas, tan gastadas
con pequeñísimas oraciones en los cantos.
El libro que vivía entre tus dedos antiguos.
Ahí vi la presencia, la Luz del Cielo, la felicidad
del mundo.
El resto aparece apenas en mi alma.

En noviembre, dos días después de cumplir 63 años, fallece en Rio de Janeiro, ciudad a quien tanto cantó en sus versos

Cecília
en la lectura de nuestros
modernistas

Leila V. B. Gouvêa

La revisión realizada por Wilberth Claython Salgueiro y Pedro Paulo Alves dos Santos a la poesía de Cecília Meirelles, invita a mi parecer, a una relectura de la recepción que dieron a sus libros nuestros poetas, en especial los modernistas. Creo que ellos fueron los responsables de varios de los puntos cardinales y sutilezas que se encontraron en la lírica ceciliana –muchos de los cuales parecen refrendar la permanencia y la contemporaneidad de esa poesía en el pleno caos de estos tiempos posmodernos–. No es de sorprender que esos poetas hayan sido quienes mejor comprendieran la poesía rebelde de Cecília, en una época en que la crítica profesional, tenida como actividad lógica por excelencia, se vio reconocidamente en apuros para explicar el arte poco lógico o incluso ilógico de entre guerras y posguerras[1]. Por lo tanto es conveniente señalar que la combatividad de la intelectual, cronista y educadora, que no esquivó demarcar la posición frente a muchos de los principales embates de su tiempo, siempre coexistió con el lirismo órfico y esencial de la poetisa, conforme a lo que percibió Alcides Villaça, otro crítico poeta, contemporáneo nuestro: Cecília Meirelles "persiguió la bella dialéctica entre la acción positiva de la mujer y la intelectual y el recogimiento lírico más entristecido, en el que se declinan y declinan altivamente (¿paradoja ceciliana?) las aspi-

---

1. Cf. entre otros, Antonio Armoni Prado, Sérgio Buarque de Holanda, Hugo Friedrich u Octavio Paz.

raciones esenciales", aludiendo de esta manera a la "crítica punzante a la lírica" expuesta competentemente por Valeria Lamego[2].

La tentativa de rescate de la lectura de esa lírica ensombrecida y esencial por nuestros principales modernistas debe comenzar por aquella realizada por quienes, como Cecília, se iniciaron en la escritura de versos en una zona aún nebulosa entre el parnasianismo y el simbolismo: Mario de Andrade y Manuel Bandeira. No deja de ser enriquecedor para nuestra literatura poder hoy verificar cómo cada uno de esos tres poetas, al explorar su propio camino, fue a dar a un lugar distinto, para emplear las palabras de Mario, "floresta maldita de las estéticas".

Un breve comentario malhumorado de Mario de Andrade, en una carta de 1942, parece ilustrar de manera magistral tales alumbramientos. El poeta crítico decía que *Vaga música*, el segundo libro de madurez poética ceciliana –volumen que, en efecto, reúne varias de las canciones más extraordinarias de la gran renovadora del *lied* en lengua portuguesa–, era lo "mejor del lirismo puro que se ha dado en este país" [3]. No deja de intrigar que el poeta crítico encontrara el lirismo absoluto que buscaba desde hacia mucho tiempo justamente en la más "intemporal", rebelde y atípica de los autores de nuestro periodo modernista.

Mario, entonces, escribirá los dos ensayos breves y bien conocidos sobre la poesía de la Cecília madura (Cecília y la poesía y Viagem)[4]. En ellos identificó hallazgos que hasta hoy parecen servir de itinerario de lectura de esa poesía. Además de haber sido quien insertó formalmente a la escritora al nivel de los "mayores poetas nacionales" –territorio hasta entonces habitado exclusivamente por nombres masculinos, como todavía sucede hoy en las poesías francesa, lusitana o inglesa–, el poeta crítico captó, en los dos artículos, algunos de los aspectos y

---

2. Alcides Villaça, Cecília en Portugal, en Leila V. B. Gouvêa, *Cecília Em Portugal*, São Paulo, Iluminuras, 2001. Véase también Valeria Lamego, *A farpa na lira*, Río de Janeiro, Record, 1996.

3. En Moacir Werneck de Castro, *Mário de Andrade, exílio no Rio*, Río de Janeiro, Rocco, 1989, 97. (El mal humor se debía en parte a una conferencia de la misma Cecília, de hecho una de las menos brillantes de la escritora. Sin embargo, Mario vio aciertos en las posiciones planteadas en aquella conversación.)

4. En *O empalhador de passarinho*, 2ª ed. São Paulo/Martins, Brasilia/INL., 1972, 71-75; 161-164. Originalmente los artículos fueron publicados en 1939.

procedimientos que por cierto hicieron que la lírica de Cecília se encuentre inmersa hoy no sólo en lo más profundo de la literatura brasileña.

Mario vio, en síntesis, en Cecília la "fuerza lírica del conocimiento" y la poesía "de rápida fijación consciente", como "intuición que prescinde de la lógica". En buena parte de los poemas– él, que según Alfredo Bosi, practicó "una lección de exégesis" al analizar "Eco", en versos libres[5] –encontró metrificación y rima "justificables", según el "mismo principio estético que lleva al pueblo a metrificar y a rimar". Detectó la economía verbal de aquellos versos "sin palabra de más". Percibió incluso la coexistencia de "vaguedades" con "intensidad". Fuera del ya extraordinario descubrimiento del "eclecticismo sabio" en el tejido poético de la "innumerable" Cecília. (A propósito, quien no esté dispuesto a intentar localizar ese "nomadismo estético" a lo largo de esa poesía, podrá encontrarlo de otra forma en su obra en prosa, en el que discretamente la escritora va, aquí y allí, hilando los innumerables escritores y poetas de múltiples espacios lingüísticos y "edades estéticas" con los cuales dialogaba largamente.)

Este investigador de la lengua brasileña no extrañó incluso el lenguaje ceciliano tejido en idioma vernáculo. Y abordó con penetración la "resistencia" y el "rechazo" de la escritora a "cualquier adhesión pasiva" al proyecto modernista de cuyas propuestas sabiamente (hoy se puede repetir), ella aprovechó lo que le convino para lo que tenía que decir, como la simplicidad del vocabulario y la sintaxis, el lenguaje antirretórico y *clean*. Cecília, en forma algo provocativa, hizo alusión a algunas de esas propuestas en versos como el del primer poema de *Vaga música*, justamente intitulado "Ritmo": "¿Será mi compás / que tanto los admira?"

En su lectura de Cecília Meirelles, Mario de Andrade ni siquiera tocó la aún ahora incansablemente atribuida herencia simbolista de escritora ni mencionó incluso su alegado lusitanismo. Finalmente se trataba de un lector –como él expondría un poco después en textos como "Elegía de abril"– esfumado de lirismo puro. Ávido, en suma, de poesía esencial. En Cecília

---

5. Historia de un encuentro, en Cecília Meirelles, *Cecília y Mário*. Río de Janeiro, Nova Fronteira, 1996, 12.

él demostraba haberlos encontrado. Llegó a decir: "Si por casualidad pretendemos saber lo que nosotros los intelectuales pensamos de los problemas esenciales del ser, nos quedaríamos atónitos: no hay más que buscar entre las obras de casi todos (...)", lo que sintetiza bien aquella avidez[6].

De esta forma, parece fácil comprender hoy por qué la poesía mayormente metafísica de Cecília Meirelles, además de estar tejida en un discurso donde la maestría técnica logró retirar los andamios del esfuerzo, repercutió tan fuertemente en el Mario lector. Sólo queda, así, lamentar que un crítico de esa envergadura no haya alcanzado otros libros de la madurez de la poetisa, especialmente el *Romanceiro da Inconfidência*, de 1953. Este libro, llamado por algunos *Os Lusíadas* brasileño, en que Cecília emprendió el sumergimiento en el "espíritu revolucionario romántico, que está en la Inconfidencia" para emplear otras palabras del mismo Mario, en otro contexto, concilió lirismo, técnica y reflexión social con tal eficacia que parece lícito investigar, algún día, si encierra acaso la totalidad del proyecto estético del autor de *Remate de males*.

Como si se hubieran puesto de acuerdo, en el mismo mes en que apareció en la prensa aquel segundo ensayo de Mario (noviembre de 1939), Manuel Bandeira –quien retrataría a la poetisa en aquel bello "Improviso"– publicó un artículo también comentando la premiación de *Viagem* por la Academia Brasileña de Letras, concluyendo con una evaluación parecida a la del cofrade y amigo paulista: con ese primer libro de madurez, "tan alejado de los cánones académicos", Cecília se coloca "desde ahora entre nuestros mayores poetas". El gran lírico de los "versos espetados" comprendía que "el esmero" ceciliano de la técnica, ya logrado con *Viagem*, era de naturaleza "informadora", y no "decoradora de la sustancia". Bandeira –que entre los modernistas fue el más prolífico en abordar la poesía de Cecília– reiteró el eclecticismo que detectó Mario, pero acrecentando una innovación importante: entre todos los "recursos tradicionales o nuevos" de los que echaba mano la poetisa, en su proyecto muy personal de "arte por la poesía, jamás arte por el arte", acrecentó "las aproximaciones inesperadas de los surrealistas"[7].

---

6. En *Aspectos da literatura brasileira*. São Paulo, Martins, s.d., 185-195.
7. Transcrito en Manuel Bandeira, *Andorinha, Andorinha*... Río de Janeiro, José Olympio, 1966, 209-210.

Manuel Bandeira no estuvo solo en la identificación del surrealismo en Cecília apreciadora de Breton y Soupault, como puede verse en algunas cartas y poemas. Casiano Ricardo, el obstinado relator de la comisión acabó premiando *Viagem* –ante el escalofrío de la facción más conservadora de la Academia–, también lo localizó en composiciones como "Estrela", de aquel libro, además de indicar el pathos de "inquietud casi subterránea" y de "inconformismo", que al final, atravesaría toda la lírica de Cecília Meirelles[8]. Menotti del Picchia, otro crítico egresado del modernismo, en una crítica a la *Vaga música*, incluida desde la primera edición de la *obra poética* –asistida por la poetisa–, llegaría a afirmar que el surrealismo "predomina en la poesía de esta singular artista"[9].

Años más tarde, el portugués Nuno de Sampaio –que no se sabe si fue poeta o modernista–, en un comentario igualmente incluido en aquella primera edición de la *Obra poética*, encontraba como principales fuentes de la poesía de Cecília el lirismo del cancionero y del romancero y el "purismo sobrenatural de los surrealistas". Sampaio se opone a la famosa definición del automatismo psíquico puro de André Bretón, a algunos fragmentos de poemas donde encontraba una práctica convergente con las ideas del autor de *Nadja*. La "poesía pura de Cecília Meirelles [fue] influenciada por los surrealistas como lo fue por el cancionero", enfatizaba el lusitano[10].

Parece difícil estar en desacuerdo con Bandeira, Casiano, Menotti o Sampaio. Finalmente, la poesía onírica, con sus propuestas de aprovechamiento de la memoria de la infancia y de hipervalorización de lo imaginario, contenida especialmente en el *Primer manifiesto* de Breton, no podría haber pasado desapercibido para la autora de poemas como "Baile vertical" o "Da bela adormecida". La dificultad está en saber cuándo exactamente se aproximó Cecília y se dejó impactar por la poesía surrealista y hasta qué punto se permitió impregnar por ésta y algunas otras vanguardias. Adelanto aquí la hipótesis de que eso haya

---

8. Cf. *Revista da Academia Brasileira de Letras*, vol. 57. Río de Janeiro (1939), 194-195.
9. El inconsciente en la poesía, en Cecília Meirelles, *Obra poética*. Río de Janeiro, Nova Aguilar, 1958, LVII.
10. El misticismo lírico, en ibid., LX-LXI.

ocurrido en el cambio de las décadas de 1920 y de 1930, es decir, cuando ella comenzó a escribir los poemas que reuniría en *Viagem* –muchos de los cuales ya levantan bruscamente vínculos con "el reinado de la lógica"–, en conformidad con lo que defendía Breton en su primer manifiesto[11]. La excesiva descripción de la escritora en cuanto a su propio hacer poético –en el que difirió considerablemente de Bandeira y Mario– y la inexistencia de un catálogo de la biblioteca de casi 12 mil volúmenes que llegó a reunir en su casa de Cosme Velho aún contribuyen a alimentar dudas, por cierto exasperantes para sus estudiosos[12].

Carlos Drummond de Andrade y Murilo Mendes, dos grandes modernistas, que empezaron siendo modernistas, escribieron en menor medida sobre Cecília, pero algunos de sus pensamientos fueron penetrantes. Ella "todo lo transfigura y reduce a la abstracción de la poesía", señaló Drummond, en 1949, en su recepción crítica de *Retrato natural*, donde notó un mayor apego al verso metrificado que aquel presente en los volúmenes anteriores, insertando a la autora en la corriente "de los grandes poetas peninsulares". El gran centenario de 2002 destacó incluso poemas como los extraordinarios "Comunicação", "Os gatos da tinturaria" y el tal vez surrealista "O cavalo morto", sin embargo, ciertamente por la exigüidad del espacio, no mencionó algunos otros textos antológicos del libro, como "O enorme vestíbulo", "Fui mirar-me" o "Improviso para Norman Fraser". Además percibió en lo lúdico de los poemas como los de *Ou isto ou aquilo* un avatar de los *divertissement* mozartianos y, a la muerte de la poetisa, señaló que "las anotaciones" cecilianas de la naturaleza consistían en "esbozos de cuadros metafísicos".[13]

Murilo Mendes, nuestro otro centenario de 2001 autor del conmovedor "Murilograma para Cecília Meirelles", fue el único gran poeta del modernismo que escribió sobre el *Romanceiro da Inconfidência*, luego de su aparición, en 1953, en la revista *Vanguarda*. Vio en la tal vez mayor de las obras primas cecilia-

---

11. *Les Manifestes du Surréalisme*. París, Éditions du Sagitaire, 1946, 13-75.
12. Para citar dos casos. Mário de Andrade y Fernando Pessoa estarían menos "vivos" hoy si sus investigadores no hubieran tenido accesos a sus acervos.
13. Retrato natural, *Jornal de Letras*, n.1. Río de Janeiro (julio/1949); O esto o aquello, *Correio da Manhã*, Río de Janeiro, 10 jul. 1964; Cecília, imágenes para siempre, *Correio da Manhã*, 11 nov. 1964.

nas, que llamó "poesía social de alta categoría", al mismo tiempo "fuerza poética, dominio de la lengua, erudición y sentido del detalle histórico valorizado en vista de una trasposición superior, propia del código de la poesía". Además notó la reinvención operada por Cecília, con "doble sentido de lo clásico y de lo moderno", de la veta del romancero, reaprovechado en el siglo XX "por los poetas más inquietos, de la sensibilidad más en consonancia con los acontecimientos de nuestra época, quienes insertarían nuevas y más vivas imágenes en el viejo y austero tronco, lineal". De hecho, eso fue lo que emprendió la poetisa en ese canto libertario y en cierta forma socialista, el cual, medio siglo después de publicado, puede soportar una lectura alegórica del Brasil de siempre, y de hoy[14].

Valdría la pena recordar además, aunque a manera de resumen, la lectura que hicieran de la lírica ceciliana Henriqueta Lisboa –que en ella incitó el "misterio", el "inconformismo", "el ascetismo oriental", los "silencios repentinos"[15]– y Mario Faustino. En medio de algunos de sus afilados escritos, decididos y demoledores, el precursor de lo concreto consideró a Cecília "uno de los mejores poetas de su siglo habidos en cualquier época y en cualquier lengua" y estuvo de acuerdo en que ella escribió "los mejores poemas-canciones de la lengua desde el Renacimiento portugués". ¿Quién podría dudar esto, al releer hoy a nuestra cantora del instante?[16]

---

14. Transcrito con el título La poesía social, en Cecília Meirelles, op. cit., LXV-LVII.
15. Cecília Meirelles, *en Convívio Poético*. Belo Horizonte, Secretaria da Educação de Minas Gerais, 1960, 177-180.
16. Cecília Meirelles: Cancões, *Jornal do Brasil*, 24 mar. 57; y *Poesia Experiência*, São Paulo, Perspectiva, 1977, 212-213.

La comunicación poética de Cecília Meirelles. ¿Noética mística u otro *engagement*?

*Algunos aspectos ensayísticos sobre la
lírica moderna en el universo de la
"pastora de nubes y mar".*

Pedro Paulo Alves dos Santos

"En el escritor el pensamiento no dirige el lenguaje: el escritor es en sí mismo un nuevo idioma que se construye, que inventa medios de expresión y se diversifica según su propio sentido. Lo que llamamos poesía tal vez apenas sea la parte de la literatura donde se afirma con ostentación esa autonomía." [1]

"La militante de la lírica que llevó la poesía al Modernismo"[2]; innumerables textos y publicaciones acuñaron ésta y muchas otras expresiones[3] en homenaje a la poetisa, señalando la situación

1. Cf. M. Merleau-Ponty, *A prosa do mundo*, São Paulo, Cosac & Naif, 2002, 9.
2. Cf. Título de la materia sobre el centenario del natalicio de Cecília Meirelles, Cecília: Los cien años de Cecília Meirelles, la militante de la lírica que llevó la poesía al Modernismo, *Bravo*, 5, (nov. 2001), 58-67. Escrito brillante en torno al problema clásico del canon de la poesía "modernista", de manera más refinada, diversos articulistas de la *Revista Cult* 51, (2001), 41-63, retratan la riqueza de la expresión ceciliana en el conjunto de la comprensión dispersa del modernismo, en términos de *Lirismo Absoluto*, lo que denota en buena medida la dificultad al proponer clasificaciones para un universo tan complejo.
3. Cf. Antonio Carlos Secchin (org.), *Cecília Meirelles, Poesia completa*, I-II vols., Río de Janeiro, Nova Fronteira, 2001, 18. "Esta es la primera publicación que desea presentar toda la obra de la poetisa en una secuencia (en cuanto sea posible) cronológica, a fin de que el lector pueda acompañar el desarrollo del proyecto creador de Cecília... basado en el hecho de que en algún momento, corresponden a la 'verdad poética' de Cecília..." En esta edición se encuentra también, además del estudio introductorio de Miguel Sanches Neto, que será de referencia para los problemas poético-literarios y críticos de la "Palabra de Mujer" inscrita en su poesía, una actualizadísima bibliografía crítica y comentada por Ana Maria Domingues de Oliveira.

paradójica de la obra poética de Cecília Meirelles, en el contexto estético, político y social de los proyectos[4] del movimiento *modernismo brasileiro*, a partir de los años 1920, insinuando incomprensión y perplejidad, frente al universo antagónico de la forma poética de acuñación "simbolista" (y possimbolista) y religioso de la poetisa, fecunda por la realidad dolida de orfandad, viudez, incomprensión. Al mismo tiempo su obra gana *logos*, posiblemente, iluminada por la búsqueda unificadora de la palabra poética, anclada en la elevación mística como *mimesis*[5] de su concepción de la existencia humana:

En una auténtica "paradoja ceciliana", sería justamente la poeta de las grandes interrogantes metafísicas, quien en casi todos sus libros practicó el arte como ejercicio de sondeo de una verdad supraterrena...[6]

De hecho, en cuanto *poeta modernista*, en todo, por el "género" y por los *leitmotiv* de sus peregrinaciones, *perturba* el esce-

---

4. Cf. Joao Luiz Lafetá, 1930: *A crítica e o modernism* (Prefacio de Antonio Candido), São Paulo, Ed. 34, 2002. Obra que se encuentra entre las más importantes del análisis de conexiones entre literatura e ideología. A pesar de su valor, no es unánime su "cartografía" del modernismo de los años 1930, en términos de fuerza y dilución" (34). "En la poesía se da esta modificación principalmente debido a una reacción 'derechista", que viene del grupo espiritualista encabezado por Tasso de Oliveira, corre paralelamente al Modernismo con las revistas *Terra do Sol e Festa*, y encuentra su mayor realización en los poemas prolijos y retóricos de Schmidt. "Otros teóricos, como José Aderaldo Castello, en *A Literatura Brasileira*, São Paulo, USP, 1999, 181, afirman: "Los poetas destacados, también ensayistas y ficcionistas... son ejemplos: Jorge de Lima, Manuel Bandeira, Cecília Meirelles... le dan nuevo vigor a la 'fase aurea' de nuestro modernismo...". Antonio Cândido, en *Modernismo*, 25: "Por allá de 1928 comienzan a darse las reacciones más vigorosas en contra de los aspectos contingentes del Modernismo, por parte del grupo de *Festa*..."
5. Cf. M. Blanchot, El Misterio de las Letras, en *A parte do fogo*, Rio de Janeiro, Rocco, 1997, 48-64; sobre la relación entre la naturaleza del lenguaje poético o literario y su función "natural" estética, Adma Muhana, *Poesia e pintura ou pintura e poesia. Tratado Seiscentista de Manuel Pires de Almeida*, São Paulo, Edusp, 2002. Más específica sobre la poesía, Harold Bloom, *A angustia da influência. Una teoria da poesia*, Río de Janeiro, Imago, 2002, y la magnífica obra de J. Merquior, *A astúcia de mimese. Ensaios sobre a Lírica*, Topbooks, 1972, espec. 17-34; finalmente, L. Costa Lima, Poesía y experiencia estética, en *Intervenções*, São Paulo, Edusp, 2002, 39-56.
6. Cf. Leila V.B. Gouvêa, *A capitania poética de Cecília*, 43. Por esto mismo, Claude Lefort dice en la introducción a *A prosa do mundo*, 9: "La comunicación en literatura no es un mención simple que hace el escritor de los significados que forman parte de un a priori del espíritu humano: éstos, por lo contrario, son suscitados por un aprendizaje o por una especie de acción oblicua..."

nario del modernismo, es decir, la crítica y la inteligencia de estas expresiones literaria y cultural no la perciben en el "canon" de la poesía de sus pares y, al mismo tiempo, quién puede excluirla del escenario sociopolítico de aquellos años.

Nacer fuera de las previsiones de la historiografía y de la crítica literarias instaladas, y tener la locura poética de un "camino propio" sería, en el caso de Cecília, un delito sujeto a un desconocimiento más o menos insistente.[7]

Una poetisa *militante* indica en buena medida la pertinencia del centenario de Cecília Meirelles, *la pastora de nubes*, la cronista, educadora, mujer pública[8] quien por casi cincuenta años, vivenció una influencia específica y significativa sobre el movimiento de ideas que hervía en Brasil, como sucedía en todo el mundo, a partir del llamado modernismo en literatura, en las expresiones artístico culturales y en la educación, y en su crítica atenta del mundo alrededor de su creación literaria.

Pero finalmente ¿quién fue Cecília Meirelles en ese ambiente, cómo delinear su silueta y estatura y, al mismo tiempo, relacionar simultáneamente su obra poética con su existencia; su relación existencial con las pasiones de su tiempo?

De hecho absorbió (quizá filtrar es el verbo apropiado) lentamente algunas de las propuestas de nuestro modernismo, como lo son la simplicidad del vocabulario y la sintaxis, el lenguaje antirretórico y *clean*. Quizá fue el poeta del periodo modernista de mayor contención y economía verbal... "No, tú eres hermosa", registraría

7. Cf. Gouvêa, op. cit., 46; M. Sanches Neto, *Cecília Meirelles, e o tempo inteiriço*, 55: "Tanto en la expresión mística como en la histórica y natural, Cecília Meirelles se guía por el deseo de abolición de las líneas divisorias. Esta concepción no le permitió detenerse en una corriente estética única, lo que la llevó a apropiarse conquistas de varias de ellas, sin dejar de mantenerse fiel a su proyecto literario... Contra la cizaña, utilizó la palabra como instrumento unificador, siendo ella la poetisa brasileña que realizó de mejor manera el paso de los valores del siglo XIX al siglo XX. Es verdad que sufrió discriminación por no haber sido moderna en el sentido combativo y vulgar de la palabra, pero Cecília estaba por encima de esos combates".
8. Cf. Y. L. Lobo, *O ofício de ensinar*, en Margarida de Souza Neves et al. (org.), *Cecília Meirelles, A poética da educação*, Río de Janeiro, Ed. Puc/São Paulo, Loyola, 2001, 63-80.

Bandeira en aquel bello "Improviso" dedicado a su cofrade y amiga.[9]

¿Qué importancia tiene hablar sobre la poesía del *modernismo brasileiro* teniendo en cuenta su *incómoda* relación con la de Cecília? En la ironía de Hugo Estenssoro:

Como otros poetas del possimbolismo, la poetisa se valió de todos los recursos tradicionales o nuevos, dice Bandeira, desde las "claridades clásicas" hasta las "aproximaciones inesperadas" de los surrealistas. Tan distinta que aún no terminó de ser asimilada por la prejuiciosa simetría de la periodización convencional[10].

Qué recursos debemos utilizar para apreciar el lugar de la *palabra poética* de Cecília, entre las "murallas" de proyectos y estéticas modernistas, con las marcas de ese movimiento, de esa verdad brasileña, de ese canon, a ella, que parece haber superado el "canon" modernista, al definirse poéticamente, en *Mar absoluto*, "Río desviado, secta exiliada, ola soplada al contrario, pero siempre con el mismo resultado: dirección y éxtasis"[11].

La pregunta se vuelve más urgente al elegir en la inmensidad de su palabra, aquel momento más expresivo, la poesía.

Cómo no excluirla de la indiscutible importancia de algunas características del modernismo brasileño, "en cuanto proyecto estético, directamente ligado a las modificaciones operadas en

---

9. Cf. Gouvêa, op. cit., 46; Eneida M. de Souza, *Crítica Cult*, 90: "Aún así, el siglo XX termina sin dejar la seguridad de que el canon de la modernidad ya se encuentra archivado en el cajón, en vista de que el canon de compleja definición, al igual que el concepto de modernidad, se imponen en su condición precaria y en un proceso intermitente de cambio.

10. Cf. *A lira do modenismo*, 66, como insisten también Antonio Cândido y J. Aderaldo Castello, *Modernismo*, 21: "la poesía se acercó al ritmo, al vocabulario, a los temas de la prosa; la prosa de ficción adoptó con decisión los procesos de elaboración de la poesía... hay una especie de degradación general del lirismo en formas libres".

11. Cf. *A lira do modernismo*, 66. Gouvêa también se expresa de igual manera, op. cit., 47: "Hay un mensaje que se nos presenta con la misma naturalidad con que llegó a sus contemporáneos y con el que llegará a los hombres del futuro, mientras que perdure la condición humana, su lenguaje. No se sabe cómo sucede esto. Forma parte de la poesía". Frases de Cecília, en la conferencia dictada en la Asociación Brasileña de Imprenta, 1963, a lo que se interroga Gouvêa: "Muchos poemas pueden insertarse en este perfil. Sin embargo, vale la pena preguntarnos: ¿Cuántos poetas de hoy entenderán así la poesía?"

el lenguaje, y en cuanto proyecto ideológico, directamente ligado al pensamiento (visión de mundo) de su época", diría Antonio
Càndido[12], frente a los principios estéticos del modernismo, su
proyecto ideológico que entiende el tiempo como presente, la identidad nacional como autóctona, la política como ironía, la estética como risa y levedad, la historia incluso interpretada en su
carácter transformador y en continuo cambio... señal de ruptura como identidad del pasado, de lo extranjero, de lo antiguo.

> Estamos más acostumbrados al modernismo dentro de la
> tradición de ruptura... nuestra formación siempre estuvo
> configurada por una estética de ruptura, de quiebre, por
> una destrucción consciente de los valores del pasado. De
> esta forma, uno de los discursos más privilegiados del
> modernismo, sobre todo en los últimos veinte años, ha sido
> la parodia[13].

Para *descifrar* a Cecília y leer su influencia por medio de los
rasgos de sus escritos poéticos[14], lo que nos interesa, es necesario superar "esa historia que ayudó a dar margen a un sin número de desinteligencias..." dado su surgimiento como escritora,

---

12. Cf. en Lafetá, *1930: A crítica ao modernismo*, 9.
13. Cf. Silviano Santiago, *Nas malhas da Letra*, 108, citando a Oswaldo de Andrade,
    afirma: "No en vano, entre los primeros modernistas famosos, [fue] quien llevó en
    el modernismo, hasta las últimas consecuencias, la estética de la parodia". Eneida
    Maria de Souza, en una crítica publicada en la revista *Cult*. Belo Horizonte, UFMG,
    (2002), 89: "El intercambio excesivo de cartas entre Mário de Andrade y sus com-
    pañeros de generación es una de las pruebas más significativas de una práctica mun-
    dana de legitimación del canon literario modernista... El canon se legitima, al con-
    vertirse en moneda corriente de intercambio literario, es un medio eficaz para que
    los futuros lectores identifiquen, creen lenguajes o sinteticen superficialmente un
    momento literario específico". En este sentido, resulta muy interesante el texto de
    Silviano Santiago, *Arte-latina* (Manifiesto), en Reinaldo Marques y L. H. Vilela,
    Valores, Arte, Mercado, Política, Belo Horizonte, UFMG, 2002, 57-61, donde, revi-
    sitando la tradición modernista de los manifiestos de forma irónica y lúdica, lanza
    un antídoto contra la gripe de la globalización. Condensa las bases de ese arte lati-
    no, afirmando su carácter antes pragmático transversal que conceptual y teórico.
14. Cf. José Aderaldo Castello, op. cit., vol II, 176: "Cecília Meirelles se define ape-
    nas como un poeta capaz de percibir el mundo circundante a través de los sentidos,
    con cierto toque erótico, pero preservada de pureza. Sonido, luz, movimiento, silen-
    cio, sombras que postergan ires y venires, de todo ello se siente parte integrante, al
    mismo tiempo que neutralizada. Garantiza, sin embargo, la individualidad, ya que
    en fondo investiga su propia identidad: 'un poeta siempre es hermano del viento y
    del agua: deja su cadencia por donde pasa'".

"en un grupo de escritores católicos, que a través de las revistas cariocas *Árvore Nova, Terra do Sol e Festa*... y dado que para
el grupo de Río, las fuentes de las renovaciones literarias con
base en el pensamiento filosófico y espiritualista aún estaban
fuertemente ligadas al Simbolismo". Además de su contigüidad
y distancia del ambiente y de la cultura del catolicismo de
Jackson de Figueiredo, de Tristão de Athayde, y siendo tan cercana y anticipadora de la obra "lírica" de Jorge de Lima.

Y al mismo tiempo de su capacidad reinventora al criticar
"poéticamente" la realidad social, la tradición religiosa y literaria, sin renunciar a sus instrumentales:

Bandeira percibió la reinvención de la tradición operada
por el poeta, y entendió que el dominio ceciliano de la técnica, ya logrado en Viagem, era de naturaleza "informadora" y no "decoradora" de la sustancia[15].

Abordando las equivocaciones del pasado aún sobrevivientes
en la crítica ceciliana, Hugo Estenssoro localiza el espacio de su
poesía personal en la poesía brasileña del siglo pasado, buscando aclarar la difícil tarea de situarla, en vista de una crítica justa
que posibilite apropiarse adecuadamente de su patrimonio.

Cecília no puede ser pensada fuera del modernismo, ni tampoco como simple afiliada tardía a un movimiento. De
hecho, ella no pasó por la destrucción a veces pueril de la
métrica; por el contrario, mantuvo fidelidad a una poesía más
sensorial, musical y cromática... No hay cómo hacerla enca-
jar, aislarla y pensar en su obra dentro de cánones fijos[16].

---

15. Cf. Couvêa, op. cit., 47. Ella apunta hacia el "legado innovador ceciliano en nuestra poesía del siglo XX" al analizar los aspectos estéticos y políticos de la
Inconfidência Mineira (1953). Arte por la poesía, nunca arte por el arte, diría Manuel
Bandeira. Hugo Estenssoro, en La lira del modernismo (*Bravo*, 5, [2001] 60-67), al
citar el agudo ya citado análisis de Manuel Bandeira, insiste en la perspectiva ultra-
modernista del universo poético ceciliano: "Precisamente esa dimensión ambiciosa
y de mayor altura de la poesía de Cecília Meireles es la que hace eco, contemporáneo, a las voces más puras del paralelismo possimbolista de las letras occidentales
en la época modernista". Afirma que "la poesía de Cecília constituye un sorpasso'
histórico del Modernismo revolucionario, cercándolo y liquidándolo" (67).
16. Cfr. Estenssoro, op. cit., Volveremos a la auspiciosa crítica del análisis poético de
Cecília, tejido para la discusión sobre la confusión entre moderno y modernismo, o
mejor, sobre el hecho "de no tener aún una historia del Modernismo en Brasil... el
resultado es que los esquemas interpretativos del Modernismo en Brasil tiene serias
dificultades en ubicar con coherencia la obra de alguien como Cecília". En este sentido, él busca demostrar tal equivocación en el análisis de la incompleta y breve obra
de José Guilherme Merquior, *Breve história da literatura brasileira,* sobre las cuestiones de los autores europeos y su recepción "antropofágica" a partir de 1922.

En este sentido, quizá se comprendan con más claridad las cuestiones animadas por Eneida M. de Souza sobre el vanguardismo y modernismo brasileño.

Manifiestos, prefacios, palabras de orden y artículos panfletarios también contribuyeron en la formación de un movimiento de vanguardia que la historia literaria reconoce como modernista, al trazar los lineamientos para un futuro diseño canónico. Mario de Andrade, reúne así, el concepto de moderno al proyecto de nacionalización de la literatura y de la cultura. Ésta es la marca de una estética y de un programa político que se presentaron contradictoriamente bajo innumerables fases...[17]

Este hecho no impide, sino por lo contrario nos anima a escudriñar algunos aspectos de su palabra más profunda, *la poesía*, un elenco que retrata un camino sinuoso y fascinante, de *Espectros*, en 1919, la obra de la madurez, *Viagem*, o lo épico de la *Incofidência* mineira... trazando un derrotero sin calles simétricas, más coherente, unitario, singular, diría irreductible y universal. Su poesía expresa, "en un proyecto de reunificación, mediante la palabra, tiempos y espacios, creando una mitopoética que garantiza una temporalidad libre de ataduras cronológicas"[18].

Canto porque el instante existe
y mi vida está completa.
No soy alegre ni soy triste: soy poeta.
Hermano de las cosas esquivas,
no siento gozo ni tormento a lo largo de noches y

---

17. Cf. Nostalgias, 89-90.
18. Cf. M. Sanchez Neto, *Cecília e o tempo inteiriço*, 22. Para él "la comprensión de la escritura y la poesía ceciliana implica no sólo la búsqueda de una estilística, inscrita en la historiografía tradicional de la estilística brasileña, sino también, la noción de *rasgos biográficos*, como 'la sensación de dislocamiento y de orfandad'... la circunstancia que caracteriza una estética de la ascesis, lugar geométrico que elige como morada, un dato biográfico, el signo de la pérdida, por eso, más propensa al comercio con los símbolos de la muerte, Cecília convivirá de forma mítica y no traumática con ese horizonte indefinible". En la teoría literaria contemporánea estas cuestiones se profundizaron a la luz de las nuevas relaciones epistemológicas entre las ciencias humanas y las sociales. Lúcia C. Branco y R. Silviano Brandão (org.), *A força da letra*. Estilo. *Escritura. Representação*, Belo Horizonte, UFMG, 2000; Robson P. Gonçalvez (org.), *Subjetividade e escrita*, São Paulo. EDUSC, 2000; Sírio Possenti, *Discurso, estilo e subjetividade*, São Paulo, Martins Fontes, 2001.

días en el viento. Si desmorono o
si edifico, si permanezco
o me desfaso –no sé si me quedo o paso.
Sé que canto. Y la canción es todo.
Tiene sangre eterna el ala ritmada.
Y un día sé que estaré mudo:
y nada más.
("Motivo", en *Viagem*, 1939)

Entre la constelación de los más grandes poetas modernos[19], todos hombres, la obra ceciliana debe comprenderse a la luz de una perspectiva positiva de subjetividad, incluso delineada en el interior del ambiente del grupo de *Festa,* que no estaba reunido en torno a una corriente religiosa definida, sino que se aglutinaba en torno a una visión mística y contraria a los valores de un mundo industrial y mecánico. Possimbolismo religioso de la poetisa[20], que saca a la superficie rasgos de una discusión importante, que nace de la propia crítica al modernismo, el *posmodernismo*, en su superación de cánones y retorno permanentes, intentando expresar la ampliación de nuevas sensibilidades y sujetos, con sus cuerpos, identidades y lugares psicosociales, además de la urgente categoría de "nuevas subjetividades":

Por lo tanto, no se trata de una "neosimbolista" (según palabras de Otto M. Carpeaux), que apenas retornaba del simbolismo de manera pasiva, sino de una autora que parte de este movimiento, y de lo que en él había de conexio-

---

19. Cf. Gouvêa, op. cit., 43: "En efecto, la capitanía ceciliana –con la que se diversifica y enriquece efectivamente nuestra tradición modernista– es la del lirismo absoluto, la de la poesía esencial, la del sumergirse en el 'yo profundo', impulsado en parte considerable por la búsqueda de respuesta al porqué y al destino del viaje sin plazo cierto, que todos en este planeta, con o sin respuestas definitivas sobre el 'todo' o la 'nada', emprendemos".

20. Es importante mencionar la breve comunicación de Djalma Cavalcante, Pasaje a la India *Cult*, (2001), 53-55; según él las relaciones históricas y literarias entre la India, Tagore y Cecília Meirelles son persuasivas al afirmar que "en relación al ideario del hinduismo y las vertientes de su poesía existen elementos más que analógicos. Así como en la diferencia ente *atman* y 'ser', que implica una conciencia de transitoriedad y desapego material, como postura filosófico-religiosa, en vista de un desarrollo progresivo, la poesía ceciliana posee una característica esencial basada en la omnipresente idea de transitoriedad de todas las cosas"; según él, Cecília, al ser influenciada por la cultura hinduista, logró una "mundivisión que le era específica, incluso más específicamente, la expresó a través de sus creaturas en poesía y prosa".

nes con el parnasianismo, rumbo a un arte moderno libre de culpa de su materialismo limitante, haciendo preponderante un deseo de unificación y no de secesión, de universalización y no de particularización... Por lo tanto, no se puede esperar de una poetisa espiritualista como Cecília una poesía de innovaciones lingüísticas, de colorido nacional, de experimentaciones o posicionamientos políticos, ya sean de sexo o de clase[21].

En esto reside el primer elemento de pertenencia de esta mujer, en la reciente historia modernista brasileña. ¿Escribir poesía, aparentemente, parece el arte de la evasión de la realidad, en su dinámica histórica, en el flujo de la forma "nueva", en la otra medida del verso y de la moneda?

Un pequeño opúsculo de J. G. Merquior[22] permitirá, historiográficamente, la solución para la adquisición de una perspectiva más profunda de la obra de Cecília Meirelles, en los años del modernismo, sobre todo al militar con las letras de la poesía, con las armas de la sofisticada simbología y del lenguaje sobre la realidad, tan poco "vanguardista", que se esperaría de una militante modernista como lo es ella.

Una cita, según Merquior, recuerda que la obra de los modernistas brasileños no comparte aquel enigmatismo (estilo de las tinieblas de Adorno) del alto Modernismo occidental, sino que lo logra sólo a partir de la *Invenção de Orfeu*. Jorge de Lima partiría del impulso primordial de los modernistas brasileños, la "conquista del Brasil", para llegar a una problemática universalista de fondo claramente soteriológico. Eso es correcto, pero es necesario destacar que Cecília Meirelles ya recorría ese camino desde la publicación de *Viagem* (1939)[23].

---

21. Cf. M. Sanches Neto, *Cecília e o tempo inteiriço*, 24.
22. Cf. *De Anchieta a Euclides. Breve história da literatura brasileira*, Río de Janeiro, Topbooks, 1963.
23. *Cf. A lira do modernismo*, 62; Silviano Santiago, El Evangelio según san Juan, en Nas malhas da letra, Río de Janeiro, Rocco, 2000, 75: "Autores que cuestionaron la legitimidad de la historia mediante el legado de fe. Autores que creen en la transitoriedad de las soluciones económicas para los grandes problemas del hombre y se adentran en la Trascendencia del proyecto humano atado y libre a las vicisitudes del aquí y el ahora..." Es tentador pensar en Thomas Merton, *Poesía e contemplação*, Agir, 1972, en la sociedad americana de los años de la masificación, del consumismo, del fin de Dios y de otra forma de "ver".

Por eso, Silvano Santiago, al comentar la palabra de los "convertidos", muestra su fuerza superadora de los "dogmas" de un simple credo abrazado e inscrito en la palabra catequizada: "Para poseer la palabra nueva es necesario abandonar antes una relación racional y analítica con el lenguaje"[24]. De hecho, ella es quien dice: "Andar, andar que un poeta / no necesita de casa", en la "Canção da alta noite", de *Vaga música*.

Se trata de construir teóricamente una forma de sistema literario que circunscriba los territorios de la crónica, del soneto, de la poesía. En la retórica de la formación política en los años 1930, las perspectivas críticas de la escuela nueva o las embajadas culturales portuguesas e incluso la más intimista y "metafísica" en la poesía, ella siempre estará provista de una discursividad utópica y política que se une a la constelación de sensibilidad que lidia con las *ficcionalidades*, como máscara y revelación[25].

La intelectual humanista y pacifista, siempre orientada hacia una "ética no concesiva" que tenga por principio nunca decir no a quien le cierre la puerta... Persiguió, según observación del crítico Alcides Villaça, "la bella dialéctica entre la acción positiva de la mujer y de la intelectual y el recogimiento lírico más entristecido, en el cual se declinan y declinan altivamente (¿paradoja ceciliana?) las aspiraciones esenciales"[26].

Compromisos viscerales, que se explican bien, por el carácter convicto, sereno e inamovible, tratando de expresar con propiedad la llama que llevaba consigo, el sueño de construir y participar del cambio social, que el realismo profundo de su lírica expresaba, sin desconcierto con su vida de profesora, mujer, madre, intelectual, mujer pública, viajera incansable, para saciar

---

24. Cf. El Evangelio según san Juan, 76.
25. Cf. Jorge L. Borges, *Ficções*, Globo, 2003; Como diría A. Compagnon, *O demônio da teoria*, 258: "La actitud de los literatos frente a la teoría recuerda la doctrina de la doble verdad en la teología católica. Para ellos la teoría es al mismo tiempo objeto de fe y una apostasía: se cree en ella, pero no totalmente... Se trata de despertar la vigilancia del lector, de inquietarlo en sus certezas, de sacudir su inocencia o su sopor... la perplejidad es el único fin literario."
26. Cf. Gouvêa, op. cit., 41-47.

el conocimiento "personal" y reforzar la construcción de la realidad que los escritos de su simbología poética señalan[27]:

> Tal vez pueda hablarse de un "sistema Cecília", basado en lo que ayuda a iluminar el territorio más denso de ese legado, ciertamente aquel de la poesía, aquel ciertamente más resistente a lo que Eliot en cierta ocasión denominó "el tribunal del tiempo": su poesía[28].

Por eso, sus escritos/poesía se conectaban indisolublemente con la vida:

> Viajeros del texto, los escritores pueden convertir sus escritos en un infinito paso por los mismos puntos, haciendo de ellos grafías de dolor, heridas de la palabra... Todo parece depender de la fuerza de la letra que inscrita en el sujeto es capaz de hacerlo algún día escribir el mundo, potenciándose en distintas fuerzas: estilo, escritos, representación[29].

La poesía de Cecília se funda en esta tensión, oponiéndose a la poesía pedestre de la lírica moderna. En Cecília, esto tiene

---

27. Cf. Denis Rosenfield (ed.), *Ética e estética*, Río de Janeiro, J. Zahar, 2001; Benedito Nunes, *Crivo de papel*, Río de Janeiro. Ática, 1998. En este sentido, con mucha maestría, el sociólogo alemán, Norbert Elias analiza la comprensión humana de los fenómenos sociales a la luz de la metodología de las ciencias naturales en *Envolvimento e alienação*, Río de Janeiro, Bertrand Brasil, 1998.
28. Cf. Gouvêa, op. cit., 43. Realmente las tentativas de esbozar un lugar específico para su obra "poética" dentro del modernismo exigirían la capacidad de controladores de la secuencialidad de los fenómenos o los textos literarios, y los resultados demuestran la necesidad de continuar leyendo y releyendo el conjunto de su obra, además por estar totalmente "catalogada" de manera más crítica y definitiva. Afranio Coutinho, *Introdução à literatura no Brasil*, Río de Janeiro, Bertrand Brasil, 2001, 17, especialmente la "poesía modernista", 293-297, de la que destaco: "La poesía moderna al principio confundió y desprecio los géneros, valorizó la libre asociación de ideas, los temas de lo cotidiano, del tierra a tierra, las expresiones coloquiales y familiares, la vulgaridad, el desorden. Era el total imperio de la aventura y del intuitivismo, de la poesía-experiencia". O aún José Aderaldo Castello, en *A literatura brasileira*, vol. II, São Paulo, Edusp, 172-182, 1999, que destaca y localiza el conjunto de la obra poética de Cecília en lo que él denomina el "Grupo de la Fiesta".
29. Cf. Lúcia C. Branco y R. Silviano Brandão (org.), *A força da letra*, 7-8; al citar M. Blanchot, que dice: "Por eso envisten en la escritura, ese tejido de urdimbre consistente, capaz, quizá de atravesar lo infinito y lograr el modo de la línea recta, que el texto es la distancia más corta entre dos puntos". El tema de la relación compleja entre la escritura y la subjetividad es recurrente en la búsqueda del pensador francés. M. Blanchot, *A parte do fogo*.

sus fundamentos en la más íntima característica de la lírica, una *mimesis de su transformación del mundo: el Imaginario militante* de la poetisa moderna:

> Rompiendo con el poema, entendido como construcción racional, invertirá en la música de las palabras, fortaleciendo la vaguedad vislumbrada del todo (éxtasis y dirección). Lo melódico tiene en su obra un sentido muy importante, ya que es la correspondencia estilística de un universo fluido, incierto y nebuloso. Sin embargo, al mismo tiempo, en el libro se da una tensión entre el mar absoluto, metafísico, y el real.

Si el viaje era el gran tema modernista, como estrategia de la reconstrucción de la identidad nacional, en una radiografía más profunda, en *Viagem* (1939), Cecília subvierte este concepto que tanto marcó la generación a la que perteneció cronológicamente.

Su libro dialoga con toda una tradición de la modernidad que apostó a la dislocación del espacio lingüístico, folclórico, histórico y sociológico, asumiendo el papel de observador y de recolector de datos... viajar era una manera más natural de conquistar la identidad. Sin embargo, ella hace una deslectura de ese tópico, colocándolo dentro de la perspectiva antigeográfica, que plantea nuevamente la idea de transitoriedad. Viajar es sinónimo de vivir.[30]

Su "posmodernismo" se basaba en esta ecuación: escribir y vivir, y la poesía logra esto. Pues la palabra es visibilidad, sonoridad, pero sobre todo semántica significativa, aun para el juego entre el significado/signifcante saussuriano.

> Poesía es el tipo de mensaje lingüístico en el que el significante es tan visible como el significado, es decir, en que la carne de las palabras es tan importante como su sentido.[31]

---

30. Cf. M. Sanches Neto, *Cecília Meirelles e o tempo inteiriço*, 47.
31. Cf. Merquior, op. cit., 17

La historia de la poesía moderna es, en gran parte, la crónica de un retorno a la dimensión de la tradición aristotélica (Poesía), redimensionando la *mimesis* literaria de la poesía. La fidelidad a lo concreto, propia de las relaciones *realis imitatio*, estrategia de las letras, por el propio mecanismo del poema:

> En el poema, la función mimética se proyecta a partir de la dimensión de los universales hacia la dimensión de los particulares ficcionales –"imaginados"– sean o no ficticios. Mediante la representación no servil de particulares se busca transmitir significaciones de resonancia universal. Por una especie de astucia de la mimesis, la representación de lo singular logra significación universal[32].

Se trata de la imitación, entendida como un mecanismo "correlacionado" de extrema fragilidad, más apto para "crear" el efecto y la experiencia comunicativa del lenguaje intencional del mundo, ya que la mimesis poética es imitación de las palabras, que se reflejan y se corresponden, incluso antes de ser una representación de algo externo[33].

En este sentido, toda forma poética es, aunque el "sentido común" no lo acepte, la forma de lenguaje que articula más sutilmente la realidad como "invención" humana por excelencia, diferenciando el acontecimiento mismo de los hechos (incluso, sentimientos profundos). Esto se debe a que la estructura poética, más decididamente que cualquier otro discurso, como la crónica, que tanto marcó el contacto de Cecília Meirelles con la realidad circundante de los años 1930, organiza formalmente la relación con los contextos de la poetisa, la historia concreta, a través de la materialidad de la poesía. Su carnalidad es etérea, sólo en cuanto astucia que evita el engaño ingenuo de la reproducción: "Todo está en saber leer la historia en el texto, en vez de disolver el texto en la historia"[34]. Aquello que E. Panofsky deno-

---

32. Cf. ibid., 23. Resulta importante recordar las premisas que se presentaron en *Breve história da literatura brasileira*, op. cit.,, espec. 8-9.

33. En *Intervenções*, 53, Costa Lima, al tratar sobre el estatuto pragmático del lenguaje poético, en el contexto de la estética moderna, aprecia la dificultad de la razón poscartesiana de aprender el lenguaje como un evento comunicativo, antes de la escuela de Frankfurt y sobre todo de las teorías de la estética de la recepción.

34. Cf. Merquior, *Breve história*, 8.

minaba literatura como Monumento, construcciones eminente-
mente referenciales, cuyo sentido es inseparable de la capacidad de representar, aludir, simbolizar. El poder de referencia al
mundo pertenece al "misterio" propio de la naturaleza del lenguaje literario, condensada abundantemente en la poesía ceciliana, como aludimos antes, "bella", erótica, sensorial, cogni-
ción integral en el lenguaje.

"Canto, porque el instante existe". El lenguaje inscribe la palabra ceciliana, de mujer, y no simplemente de sus "representaciones femeninas"[35], porque su "fidelidad a lo concreto", evidente y perceptible en su estructura (género/estilo/escritura) verbal,
es un mensaje único, aunque conlleve conceptos abstractos.

Por esto, es acertado registrar que incluso sin dar muestra de
ello, su palabra de mujer está en la superficie de la textura poética de la vida ceciliana, a través del deseo de universalidad. Este
deseo suyo de universalidad aún está presente en su opción de
no ser apenas una voz femenina. No desea negar su condición
de mujer, sino impedir la compartimentación[36].

---

35. Es válido cotejar el debate crítico y actualizadísimo de la cuestión en Nelly Richard,
La escritura tiene sexo, en *Intervenções Críticas. Arte. Cultura. Gênero e Política*,
Belo Horizonte, UFMG, 2002, 127-138, sobre todo al advertir sobre las trampas "feministas" de la lectura de textos, que terminan por reforzar el intento original, libera-
dor, a través de las nuevas estrategias literarias y sus presupuestos filosóficos de la
posmodernidad: "Esta dessustancialización de lo femenino es indispensable para
que la pregunta por la 'literatura de mujeres' no caiga en la trampa del esencialis-
mo, que vincula sexo e identidad a una determinación originaria" (138). Sin embargo, no escandaliza pensar en la estrategia literaria "possimbolista" en la literatura
poética ceciliana, más allá de las determinaciones e identidades, que tanto marcaron el modernismo, y al mismo tiempo su aproximación al psicoanálisis y al surrealismo. Son pertinentes las observaciones de Sanchez Neto en *Cecília e o tempo
inteiriço:* "lo que parece conservador en su postura (estética separatista y temporal) adquiere un papel de revolución, resistencia, hasta hoy poco valorizado en
nuestra cultura, tan osado ante las novedades" (46).
36. Cf. Sanchez Neto, op. cit., 57, La misma Cecília Meirelles afirmaba: "Se considera que el poeta siempre tiene algo que decir, pero la poetisa no. En general, el hombre acostumbra segregar a la mujer que escribe, quien es, por así decirlo, una mujer
dotada... que al igual que el hombre". Esta experiencia humana, diría Merquior, de
significación universal, se conjuga con la visión espiritual del mundo, su marca de
poeta y no de mujer poeta. "Hermano de las cosas huidizas/no siento gozo ni tormento" ("Motivo", 1939). El sujeto masculino es utilizado para representar la universalidad de su voz y no para negar la visión femenina, que aparece en varios poemas de la autora. Lo mismo lo afirma Nelly Richard en *Escrita tem sexo?,* 138: "La
implosión del sujeto y los descentramientos del yo, que la teoría contemporánea radi-
calizó en su demanda antihumanista de la "muerte del sujeto", exigen del feminismo repensar la identidad sexual, ya no como autoexpresión coherente de un yo uni-

Exactamente, elegí la "poesía" ceciliana, por su fuerza operativa, su *mimesis*, pues, en ella, lo que parece escondido y negado –la realidad, la corporalidad, la temporalidad histórica, el mundo circundante cronométrico–, por el contrario, se fija y se desvela como fenómeno de la presencia y potencia ideológica del poeta que, no teniendo amarras, libera la "presa" efímera del panfleto, en un compromiso permanente, porque si el lector de Cecília sigue sus "vacíos" será lo que lee, al mismo tiempo que puede apropiarse, reinscribiendo en el contexto de su nueva realidad, aquella interacción, selección de intereses estimulantes y, sobre todo, será libre de "imitar" la solución de Cecília Meirelles del registro histórico, o aun mejor, de sus circunstancias.

La poesía es el "rescate de la independencia y de la dignidad del poeta" y de esa forma, de la misma palabra del poeta en el mundo. Pues, si la carnalidad de la palabra poética es tan noética, el papel "representativo" del poeta, que recita, pinta, esculpe, hurga y crea, lleva la apertura inscrita en sí mismo como la permanente potencialidad creciente. Merleau-Ponty, en su prosa del mundo, afirma esto en el fondo, ya que si existen tramas en su propia obra, que nos permiten tal vez hacer dialogar, como en un intertexto, su concepción de "percepción del mundo" en *O visível e o invisível y en la Prosa do mundo*, la poesía inscribe la relación del hombre con la historia y la verdad mediante un lenguaje y una ontología indirectos y oblicuos.

La mimesis es un espejo, no refleja nada *a priori*, por eso es capaz de reproducir todo. La estructura del poema, lejos de aislarlo del mundo, revelará en que nivel exacto se articula la representación de la existencia.[37]

---

ficado (el "femenino" como modelo), sino como una dinámica tensional, cruzada por una multiplicidad de fuerzas heterogéneas que la mantienen en constante equilibrio... por eso la escritura es el lugar donde este espasmo de revolución opera más intensivamente, sobre todo en la palabra, subjetividad y representación, tiene sus registros ideológicos y culturales conectados, a punto de implosionar la unidad lingüística que vincula el sentido a la economía discursiva de la frase y del contrato".

37. Cf. Merquior, *A astúcia..., 33; Harold Bloom, A angústia da influência* 142: "El significado de un poema sólo puede ser otro poema".

Antes de morir, de cáncer, en 1964, en su última conferencia ella dijo: "un simple poema o verso pueden abrir al lector 'una claridad sobre la vida, sobre el mundo, su condición, la muerte, Dios', pueden modificar a las creaturas y a muchas otras cosas en la tierra"[38].

Concluyo, es verdad que fue algo "huidizo" haber tentado retener "en las redes" de la literatura, de las líneas y divisiones "retóricas" de este texto, palabra de hombre, su universo, proponiendo accesos, a través del ensayo de *lectura ceciliana,* de su poesía (su existencia...). ¿Pero en el fondo, acaso esto no sería su palabra, su actualidad, su sello siempre fecundo?

La poesía, por la rotura que produce, por la tensión insostenible que crea, sólo puede desear la ruina del lenguaje, pero esta ruina es la única oportunidad que tiene de realizarse, de volverse completa a las claras, bajo los dos aspectos, sentido y forma, sin los cuales es apenas un esfuerzo lejano en dirección a sí misma.[39]

---

38. Cf. Gouvêa, op. cit., 47.
39. Cf. M. Blanchot, *O misterio nas letras,* 58.

Cecilia Meirelles hoy:
Esto y aquello

Wilberth Clayton F. Salgueiro

Wilberth Clayton F. Salgueiro

Si me contemplo,
tantas me veo,
que no entiendo
quién soy, en el tiempo
del pensamiento.
("Autorretrato")

Cecilia Meirelles es una poetisa muy poco y mal estudiada. Todo homenaje es pertinente en esta ocasión tan propicia, casi excepcional, de un acontecimiento de esta envergadura, así como la conmemoración que se lleva a cabo fuera de Brasil del centenario de su nacimiento. Pretendo pensar, en este texto, en mujeres cuya palabra en la literatura y en la cultura legó a la humanidad obras de dimensión intelectual, espiritual y afectiva capaces de contribuir a una reflexión contemporánea sobre la condición humana, presentando así a Cecilia y su obra junto con las de Adélia Prado, Hanna Arendt, Simone Weil y Teresa de Ávila.

Naturalmente, el escaso tiempo (mejor dicho: medido) de este tipo de ritual me obliga a enfoques en ocasiones demasiado objetivos –lo que puede provocar alguna prisa en conclusiones y dar la impresión, verosímil, de un pensamiento fragmentado. Así sea.

Vamos entonces al título de este trabajo y al epígrafe elegido que nos permitirán explicitar, digámoslo así, la tesis de mi breve reflexión. El título, me parece obvio, expone el célebre poema-libro de Cecilia, *Ou isto ou aquilo*, en el que la poetisa, lúdicamente, pone en escena la condición infantil de optar siempre por alguna cosa en detrimento de otra: "Quien sube a los aires abandona el suelo,/quien se queda en el suelo no sube a los aires"; sin embargo la poetisa constata: "¡Es una gran pena que no se pueda/estar al mismo tiempo en los dos lugares!"[1]

Releyendo el epígrafe, vemos una constatación parecida: "Si me contemplo,/tantas me veo,/ que no entiendo/quién soy, en el tiempo/del pensamiento". La poetisa se cree, y el poema completa, a un tiempo una y múltiple: "Múltiple, venzo/este tormento/del mundo eterno/que cargo en mí:/y, una, contemplo/el juego inquieto/en que padezco". Recordemos el título del poema: "Autorretrato"[2].

Considero que es hora de reunir esfuerzos en el sentido de dar a Cecilia lo que puede ser de Cecilia, es decir, dislocar su obra del lugar prácticamente fijo, marcado, rotulado, "hecho cliché" —en una palabra: estereotipado–. Barthes, refiriéndose a la etimología de la palabra, dice: "aquel que no soporta la consistencia se cierra a una ética de la verdad; abandona la palabra, la oración, la idea, una vez que se imponen y pasan al estado sólido, de estereotipo (*stereos* quiere decir sólido)"[3]. La poetisa se ve "tantas", "múltiple", y desea "estar al mismo tiempo" en más de un lugar. Sin embargo, la crítica literaria ha contribuido desde siempre a mantenerla como un canon inexorable, en un espacio, además de devoción y sacrosanto, bastante limitado, si confrontamos su grandiosa producción.

En resumen: creo que el mejor tributo que puede darse hoy a la fortuna crítica de la obra ceciliana es dar luz a las partes de penumbra, y producir simultáneamente una sacudida a la estatua en que venturosamente se ha convertido. No afirmo, puesto que sería pueril, que la crítica "se equivocó": la Cecilia está ahí, estandarizada, intocable, tranquila por haber ganado su lugar en la historia de la poesía brasileña. Como afirmó en cierta ocasión Guimarães Rosa:

---

1. Cecília Meireles, *Poesia completa*. 4 ed. Río de Janeiro, Nova Aguilar, 1993, 815.
2. Ibid., 271.
3. Roland Barthes, *Roland Barthes por Roland Barthes*. São Paulo, Cultrix, 1977, 65.

La crítica literaria, que debería ser parte de la literatura, sólo tiene razón de ser cuando aspira a complementar, enriquecer, en suma cuando permite el acceso a la obra. Son pocas las ocasiones en que es así, y lo lamento, ya que una crítica bien entendida es muy importante para el escritor; lo ayuda a enfrentar su soledad[4].

Sacar a Cecilia de la soledad en que la colocaron es el objetivo de este texto.

Pero finalmente, ¿de qué Cecilia, a cuál Cecilia, hablamos (como si "cecilia" fuera un concepto evidente en sí mismo)? Para ayudarnos en esta travesía, me apegaré a un método que la situación exige: intentaré mostrar, en breves pinceladas y a saltos de canguro, –cómo se construyó y lo que significa– la Cecilia que conocemos y admiramos hasta nuestros días; en un primer avance traeré algunas voces "disonantes", que intentan, para poder distinguirla mejor, rasurar la imagen tomada como ya hecha, oficial, de nuestra principal poetisa modernista. Por necesidad de economía espacio temporal, y por aversión a las paráfrasis, recurriré de inmediato a los textos-clave, destacando en ellos lo que interesa al recorrido trazado. De esta forma, coloco *tête-à-tête*, lo mismo y lo otro, el padrón y la alternativa, la repetición y la diferencia. Al final, veremos cuáles deducciones serán las inevitables.

Sin embargo, para que demos en esta conversación algunas pinceladas de poesía, leamos antes una obra de Cecilia, en que, nuevamente, como quien la señalara para una comprensión definida, refuerza la constatación de la diversidad y la falta de correspondencia afectivo amorosa:

LUNA ADVERSA
Tengo fases, como la luna.
Fases de andar escondida,
fases de andar por las calles...
¡Perdición de mi vida!
Tengo fases de ser tuya,
tengo otras de estar a solas.

---

4. Guimarães Rosa, Günter Lorenz, Diálogo con Guimarães Rosa, en *Guimarães Rosa* (Fortuna crítica, vol. 6), Eduardo Coutinho (org.). Río de Janeiro, Civilização Brasileira, 198, 753.

Fases que van y vienen,
en el secreto calendario
que un astrólogo arbitrario
inventó para mi uso.
¡Y gira la melancolía
su interminable huso!

No me encuentro con nadie
(tengo fases, como la luna...)
El día en que alguien es mío
no es día que yo sea suya...
Y, cuando llega ese día,
el otro desapareció...[5]

Para que esa apreciación, si se quiere didáctica, tenga efecto, hilvanemos el linaje (como ya se dijo, por recorte y selección) que elige y construye la imagen –el estereotipo– de la poetisa Cecilia Meirelles. Comencemos con Menotti del Picchia, que, en un artículo de 1942, comenta el libro *Vaga música*, del mismo año:

Cecilia levita como un espíritu puro, en sus trances de inspiración, en la línea que demarca y limita el consciente objetivo y el sensitivo subconsciente lírico, místico e inmaterial. Esa inestabilidad entre los dos mundos conforma la constancia del misterio de su poesía[6].

Levitación, espíritu, trance, inspiración, sensitiva, mística, son algunas de las palabras-clave que empiezan a modelar, consubstanciar, la lírica ceciliana. Continuemos.

En un ensayo escrito en 1961, publicado en 1964 y reformulado en 1991, para su publicación en el libro *A literatura feminina no Brasil contemporâneo,* con el revelador título: El eterno instante en la poesía de Cecilia Meirelles, Nelly Novaes Coelho procura recorrer toda la obra de Cecilia, señalando en ella, por fases "evolutivas" las características temáticas y estilísticas que se "expresan mediante el sondeo excesivo del tiem-

---

5. Cecília Meirelles, op. cit., 241. [Poema "Lua adversa", de *Vaga música*].
6. Menotti del Picchia, El inconsciente en la poesía, en Cecília Meirelles, op. cit., 59.

po, la muerte, la fugacidad de la vida, la eternidad deseada y la posible tarea del poeta como nombrador o mensajero de las realidades que se vislumbran"[7]. Aquí, se destacan, desde el título, dos constantes señaladas por la crítica en la poesía ceciliana, resumidas en la tensión efímera y eterna, siendo un ejemplo la tal vez más conocida estrofa: "Canto porque el instante existe/y mi vida está completa./No soy alegre ni soy triste:/soy poeta"[8].

Leodegário Azevedo de Amarente, hijo, en uno de los capítulos de su libro *Poesia e estilo de Cecília Meirelles,* de 1970, tiene como subtítulo expresivo "la pastora de nubes", afirma:

La pureza espiritual de la poesía de Cecilia Meirelles, marcada por el desapego constante de las cosas materiales, poesía de esencia profunda, la llevaría naturalmente a escribir los once poemas de *O aeronauta.* Inspirado en los motivos de lo eterno, y no de lo mundano, herencia perfeccionada del Simbolismo en la poesía moderna brasileña, su mensaje poético siempre es de cuño trascendente[9].

En este animado estudio, ya vemos consolidada la imagen de la poesía de Cecilia, en una mezcla de pureza, espiritualidad, esencia profunda, herencia simbolista y cuño trascendente.

Entre los libros formadores de opinión en la jerarquía de las Letras, en la categoría "madera-para-toda-obra", el manual *História concisa da literatura brasileira,* de Alfredo Bosi, cuya primera edición es de 1970, demuestra incluso en términos de distribución gráfica la importancia de Cecília Meirelles en el panorama de la poesía brasileña, siendo la única poetisa con tres (!!!) páginas para ella sola. Otra poetisa nombrada en un "capítulo individual", que logró media página, fue la parnasiana Francisca Julia. En las tres páginas de Cecilia, Bosi ratifica la "vertiente intimista" a la que perteneciera su poesía y concluye que su obra "parte de un cierto distanciamiento de lo real inmediato y orienta los procesos imaginarios hacia la sombra, hacia

7. Nelly Novaes Coelho, El eterno instante en la poesía de Cecília Meirelles, *A literatura feminina no Brasil contemporâneo.* São Paulo, Siciliano, 1993, 36.
8. Cecília Meirelles, op. cit., 109. [Poema "Motivo", de *Viagem*]
9. Leodegário Amarante de Azevedo, hijo, *Poesía e estilo de Cecília Meirelles (a pastora de nuvens).* Río de Janeiro, José Olympio Editora, 1970, 108.

lo indefinido, para no decir hacia el sentimiento de la ausencia y de la nada", siempre buscando el "tono fundamental de huída y sueño que acompaña toda su lírica"[10].

En un estudio firme y puntual, de 1984, Ruth Villela Cavalieri, en *Cecília Meirelles: o ser e o tempo na imagem refletida,* va a intentar, "en la práctica poética de la autora, seleccionar los elementos que se articulan en el cuestionamiento del tiempo a partir de su posicionamiento como un producto de la negación más radical de la muerte, negación que sin la contraparte de afirmación incondicional de la vida, acelera la fuga y el ausentismo en relación con el placer de vivir"[11]. Se confirma, con un paulatino perfeccionamiento de los estudios de posgrado en las últimas décadas, el surgimiento de perspectivas innovadoras que no buscan mimetizar los discursos establecidos sino descubrir claros donde pueda apostarse el pensamiento. Aunque reticente en ciertas lecturas imágenes ya desgastadas de la producción de Cecilia, Ruth construye una visión adaptada a un fin esencialmente teórico, sobretodo con base en textos de carácter antropológico e historicista.

Finalmente, como último ejemplo del tipo de linaje que considero da forma a una presentación específica y algo congelada de Cecília Meirelles y su obra, veamos un fragmento del análisis del poema "Lembrança rural", llevada a cabo por Carlos Felipe Moisés, en el libro *Poesia não é difícil: Introdução à análise de texto poético,* de 1996. En él el analista compara en varias ocasiones el poema con el poeta: "Es el paisaje, y la propia Cecilia, que son suaves, delicados, fluidos, leves..."[12] Por lo tanto, la visión de Cecilia sigue siendo muy contemporánea, y por consiguiente, la poesía que ella produjo como "seres", se repite, "suave, delicada, fluida, leve". ¿Pero será ésta, o tan solo ésta, la posibilidad de enfrentarnos a la obra ceciliana?

Ahora realicemos un movimiento diferente, en un intento por rescatar en la historia de nuestra crítica literaria aquellas voces que llamé "disonantes", no satisfechas con la simple confirma-

---

10. Alfredo Bosi, *História concisa da literatura brasileira.* 32ª ed. São Paulo, Cultrix, 1994, 461-463.
11. Ruth Villela Cavalieri, *Cecília Meirelles: o ser e o tempo na imagem refletida.* Río de Janeiro, Achiamé, 1984, 110.
12. Carlos Felipe Moisés, *Lembrança rural. Poesia não é difícil: introdução à análise de texto poético.* Porto Alegre, Artes e Oficios, 1996, 45.

ción de valores –o, al menos, investigando otras posibilidades de especulación poética-analítica–. Como en una especie de ejercicio a la Harold Bloom[13], intentemos "desleer" a Cecilia, sacarla de su pedestal de "novia de Brasil", para que, al ser tocada, renazca en cuerpo jovial y provocador. Para valorar la dificultad de hacer un ejercicio de este tipo, antes de adentrarnos en las, digamos, osadas lecturas, detengámonos unos momentos en el conocido poema "Mulher ao espelho", de *Mar absoluto e outros poemas:*

MUJER AL ESPEJO
Hoy, que sea ésta o aquélla,
poco me importa.
Quiero apenas parecer bella,
pues, sea cual fuere, estoy muerta.
Ya fui rubia, ya fui morena,
ya fui Margarita y Beatriz,
ya fui María y Magdalena.
Sólo que no pude ser como quería.
¿Qué mal hace este color fingido
de mi cabello, o de mi rostro,
si todo es tinte: el mundo, la vida,
el contento y el descontento?
Por fuera, seré como quiera
la moda, que me va matando.
Que se lleven mi piel y mi calavera
a la nada, no me importa cuándo.
Pero aquella que vio tan lacerados,
ojos, brazos, y sueños suyos,
y murió por sus pecados,
hablará con Dios.
Hablará, cubierta de luces,
del alto peinado a las rótulas encarnadas.
Porque unos expiran sobre cruces,
y otros, viendo en el espejo sus efigies.

Este bellísimo poema, que merecería una paciente exégesis, pero que no entraría en los límites aquí propuestos, pone al des-

---

13. Cf. Harold Bloom, *A angustia da influência – uma teoria da poesia.*

cubierto a la compleja Cecilia que buscamos destacar: la clásica metáfora del espejo viene a servir como instrumento para la especulación en torno de la identidad, del discurso y de la práctica femeninos. Sujeto escindido históricamente, la mujer experimenta diferentes fases y disfraces, musa y prostituta, santa y pecadora. Pero no importa "esta o aquella" máscara, puesto que "todo es tinte", "por fuera", "moda". El poema y la poetisa parecen decir: "de nada sirve querer entronizar a la mujer en un papel fijo, ya sea servil o cruel, rubia o morena; la identidad escapa, huye, se metamorfosea": "los quereres y los estares siempre hasta el final/ de lo que en mí es de mí tan desigual", cantó otro poeta[14].

No obstante, el mismo poema fija, sí, imágenes que dan ánimo y razón a aquellos que mantienen a una "eterna Cecilia", presentándose aquí la dualidad infinito y finitud, mundo terreno y trascendental, "el sentimiento de ausencia y de la nada" de quienes hablaba Alfredo Bosi. En estos dobleces, en estas encrucijadas, en estos caminos que se bifurcan, veo, anticipo la posibilidad de estudios prácticamente inaugurales en relación con la poesía de Cecilia.

Pasemos, cada vez de manera más breve y contundente, a exponer otro lado diferente: el de la problematización, la perturbación, la desconstrucción de lo dado. En un artículo de 1949, intitulado Poesía masculina y poesía femenina, recuperado por Ana Cristina Cesar, Roger Bastide es perentorio, al comentar la poesía de Cecilia:

> En el fondo, la idea de buscar una poesía femenina es una idea de hombres, la manifestación, en algunos críticos, de un complejo de superioridad masculina. Es necesario que la abandonemos, pues la sociología nos muestra que las diferencias entre los sexos son más diferencias culturales, de educación, que diferencias físicas. Al estar frente a un libro de versos, no vemos quién lo escribió, simplemente nos abandonamos al placer[15].

---

14. Caetano Veloso.
15. Roger Bastide, Poesía masculina y poesía femenina, *apud:* Ana Cristina Cesar, *Literatura e mulher: essa palabra de luxo. Escritos no Rio.* São Paulo/Río de Janeiro, Brasiliense/Ed. UFRJ, 1993, 141.

Treinta años después, en 1979, en un trabajo original llamado Literatura y mujer: esa palabra de lujo, escrita a partir de la ficción de *dramatis personae* (apropiación paródica-plagiaria de textos ajenos), la propia Ana C. retoma las consideraciones de Bastide y las expone en reflexiones que vale la pena recordar:

En Brasil, las escritoras se cuentan con los dedos y cuando se piensa en poesía, Cecília Meirelles es el primer nombre que tenemos presente. Y exactamente por ser el primero ella define el lugar donde la mujer comienza a ubicarse en la poesía. Cecilia abre filas: filas de la dicción noble, del bien decir, del lirismo diferente. De la delicada perfección. Cuando las mujeres comienzan a producir literatura, se alinean en ese camino. Dense cuenta de que no estoy criticando a Cecilia, sino examinando la recepción de su poesía, el lugar que ella abre. Cecilia es una buena escritora, en el sentido de que tiene técnica literaria y sabe hacer poesía, pero como se sabe no tiene ninguna intervención renovadora en la producción poética brasileña. (...) *Apenas juzgo importante pensar en la marca femenina que ellas dejaron, y aún así nunca tuvieron su lugar como mujeres"* (cursivas mías).

La cita es merecidamente extensa:

Una nueva producción y un feminismo militante se dan las manos, proponiéndose despoetizar, desmontar el código marcado de lo femenino y lo poético. Cecilia y Henriqueta [Lisboa] no serían más que ejemplos típicos de una retracción y una copia antigua y conocida de la posición de la mujer. Sin embargo las jóvenes buenas ya no están en la orden del día. La militancia se enfrenta con furia a una operación de cambio, una dialéctica del conflicto, un error diabólico. Donde se leía flor, luz de luna, delicadeza y fluidez, se leía segura, rispidez, violencia directa. Entra en escena la joven libre de malas costumbres, la prostituta, la lesbiana, la masturbación, el instinto, el orgasmo, el palabrón, la protesta, la marginalidad. Toda esta operación me parece un cambio inocuo de fachada en dirección a la corona, una proeza militante de un intercambio en el que son menos importantes los poemas que una poética de la nueva "poesía de la mujer": el lodo en el traje blanco, la bofetada en la cara, el cuerpo a cuerpo con la vida, y otras joyas de la ideología de la literatura que reflexionan una causa y reflejan una realidad. La nueva (?) poética invirtió los presupuestos bien comportados del linaje femenino e hizo de la inversión su bandera. La mujer no lagrimea sino clama: cuenta los berridos con los que ayer se masturbó en la cama, desafiante, brillante, abierta de piernas. ¿La escritura de la mujer es ahora aquella que agita la bandera feminista, después de coser el viejo código por el anverso? ¿La poesía femenina es ahora aquella que berrea en su cara todo lo que usted jamás podría esperar de una señora como su tía? La producción de la mujer permanece nuevamente problemática. Marcada por la ideología del remarcar y la afiliación hiteana de *decir todo,* sin dejar escapar los "detalles más chocantes".

Lo que me parece es que ese cambio va a donde mismo: recorta nuevamente, con alguna precisión, el exacto espacio y tono en que la mujer (ahora moderna) debe hacer literatura. Es ahí al margen de ese cambio que debe reconocerse la "verdadera postura de la mujer". Y nuevamente está dado el lugar preciso que debe ocupar la mujer para reconocerse como mujer. Se cerró el puente de la reaprehensión de la literatura femenina. Volvemos al punto de partida. No, toda esa discusión todavía no se hace tan rápidamente anacrónica[16].

Este texto crucial y definitivo de la poetisa y ensayista Ana Cristina mece y vuelve a mecer la estatua de Cecilia, le hace cosquillas, la pica y provoca, interviene, la saca a bailar, polemiza. Ana C. no está preocupada por mantener los "buenos" valores de la tradición poética y femenina que representaron a Cecilia, y asimismo tampoco tiene interés en derrumbar lo que hay de literario en ella –técnica, virtuosismo, sensibilidad musical–. Lo que sí quiere es comprender el concepto entretejido que el sentido común atribuye a lo "poético" y a lo "femenino", para

---

16. Ana Cristina Cesar, Literatura y mujer: esa palabra de lujo, en *Escritos no Rio,* op. cit., 1993, 141 y 145-6.

disociarlo y no dejar que ni uno ni otro –y además, ni Cecilia– se estanquen en las aguas del estereotipo.

Valeria Lamego, realizó recientemente en 1996 un movimiento semejante de revisión del papel de Cecilia en la literatura y en la cultura brasileña, con *A farpa na lira: Cecilia Meirelles na revolução de 30.* En ese libro se echa abajo la figura pública, de algún modo débil y alienada, de la modernista, profesora, y poetisa infantil Cecília Meirelles. La propia investigadora afirma que Cecilia, en "960 artículos publicados en la 'Página' [Página de Educación, en el periódico *Diário de Notícias*], entre junio de 1930 y enero de 1933, luchó por la instauración de una república democrática, bastante diferente de aquella gobernada por el populismo autoritario del régimen que se destapaba después de la revolución"[17].

Como dice otro articulista,

No hay nada de soliloquios en los artículos de Cecilia, se dirige persuasivamente al público lector, al elemento medio y esclarecido; en sus posiciones no hay nada de abstracto y subjetivo, sus ideas parten del dato objetivo y concreto, siempre percibiendo un "sentido colectivo", frecuentemente cargado de una "densidad dramática" indignada. Son artículos bastante humorísticos, elocuentes, irónicos, cáusticos y combativos. Actúa como una publicista esclarecida de las ideas de la "Escuela Nueva" de Fernando de Azevedo y Anísio Teixeira, al que se unió Cecilia en el Grupo del Manifiesto, que sacó a la luz, en marzo de 1932, el "Manifiesto de la Nueva Educación al Gobierno y al Pueblo". Sorprende ver a esa "primera dama de nuestra poesía" llamar directamente a Getúlio Vargas "Sr. Dictador", criticar frecuente y vehementemente el restablecimiento de la enseñanza religiosa obligatoria y, entre otras cosas, realizar una de las contundentes demoliciones nunca antes realizada del "Himno Nacional"[18].

La fuerza de ese "descubrimiento" motiva un verdadero *revival* en los estudios cecilianos. Al igual que la joven Capitu, "fru-

---

17. Valeria Lamego, La musa contra el dictador, *Folha de S. Paulo,* 4 agosto 1996.
18. Paulo Venancio, hijo, El combate diario por la modernidad, *Folha de S. Paulo,* 12 enero 1997.

ta dentro de la cáscara" o como Diadorim, niño valiente de las barrancas de San Francisco, Cecilia empieza a sorprendernos, y parece guardar aún buenas nuevas a los futuros investigadores. Resáltese, sin embargo, con Murilo Marcondes de Moura, que

la imagen que aún persiste de su poesía es la de la abstracción evanescente y de la forma frágil, drásticamente separada de la "prosa del mundo". Sin embargo, ella fue una de las cronistas de mayor militancia, desde los escritos sobre educación en los inicios de los años 30, y esa producción ininterrumpida no debe ser leída como algo ajeno a su obra poética. Sería posible proponer, incentivados por lecturas recientes de su obra, como la de Valeria Lamego por ejemplo, la problemática de aquel retrato de poetisa a partir de las lecturas de las crónicas incluidas en el volumen en cuestión. El resultado puede sorprender, pues la "mundanidad" característica de la crónica, sólo está ausente de manera aparente en la obra poética de la autora. Ya no convencen las propuestas de algunos lectores, naturalmente conservadores, que recomendaban la obra de Cecília Meirelles como antídoto a lo que ellos consideraban excesos y/o vulgaridades del modernismo. Como sucede no pocas veces, el equívoco pasó por verdad, de modo que muchos ya ni siquiera se darán a la tarea de leer, o simplemente leerán con cierta reticencia. Este momento parece ser favorable a la poesía de Cecília Meirelles, en el sentido de una lectura renovada[19].

Uniéndonos a la efervescencia actual, porque Cecilia cumple cien años, vayamos en busca de poemas, en Cecilia, "antececilianos", como lo es el deslumbrante "Os dias felizes":

Los días felices están entre los árboles como los pájaros:
viajan en las nubes,
corren en las aguas,
se deshacen en la arena.
Todas las palabras son inútiles,
cuando se mira hacia el cielo.

19. Murilo Marcondes de Moura, La prosa de Cecília, *Folha de S. Paulo*, 12 sept. 1998.

La dulzura mayor de la vida
fluye en la luz del sol,
cuando se está en silencio
Hasta los buitres son bellos,
en el amplio círculo
de los días sosegados.
Apenas entristece un poco
este huevo azul que los niños apedrean:
las ávidas hormigas devoran
la albúmina del pájaro frustrado.
Caminábamos despacio,
a lo largo de esos días felices,
pensando que la inteligencia
era una sombra de la belleza[20].

Este poema, en espera de interpretaciones más extensas, fue blanco del comentario preciso y breve de Vinicus Torres Freire:

Poemas como "Os dias felizes" redimirán muchas de las baladitas y cancioncillas de joven triste que escribió. En su mejor momento, Cecilia expresa su incomodidad ante los instantáneos de la imaginería al mismo tiempo natural y suprarreal. La imagen de la tristeza, como es el caso de "Os dias felizes", es un "pájaro frustrado": hormigas que chupan la proteína de un huevo azul roto por los niños. La naturaleza no es utilizada como un lugar de consuelo y, en los mejores poemas, no existe bucolismo. Hay construcción y no comunicación de sentimientos. Y la tristeza es contrapuesta en el mismo poema a la imagen de los días felices como ausencia completa de avidez e interés por la molienda productora de este mundo: los días felices están entre los árboles como pájaros, en el silencio[21].

En fin, espero haber colaborado para que lancemos una nueva mirada a la obra (en verso y en prosa) de Cecilia, una mira-

---

20. Cecília Meirelles, op. cit., 349. [Poema "Os dias felizes", de *Mar absoluto e outros poemas*].
21. Vinicius Torres Freire, Cecília sobrevive a los vaivenes, *folha de S. Paulo*, 24 de jul. 1994.

da que consiga ver las "muchas Cecilias/con mil reflectores", como dice Chico Buarque[22]. Y para terminar, inopinadamente y en clave musical, recordemos el bellísimo poema "Improviso", escrito por Manuel Bandeira para Cecília Meirelles, demostrando en versos, la tesis que intenté exponer aquí, con auxilios preciosos, cuales hayan sido, sobre la convivencia de una Cecilia plural con y contra la Cecilia oficial, de una Cecilia que sea "aquello" de lo que de ella se habla pero también "esto" que recientemente y de aquí en adelante se dirá de una Cecilia clásica en el sentido que concede Italo Calvino a la palabra, al decir que "los clásicos son libros que, cuanto más pensamos conocer por oír decirlo, cuando en realidad se leen revélanse nuevos, inesperados, inéditos"[23], de una Cecilia –ahora con Bandeira– "fuerte y frágil", "libérrima y exacta", "lagrimeante y bella", "materia y transparencia".

IMPROVISO
Cecilia, eres libérrima y exacta
Como la concha.
Pero la concha es excesiva materia,
y la materia mata.

Cecilia, eres tan fuerte y tan frágil.
Como la ola al término de la lucha.
Pero la ola es agua que ahoga:
Tú, no, eres bella.

Cecilia, eres como el aire,
Diáfana, diáfana.
Pero el aire tiene límites:
¿A ti, quién te puede limitar?

Definición:
Concha, pero de oreja:
Agua, pero de lágrima;
Aire con sentimiento.
Brisa, viento
De la ala de una abeja[24].

---

22. Chico Buarque de Holanda, Cecília, en *As cidades*. BMG, 1998. Faixa 10.
23. Italo Calvino, *Por que ler os clássicos:* São Paulo, Compañía das Letras, 1993, 12.
24. Manuel Bandeira, *Poesia completa e prosa*. Río de Janeiro, Nova Aguilar, 1993, 276. (Biblioteca Luso-brasileira. Série brasileira) [*Belo belo*, 7/10/1945].

Simone Weil (1909-1943)

Simone Weil
y las señales de la pasión

Carla Martins Cipolla

Las biografías, aunque sean breves, siempre corresponderán a la visión singular de sus autores. La forma en que se relatan algunos detalles, olvidando otros, influencia la manera en que los lectores se acercan al biografado. Para esta pretensiosa biografía de Simone, decidí elegir el término "pasión", en sus múltiples significados, como aquella palabra-expresión de su existencia misma.

La Pasión es la existencia de la justicia perfecta sin ninguna mezcla de apariencia. La justicia es esencialmente no activa. Debe ser trascendente o sufriente.

La Pasión es la justicia puramente sobrenatural, absolutamente despojada de toda ayuda visible, incluso del amor a Dios en cuanto sensibilidad.[1] Para ser justo, es necesario estar desnudo y muerto. Por eso el modelo de justicia debe estar desnudo y muerto. Sólo la cruz no es susceptible de una imitación imaginaria.[2]

Simone Weil lleva consigo la fuerza que la consumió. La fuerza de la pasión capaz de dominar toda su personalidad como un dolor irreprimible, que consume hasta las últimas fuerzas su pequeño y frágil cuerpo.

---

1. Weil, Simone. *A gravidade e a Graça*. São Paulo, Martins Fontes, 1993, 98.
2. Ibid., 95.

La Pasión de Simone, traducida en su ejercicio dirigido a hombres y mujeres que escribían la historia de su tiempo, no como vencedores, sino como vencidos. Desde su infancia, Simone se sentía arrebatada por la pasión *por los* vencidos y *de los* vencidos, y la arrastraba hacia donde quiera que estuvieran.

PERFIL DE SIMONE WEIL

Simone Weil nació en París, el día 3 de febrero de 1909. Su papá era médico, de familia judía observante, sin embargo ateo. La madre provenía de una familia de artistas y músicos, también judía, aunque no observante. André, su hermano por quien alimentaba un gran afecto, se convirtió en un genio matemático. El entorno familiar era de un gran cariño y los hijos recibieron una excelente educación acompañada de una gran libertad de pensamiento.

Al crecer en un hogar alegre y luminoso, asistida en la infancia por una institutriz y dotada de gran inteligencia, cultivó desde niña la solidaridad para con aquellos que no disfrutaban de su misma suerte: en la escuela, el protegido de Simone era un niño con retraso mental; durante la guerra de 1914-1918 tuvo como "afiliado de guerra" a un soldado que luchaba en el frente; y tenía 11 años cuando huye de casa y la encuentran participando en una manifestación de huelguistas. Éstas y otras actitudes marcaron gradualmente su decisión visceral de dirigir su mirada más allá de su pequeño universo familiar.

El transcurrir de los años revelan una Simone torpe y distraída con su propia apariencia. Vestía ropa extremadamente sencilla. Sus manos, pequeñas, escribían con gran dificultad. Sin embargo, tras sus anteojos se escondía una mirada ardorosamente atenta, además de una vívida inteligencia.

Decide estudiar filosofía y recibe la influencia decisiva del filósofo Alain. Otros discípulos de Alain fueron Maurois, Merleau-Ponty y Sartre. En esta época comienzan los dolores de cabeza que marcarían dolorosamente su vida.

En 1928, comenzó a frecuentar la Sorbona, donde también asistía en aquellos tiempos Simone de Beauvoir, quien la describe en los siguientes términos:

Ella me intrigaba por su gran reputación de inteligencia y su manera extravagante de vestir: deambulaba por el patio de la Sorbona escoltada por una banda de antiguos alumnos de Alain; en el bolso de su blusón siempre traía un número de *Libres Propos* y en el otro un número de *L'Humanitè*. Una gran hambruna acababa de asolar China y me habían contado que al oír esa noticia había sollozado: esas lágrimas infundían aún más respeto que sus dones filosóficos. Admiré ese corazón capaz de latir a través del universo entero. Un día conseguí acercarme a ella. Ya no recuerdo cómo se inició la conversación: expresó de manera cortante que hoy sólo importaba una cosa sobre la tierra: la Revolución que daría de comer a todo el mundo. Argumentó, de manera no menos perentoria, que el problema no era lograr la felicidad de los hombres sino encontrar sentido a su existencia. Ella me atajó: "Se ve muy bien que usted nunca ha tenido hambre"[3].

Atenta a las miserias de la condición humana, y ligada a la política, en particular a la situación de los obreros, y aun involucrada con la izquierda, no se inscribe en el partido comunista; sin embargo, es militante de asociaciones pacifistas y sindicales.

Cuando su época de estudiante llega a su fin, solicita un puesto en alguna ciudad industrial, y es enviada a Puy (1931/32). Su relación con las alumnas es excelente, sin embargo, con las autoridades escolares, es extremadamente tensa: su trabajo con los sindicatos y con los desempleados no parece ser el adecuado para una profesora de un liceo de señoritas. Intentan destituirla llamándola comunista, atribución que nunca desmintió; no obstante, Simone permanece en el cargo contando con el apoyo de otros profesores, miembros de sindicatos, así como de los mismos padres de sus alumnas.

La vocación y la dedicación de Simone a la enseñanza marcan su trayectoria. Además de dar clases suplementarias a las alumnas –sin cobrar– se relaciona con los humildes trabajadores, compartiendo con ellos la instrucción que había recibido.

---

3. *Mémoires d'une jeune fille rangée*, Gallimard, 1958, 236-237.

En su primera época del colegio, el tema del trabajo era lo que más apasionaba a Simone. Sin embargo, lo toma no sólo como un "tema" de estudio, sino que se adentra en el modo de vida obrero de manera radical: elige para sí misma, condiciones severas de alojamiento; intenta emplearse en la mina de Saint-Etienne, cercana a la escuela donde enseñaba en Puy. Su propio cuerpo empieza a resentir las huellas del trabajo.

Éstos son apenas los primeros pasos de la pasión de Simone en lo que se refiere a las cuestiones del trabajo. Sentirá en el transcurso de su vida muchas otras opresiones e injusticias. Se adentrará en ellas intensamente y al adentrarse de tal forma, logra describirlas en su realidad, contraponiendo su propia experiencia de vida a los dogmas.

En el verano de 1932, realiza un viaje a Alemania, tras el cual escribe Las condiciones de una revolución alemana, aludiendo a un artículo de Trotsky, muy estimado por ella. Observa la situación del país donde, según ella, se estaba dando un terreno fértil para la eclosión de la Revolución. El nazismo parecía una sombra que sólo podría salir adelante si la burguesía le prestara su apoyo.

Escribe una serie de artículos donde describe esa situación. Sus análisis se confirman: Hitler se convierte en canciller del Reich, dando así inicio al proceso que masacraría a la izquierda. Simone, una vez de vuelta en Francia, acoge en su casa a muchos refugiados.

En esos tiempos recibe un nombramiento para Auxerre, y elige una habitación sencilla, cerca de los trabajadores. En ocasiones, la relación con los directores y los padres se torna difícil, por los mismos motivos que en Puy: la participación política de Simone y su compromiso con los trabajadores.

Fue obligada a abandonar ese liceo, y es enviada a Roanne, ciudad cercana a los mineros de Saint-Etienne. Finalmente encuentra un terreno fecundo y acogedor para sus clases de filosofía.

Se dedica a la enseñanza, no sólo en el liceo de Roanne, sino además organiza cursos de francés, ortografía y marxismo para los trabajadores.

Participa como es su costumbre en diversas protestas sindicales: la jovencita pequeña y frágil habla fervorosamente en medio de la multitud, sin temor a nada, mucho menos a la represión policíaca; en una gran marcha de mineros, la encabeza enarbolando una enorme bandera roja.

La audaz Simone deja dulces recuerdos en la memoria de aquellos trabajadores.

Al llegar a su tercer año en Roanne, decide dar el paso decisivo hacia una condición obrera propia. Se despide de sus estudiantes y se emplea en una fábrica. Esta experiencia la marcará profundamente:

> La infelicidad es misteriosa para el obrero, lo hiere a tal punto que no puede descifrarla, y cuando habla sobre su destino, repite clichés de otra gente ajena a la condición obrera[4].

Renta un cuarto pequeño cerca del trabajo, y sobrevive con un diminuto salario ya que su destreza manual es limitada. Los trabajadores recibían su pago por pieza, y los movimientos de las máquinas eran muy rápidos para los reflejos lentos de Simone. Tiene problemas para dormir debido al hambre; sin embargo, debe forzar la marcha porque si no lo hace sufriría aún más.

Exactamente como ella lo había comentado años antes cuando pretendía emplearse en una mina, el cuerpo es el que debe ceder ante la máquina y sus movimientos:

> Esa horrenda cafetera que bate con ininterrumpidas sacudidas al hombre que está agarrado a ella durante ocho horas[5].

Define que en la liberación de esa opresión está la esencia de la revolución: Para abolir tal esclavitud, no bastaría con que el trabajador se apropiara de la mina: sería necesaria una revolución en la técnica. Hay ciertas máquinas que son la opresión en sí mismas[6].

Simone tiene la sensación no sólo de su propia desventura, sino que interioriza el sufrimiento de todos los trabajadores con quienes comparte aquel cotidiano fabril. Registra en su diario

---

4. Ecléa Bosi, *Simone Weil. A condição operária e outros estudos sobre a opressão.* Río de Janeiro, Paz e Terrea, 1996, 42.
5. Ibid., 32.
6. Ibid., 32.

sus experiencias en la fábrica, además de sus teorías. Estos relatos están escritos con sus manos quemadas y cortadas por el trabajo frente al horno:

> Ninguna poesía relacionada con el pueblo es auténtica si en ella no se encuentra la fatiga y el hambre y la sed producto de la fatiga[7].

Luego de un periodo de desempleo, Simone consigue un trabajo en la Renault, donde sufre un accidente que le ocasiona a partir de entonces problemas de salud recurrentes que la hacen abandonar su puesto en 1935.

> Ese contacto con la infelicidad marcará mi juventud... Sabía que había mucha infelicidad en el mundo, era obcecada al respecto, pero nunca la había constatado por un periodo tan largo. En la fábrica, la infelicidad de los demás entró en mi carne y en mi alma. Lo que soporté me marcó de manera tan duradera, que aún hoy, cuando un ser humano, quien quiera que sea, no importa en qué circunstancias, me habla sin brutalidad, no puedo dejar de tener la impresión de que es un engaño, y que éste sin duda alguna, infelizmente, desaparecerá. Recibí de una vez por todas la marca de la esclavitud[8].

Marcada por sus días en la fábrica, los padres de Simone la llevan a Portugal para pasar una temporada de descanso. Ahí se hospedará en un pueblo de pescadores. Ecléa Bosi, una biógrafa culta, recoge de ella este fragmento donde ya es posible vislumbrar las consecuencias de los días de fábrica en su camino espiritual:

> En un estado físico miserable, entré en esa pequeña aldea portuguesa que era, ¡ay!, también tan miserable, sola, en la noche, bajo la luna llena, el día mismo de la fiesta patronal. Las mujeres de los pescadores iban en procesión hacia los barcos, llevaban cirios, y entonaban cánticos que parecían muy antiguos, de una tristeza laceran-

---

7. Weil, op. cit., 204.
8. Bosi, op. cit., 46-47.

te... Ahí tuve de repente la certeza de que el cristianismo es la religión de los esclavos, que los esclavos no pueden dejar de unirse a ella, y yo entre los demás[9].

A su regreso a Francia, reemprende sus actividades didácticas en Bourges, y continúa con sus actitudes mal vistas por las autoridades académicas.

Sin embargo, lejos de asentarse, en más de una ocasión prosigue los pasos de su pasión: participa en la Guerra Civil española. Para ella no había nada peor que quedarse en la retaguardia, practicando una solidaridad pasiva. Una vez que la guerra fue inevitable, participó en ella inmediatamente, enlistándose en una milicia. Durante las maniobras, casi pierde la vida, víctima de un accidente. Su padre que era médico la salva al localizarla y llevarla de vuelta a Francia. Un poco después, la milicia en la cual participaba fue diezmada.

Una vez recuperada de sus heridas, decide realizar su primer viaje a Italia, donde el contacto con la belleza y el arte le da a su existencia un momento de tregua. En Asís se encuentra en más de una ocasión con el cristianismo:

Estando sola en la capilla románica del siglo XII de Santa María de los Ángeles, incomparable maravilla de pureza donde san Francisco rezó muchas veces, alguna cosa más fuerte que yo me obligó, por primera vez en mi vida, a ponerme de rodillas[10].

No obstante, la experiencia de la guerra fue un gran impacto para Simone. Reflexionó sobre el ejercicio de la fuerza:

Creemos en general que los hombres se definen por sus raciocinios, sea por la justicia, sea sobre su interés: en realidad, el imperio de la fuerza modela soberanamente sentimientos y pensamientos (...) Sin embargo, la fuerza no nos parece algo brutal y contraria a nosotros: nos sería fácil odiar esa fuerza. Se nos presenta mediada por el prestigio[11].

---

9. Ibid., 48.
10. Ibid., 51.
11. Ibid., 52.

Inició su quinto año de actividad didáctica en Saint-Quentin, ciudad obrera cercana a París, donde elucidó junto con sus alumnos tales reflexiones sobre la fuerza.

Los habituales dolores de cabeza la empiezan a torturar con gran intensidad. Cuando visita un monasterio en Solesmes, escucha los cantos gregorianos bajo el impacto de su dolor, se siente arrebatada por el sentimiento de la pasión de Cristo. Ésta es una etapa importante en su encuentro con el cristianismo, además de Asís y de la procesión en la aldea portuguesa. Simone vive en Solesmes la conciencia de ese "amar el amor a través del sufrimiento", traducción literal de la forma en que hasta entonces había llevado su vida, mediante sus decisiones. La fábrica, la guerra, la solidaridad integral, sentidas en la propia carne y espíritu, es decir, todo, se conformaba en una sola palabra: el sufrimiento.

Simone asiste al ascenso de Hitler en Alemania. En los años que preceden la segunda Guerra Mundial, se dedica asiduamente al estudio de la situación política y social y se plantea los problemas del pacifismo y de la participación en la guerra.

En 1940, a pesar de la resistencia de Simone, la familia Weil, de origen judío, se ve obligada a abandonar París, ocupada por los alemanes. Se instalan en Marsella, donde ella procura ayudar a los refugiados, además de continuar con sus estudios y la redacción de sus cuadernos. Intenta participar en la Resistencia francesa, sin éxito.

En esa ciudad conoce al padre Perrin, dominicano que también se dedica a ayudar a los refugiados. Debate con él sobre la fe y la posibilidad de recibir el Bautismo:

> Existe un medio católico presto a acoger calurosamente a cualquiera que entre en él. Ahora, no quiero ser adoptada en un medio... todo eso es delicioso. Sin embargo, siento que no me está permitido. Siento que me es necesario, que mi destino es quedarme sola, extranjera y en el exilio en lo que se refiere a cualquier medio humano, sin excepción[12].

---

12. Ibid., 64.

Simone se va a vivir al campo y trabaja en la granja del escritor católico Gustave Thibon y, posteriormente, en la vendimia. Recita continuamente el Padrenuestro mientras trabaja.

En mayo de 1942, Simone se embarca con sus padres rumbo a Estados Unidos, yendo al encuentro de su hermano André. Antes de partir, deja sus cuadernos con Thibon.

Sufre muchísimo su alejamiento de Europa, principalmente cuando se entera, después de su partida, sobre una gran represión en Marsella. No tolera estar bien mientras otros sufren, por eso presenta sin cesar su proyecto sobre un grupo de enfermería que trabajaría en el frente de batalla, ayudando a heridos y moribundos.

Ese proyecto no suscita atención alguna; sin embargo, Simone logra que la envíen a Londres al servicio de la Resistencia, de donde espera ser enviada en una misión directamente al *front*. No se le asigna dicha misión y en cambio se le da otra: estudiar los proyectos de reorganización de la Francia de la posguerra.

Simone se dedica a examinar dichos proyectos que envían los comités de la Resistencia. También, en ese tiempo, escribió *Echar raíces*.

Comía cada vez menos, concentrándose en aquellos que pasaban hambre. Deseaba ardientemente entrar en Francia y cumplir su misión.

En un día de abril, se le encontró desmayada en su habitación. Se le detectó la presencia de tuberculosis e intentaron fortalecerla. Sin embargo, no se sentía con el derecho de tomar alimento, buscando practicar la solidaridad en una economía de guerra.

En estas condiciones fallece Simone el 24 de agosto de 1943. Estaba sola.

Dios trabaja infatigablemente, a través de la espesura infinita del tiempo y del espacio, para alcanzar el alma y seducirla. Si ella se deja arrebatar aunque sea sólo por el instante de un relámpago, en un consentimiento puro y total, Dios la conquista. Y, después de que ella se convierte en una cosa enteramente de él, él la abandona. La deja completamente sola. Y ella debe, a su vez, pero a ciegas, cruzar la espesura infinita del tiempo y del espacio en busca de aquel que ama. De esta forma el alma rehace en sentido inverso el viaje que Dios hizo en dirección a ella. Esto es la cruz.[13]

---

13. Weil, op. cit., 97.

Simone Weil
y la mística del trabajo

José Vieira Leite

¿De manera concreta, puede el trabajo convertirse en la instancia adecuada de superación de la existencia terrena, el camino hacia la trascendencia? ¿Asimismo, puede el trabajo en sí mismo ser de manera efectiva, un instrumento de descubrimiento de la presencia divina en todas las cosas, y referencia de todas las cosas a Dios? ¿Puede, por lo tanto, el trabajo, en cuanto trabajo, ser contemplación?

La respuesta positiva a esa inquietud, pensamos encontrarla en la vida y en la obra de la militante, filósofa, mística, Simone Weil, judía y mujer.

Simone Weil practicó, en su propia existencia, una asociación radical entre la soledad personal y la solidaridad social, dimensiones emblemáticas de una breve existencia misteriosamente presente en el más pleno equilibrio entre la vida y la obra –equilibrio perdido, para la casi totalidad de los hombres, a partir de la Caída–, que nos remite al plano de los mitos, de los héroes, de los santos.

Su vigorosa crítica a la sociedad moderna, ya sea sobre el modelo jurídico-político del capitalismo, ya sea bajo el socialismo, tiene como distintivo la aguda utilización de los conceptos de centralización, desenraizamiento –telón de fondo del tiempo moderno–, opresión del trabajo, así como la técnica y la racionalización.

Para Weil, la relación directa, visceral, entre técnica y opresión del trabajo –que niega más la humanidad del hombre que la propia exploración del trabajo ampliamente denunciada por Karl Marx, la opresión del trabajo conteniendo y superando la exploración del trabajo, en lo que se refiere a la deshumanización, en la circunstancia moderna– es un hallazgo teórico práctico de gran importancia para la exploración del trabajo humano.

Simone Weil poseía una utopía de organización social, fundada en la supresión de la condición proletaria, definida antes que nada por el desenraizamiento.

Sin embargo, mucho más allá de lo que por ventura pudiera llegar a constituir el desenraizamiento terreno de los trabajadores, Simone Weil, en aquello que podría decirse la madurez de su breve existencia, dirigió su atención al descubrimiento y desarrollo de un sentido extramundano para el trabajo del hombre.

Es así que la mística del trabajo ocupa el centro mismo de sus preocupaciones. En las líneas siguientes nos ocuparemos de la mística del trabajo, según nuestra comprensión de algunos de los conceptos fundamentales que a ese propósito enunció Simone Weil.

El secreto de la condición humana es que no hay equilibrio entre el hombre y las fuerzas circunvecinas de la naturaleza, que lo superan infinitamente en la inacción; sólo existe equilibrio en la Acción mediante la cual el hombre recrea su propia vida en el trabajo.[1]

El secreto de la condición humana –que por ser secreto, posee una existencia, al menos al principio, velada–, articula por una parte, el equilibrio entre el hombre y la naturaleza, y, por otra, el trabajo humano, articulación presente en el espacio de acción del hombre de recreación de su propia vida.

Simone Weil presenta aquí una proposición llena de significado.

En primer lugar, es posible imaginar, como un supuesto de su propuesta, la presencia de una vocación, si vale el término, para el establecimiento del equilibrio entre el hombre y las fuerzas circunvecinas de la naturaleza.

---

1. Ecléa Bosi, *A condição operária e outros estudos sobre a opressão*. Río de Janeiro, Paz e Terra, Simone Weil, 1979, 391; Simone Weil, *Ecrits historiques et politiques*. París, Gallimard, 1988, 201.

La historia del hombre es una historia de búsqueda de superación de la inacción, de afirmación de la acción, de exploración permanente, es decir, de equilibrio con las fuerzas circunvecinas de la naturaleza. Así, esta vocación se nos presenta sólo
como algo inteligible a partir de la suposición de la existencia
de algo diferente y superior, en su esencia, al hombre y a la naturaleza, en condiciones, siendo ésta la realidad, de producir el
equilibrio hombre-naturaleza.

En segundo lugar, es necesario acometer el papel privilegiado desempeñado por el trabajo humano en la construcción del equilibrio con la naturaleza, en la recreación de la vida del hombre.

El trabajo es el instrumento de la acción humana responsable de esas dos dimensiones fundamentales de la condición
existencial del hombre, toda vez que solamente en equilibrio con
la naturaleza, solamente a través de la recreación de su vida, le
es dado al hombre vivir. En la ausencia de trabajo, excluido de
la recreación permanente de su vida, en relación de desequilibrio con la naturaleza, presente en el dominio de la inacción, al
hombre le resta la superación sin fin de las fuerzas de la naturaleza, el aplastamiento inaplazable de esas fuerzas, el fin de la
vida, la muerte.

En tercer lugar, debe ponerse en relieve el carácter velado,
secreto, de la relación que se lleva a cabo entre el hombre y la
naturaleza.

El secreto de esa relación es la vocación para la transformación del desequilibrio en equilibrio, es la fuerza que actúa en el
sentido de la restauración del equilibrio entre el hombre y la naturaleza, es lo que precede a la acción que lleva al rescate de la
vida del hombre en vista de su muerte inapelable frente a la infinita superioridad en relación con él en un principio ostentada
por la naturaleza. El misterio del desequilibrio que se transmu-
ta en equilibrio hace suponer la preexistencia de un proyecto de
reequilibrio de lo que en algún lugar en el tiempo dejó de ser
equilibrado, proyecto éste que tiene una privilegiada herra-
mienta para su consecución en el trabajo del hombre.

La grandeza del hombre está en siempre recrear su vida.
Recrear lo que le es dado. Forjar lo que sufre. Mediante el
trabajo, produce su propia existencia natural. Por la ciencia, recrea el universo mediante símbolos. A través del

arte, recrea la alianza entre su cuerpo y su alma (véase el discurso de Eupalinos). Advertir que cada una de esas tres cosas resulta ser algo pobre, vacío, vano, si se considera en sí misma y fuera de su relación con las otras dos. La unión de las tres: cultura obrera (siempre se puede esperar).[2]

Ciertamente el trabajo –en la acepción adoptada aquí por Weil– no agota la posibilidad existencial del hombre (aunque la más de las veces agote las diferentes capacidades, inclusive la del trabajo, de los hombres).

La ciencia y el arte –si se adopta un concepto más abstracto para el trabajo, éste también podría mencionarse– se revelan como instancias de la existencia humana (así como la religión y el deporte/ocio), todas ellas dimensiones muy diversificadas que integran la totalidad material-espiritual del hombre.

Simone Weil alude a esa totalidad al referirse a la cultura obrera, expresión de una existencia integrada, integradora del cuerpo y alma humanos, espacio de manifestación de la grandeza del hombre.

Platón mismo no pasa de ser un precursor. Los griegos conocían el arte, el deporte, pero no el trabajo. El señor es esclavo del esclavo, en el sentido de que el esclavo *fabrica* al señor.

Dos tareas:

–Individualizar la máquina;
–Individualizar la ciencia
(vulgarización, una universidad popular a la manera socrática que trate sobre los fundamentos de los oficios).[3]

Por no conocer el trabajo, o dicho de otra manera, por convertirlo socialmente en algo inferior, indigno de ser realizado por el hombre –en la acepción más radicalmente antropocéntrica del hombre–, el señor griego, en verdad, se transformaba en esclavo de su esclavo, quien sí poseía el conocimiento indispensable de la participación en la fabricación, fabricación ésta,

---

2. Ibid., 391; ibid., 201.
3. Ibid., 391; ibid., 201 y 202.

inclusive, y hasta principalmente, de las condiciones materiales de existencia de su señor.

El cese de la esclavitud presenta, por lo tanto, como condición previa, la apropiación, en el espacio del trabajo, del conocimiento indispensable para la participación en la fabricación. Parece ser que "la información es poder"; de esta forma, una fórmula adecuada no solamente para la presente época –donde por cierto tiene su máxima expresión–, sino para todo y cualquier tiempo. De ahí deriva el carácter imperativo del cumplimiento de las tareas de individualizar la máquina y la ciencia (el arte, a su vez, en la medida en que significa la recreación de la alianza entre el cuerpo y el alma del hombre, ya se localizaba en el terreno de la individualidad humana).

Solamente por intermedio del rescate de la apropiación individual de los dominios del trabajo, de la ciencia, al hombre le será dado el poder de alcanzar su libertad mundana.

La monotonía es lo que hay de más bello o de más horrible. Más bello si es un reflejo de la eternidad. Más horrible si es el índice de una perpetuidad sin cambio. Tiempo superado o tiempo estéril. El círculo es el símbolo de la bella monotonía; la oscilación pendular, aquel de la monotonía atroz.[4]

En la quietud aparente del universo, en los hielos perennes de la cima de una montaña, el hombre se encuentra con un tiempo superado por la eternidad.

Es el tiempo de la obra de Dios.

Todo nos parece que obedece a una trayectoria circular, sin principio, sin fin.

En el ruido ensordecedor de una fábrica, en el silencioso operar de una máquina, el trabajador comprende la esterilidad del tiempo por la eternidad sin cambio.

Es el tiempo de la obra del hombre.

Todo nos parece que obedece a una trayectoria pendular, con principio, con fin –fin del ocio, principio del trabajo; fin del trabajo, principio del ocio; fin del trabajo, principio de otro trabajo–, principio y fin éstos perpetuamente renovados en cuanto dure la horrible monotonía de la vida de trabajo del trabajador.

---

4. Ibid., 392; ibid., 202.

La espiritualidad del trabajo. El trabajo hace sentir de una forma exhaustiva el fenómeno de la finalidad devuelta como una pelota; trabajar para comer, comer para trabajar... Si vemos uno de los dos como un fin, o los dos separadamente, estamos perdidos. El ciclo contiene la verdad. Una ardilla dando vueltas en su jaula y la rotación de la esfera celeste. Extrema miseria y extrema grandeza. Cuando el hombre se ve como una ardilla dando vueltas en una jaula circular, si no se miente a sí mismo, está cerca de la salvación.[5]

Trabajar para comer y comer para trabajar es la fórmula adecuada para expresar la verdad existencial terrena de quien trabaja, enclavado el hombre en los dominios de la necesidad. Bajo el aguijón de una dura necesidad –cualquiera que sea su supervivencia frente a las fuerzas de la naturaleza y de la sociedad en la que se encuentra, con obligaciones, sometido, en el espacio del mundo–, el trabajador trabaja para comer y come para trabajar, la inmensa y mayor parte de las veces en situaciones de carencia de un sentido para su existencia, simplemente como una ardilla dando vueltas en su jaula, en su extrema miseria existencial absolutamente alienado de la relación existente entre el dar vueltas en su jaula y la extrema grandeza de la rotación de la esfera celeste. El sentido de su existencia, sin embargo, sólo se tornará accesible al trabajador cuando comprenda –comprensión de razón y emoción– el nexo profundo que articulan las vueltas de la ardilla en su jaula y la rotación de la esfera celeste.

Y de esta forma, el sentido de la existencia humana, el camino de la superación del dominio de la necesidad, el camino de la construcción de la morada de la libertad, reside en la comprensión de la miseria del hombre frente a la grandeza de Dios.

La gran pena del trabajo manual está en que nos vemos obligados a esforzarnos durante largas horas, simplemente para existir.

---

5. Ibid., 392; ibid., 203.

El esclavo es aquel a quien no se le propuso ningún bien
como finalidad de sus fatigas, a no ser la simple existencia.
Por lo tanto, debe ser sacado de esto o caer en un nivel
vegetativo.[6]

Simone Weil asocia, aquí, el trabajo manual a la condición
de esclavitud. En esos momentos, considera el trabajo manual
como aquel que realiza el trabajador de manera alienada, y esto
en cuanto a la propiedad de los medios de producción, en cuanto a la propiedad del producto generado, en cuanto a la conciencia de su papel de productor. Sabemos, sin embargo, al seguir
otros pasajes de su obra, que el trabajo manual que realiza el
artesano, por ejemplo, se encuentra distante de la alineación arriba descrita. Por el contrario, el trabajo manual se supone entonces como la alternativa importante de producción de la libertad
de quien trabaja. Entendido el trabajo manual como trabajo
alienado, se constituye en esclavitud, en simple acción de manutención de la existencia.

Atrapado en el circulo vicioso de la manutención de su existencia, el trabajador tiene la percepción de que las horas de trabajo se alargan –mucho más que físicamente, psíquicamente–,
en razón de la inexistencia de un sentido para sus labores que
vaya más allá de la simple permanencia de su vida.

Esclavizado por la ausencia de una finalidad efectivamente
humana para sus cansancios, el trabajador manual reduce su existencia a un nivel más propio de las demás creaturas terrenas, ya
que se encuentra apremiado por el aguijón de la necesidad.

Ninguna finalidad terrestre aleja a los trabajadores de
Dios. Son los únicos en esa situación. Todas las demás condiciones implican fines particulares que se interponen
entre el hombre y el bien puro. Para ellos no existe ese contexto. No poseen nada de lo que necesiten despojarse.[7]

Expropiado de todo –inclusive y principalmente de su libertad–, reducido a la condición de servidumbre, restringido a la
circunstancia de la necesidad, trabajando tan solo para conservar su existencia, el trabajador manual se encuentra en princi-

---

6. Ibid., 392; ibid., 203.
7. Ibid., 392; ibid., 203.

pio, sin embargo –y precisamente como consecuencia de su extrema miseria humana–, más cercano a Dios que de los hombres de una condición diferente.

Por cierto, son de valor acentuado las consecuencias de tal entendimiento.

El trabajador en su calidad de hijo de Dios, en potencia más unido al Padre, es la confirmación que sitúa al trabajador en la condición privilegiada de sujeto terreno por la gracia de Dios destinado a la posición de vanguardia del movimiento de retorno a las circunstancias del hombre de los primeros tiempos, a la posición de vanguardia del movimiento hacia una nueva unión entre el hombre y Dios.

Esforzarse por necesidad y no por un bien –empujado, no atraído– para conservar la existencia tal cual es –siempre será servidumbre.

En ese sentido, la servidumbre de los trabajadores manuales es irreductible. Esfuerzo sin finalidad.[8]

Empujado, no atraído, sólo para mantener la existencia tal cual es.

Eso es servidumbre.

Al hombre no le está dado ser empujado, pero sí atraído.

Al hombre no le está dado mantener la existencia tal cual es, pero sí modificar la existencia en un sentido tomado por él mismo como el más adecuado a sus intereses.

Esfuerzo sin finalidad.

Eso es servidumbre.

A todo esfuerzo humano debe corresponder necesariamente una finalidad.

Sólo así el esfuerzo conquista un sentido verdaderamente humano para su realización.

Sólo así se torna posible la existencia de la libertad del hombre.

Es terrible –o lo más bello de todo– si fuera finalidad sin fin. Sólo lo bello permite quedarse satisfecho con lo que es.[9]

---

8. Ibid., 392 y 393; ibid., 203 y 204.
9. Ibid., 393; ibid., 204.

La idea de finalidad sin fin representa la máxima radicalización de la negación de la alineación del trabajo.

Si todo fuera finalidad, nada sería alineación, y el trabajo podría asumir, sin embargo, su lugar de dominio en la redención del hombre.

Lo bello, espacio de localización de la finalidad absoluta, será, entonces, la morada del hombre, retornando así al edénico estado.

Los trabajadores necesitan la poesía más que el pan. La necesidad de que su vida sea una poesía. La necesidad de una luz de eternidad. Sólo la religión puede ser la fuente de esa poesía.

La religión no es el opio del pueblo, sino la revolución.

La privación de esa poesía explica todas las formas de desmoralización.[10]

Bajo la rúbrica de la polémica –verdaderamente su marca registrada–, Simone Weil produce, en los momentos inmediatamente arriba transcritos de su texto, una de las más contundentes reflexiones a propósito de la existencia de la relación entre espíritu y materia.

Naturalmente, ella sabe muy bien la necesidad de pan que padecen los trabajadores.

Por voluntad propia, reducida a la condición de una existencia proletaria, comió "el pan que amasó el diablo", a veces sin darse cuenta se encontró en la penosa situación de la carencia más completa de un simple pedazo de pan con que mitigar su hambre.

Además comprende –y sin duda alguna por la fuerza de su experiencia de la condición proletaria, del hambre–, que no vale nada el pan, en ausencia de poesía.

La falta de pan impone un fin a la vida humana, o de manera sucedánea, aunque no mate al hombre, extingue en su cuerpo lo que pueda existir en él de vida propiamente humana.

La carencia de poesía, con todo, si no impide la existencia del cuerpo humano, siega su sentido, la razón de ser, subsistiendo de esa forma la existencia física del hombre a la finitud de su justificación, y produciéndose en consecuencia, la circunstancia de muerte en la vida del hombre desprovisto de poesía.

---

10. Ibid., 393; ibid., 204.

El cuerpo no vale nada sin alma, es lo que nos dice Simone Weil.

El pan alimenta el cuerpo encadenándolo al dominio de la necesidad, mientras que la poesía, la vida espiritual, nutre el alma en su camino hacia la morada de la libertad.

De ahí la oposición entre revolución y religión plasmada por Weil.

De ahí, en el contexto de su propuesta –y apenas en él–, la inversión de la fórmula de Marx, y la consiguiente afirmación de la religión como fuente de poesía, en contradicción con la revolución –su tan amada revolución– en cuanto productora de alineación.

La revolución, de manera rigurosa, para lo que comprendemos es el pensamiento de Simone Weil, sólo se constituye en opio del pueblo en la medida en que llegue a confinar sus muy amplios horizontes de propuesta –en lo que dice respeto, principal y particularmente a la liberación del hombre que trabaja– a los estrechos límites del reino de la necesidad, limitándose al ofrecimiento del pan –y eventualmente, del circo– a quien no puede prescindir de poesía.

Ésta es la médula de la crítica que Weil dirige al socialismo, desde su tiempo realmente existente.

La esclavitud es el trabajo sin luz de eternidad, sin poesía, sin religión.
Que la luz eterna dé, no una razón de vivir y de trabajar, sino una plenitud que prescinda de la búsqueda de esa razón. A falta de esto los únicos estímulos son la coerción y la ganancia. La coerción implica la opresión del pueblo. La ganancia implica la corrupción del pueblo.[11]

Posiblemente se encuentre en las palabras arriba reproducidas las más luminosas propuestas de Simone Weil acerca del trabajo, respecto de la relación entablada entre los planos mundano y extramundano de la existencia humana.

La esclavitud es el trabajo que se realiza sin finalidad, finalidad que si se ubica –más allá del reino de la necesidad– en el universo de la libertad, nos remite, ineludiblemente a la dimen-

---

11. Ibid., 393., ibid., 204.

sión de la eternidad, de la poesía, de la religión, en fin, nos remite a Dios.

El trabajador moderno sufre en consecuencia esclavitud, un trabajador que realiza su trabajo en la vigencia de un tiempo mortificador de Dios, mortificador de la libertad, mortificador de la humanidad del hombre.

En contradicción abierta y absoluta con las características más esenciales del tiempo contemporáneo –de negación abierta, absoluta, de todo y cualquier espacio de trascendencia– Simone Weil afirma la validez e incluso la superioridad del dominio de lo trascendente, que, por obra de la gracia, puede llegar a conceder al hombre una plenitud existencial que lo dispensaría de la búsqueda de una razón de vivir y de trabajar.

Ésa es la gracia concedida a los santos –o casi santos–.

Al común de los hombres les resta la convivencia más o menos armoniosa con la coerción y la ganancia, en el nada fácil caminar sobre el filo de la navaja de la opresión y de la corrupción mundanas.

Aún queda percibir en su trabajo cotidiano un camino para el reencuentro con una forma de existencia terrena más cercana a su destino de creatura del Creador, la más amada, dotada finalmente de conciencia, de libre arbitrio, de posibilidad de gozo de libertad.

Trabajo manual. El tiempo que entra en el cuerpo. Mediante el trabajo el hombre se hace materia como Cristo en la Eucaristía. El trabajo es como una muerte.
Es necesario pasar por la muerte. Es necesario estar muerto, soportar el peso del mundo. El universo pesando sobre los riñones de un ser humano, ¿cómo espantarse entonces de que sufra?
El trabajo es como una muerte, si no se tiene un estímulo. Actuar renunciando a los frutos de la acción.
Trabajar –si estuviéramos agotados es volvernos sumisos al tiempo como la materia–. El pensamiento está obligado a pasar de un momento al siguiente sin asirse al pasado ni al futuro. Eso es obedecer.[12]

---

12. Ibid., 393; ibid., 204 y 205.

El tiempo que entra en el cuerpo de quien realiza el trabajo manual no es el tiempo de la eternidad, sino el tiempo de la perpetuidad sin cambio. No es el tiempo superado, y sí, el tiempo estéril. No es una bella monotonía sino una atroz monotonía.

De ahí se deriva, si se vincula al trabajo, la idea de muerte.

Es la muerte soportar el peso del mundo.

Es la muerte actuar renunciando –ser llevado a renunciar, empujado, no atraído– a los frutos de la acción.

Es la muerte trabajar en condiciones de agotamiento, sin pasado ni futuro, y simplemente obedecer.

De esta forma, la obediencia alienada del trabajador, producida a partir del simple fluir del tiempo de trabajo, es sinónimo de muerte en vida imperativamente infligida, sin recurso, sin perdón.

> Alegrías paralelas a la fatiga. Alegrías sensibles. Comer, descansar, los placeres del domingo... Pero no el dinero. Ninguna poesía sobre el pueblo es auténtica si la fatiga no estuviera presente en ella, así como el hambre y la sed nacidas de la fatiga.[13]

Entre las alegrías y la fatiga sólo puede haber una relación de paralelismo.

Sin embargo, para el trabajador, infelizmente, las alegrías son escasas mientras que la fatiga es abundante.

Las alegrías son aquellas que se refieren al mantenimiento de la condición operativa de su fuerza de trabajo, que será gastada una vez más, y que por lo general sólo se renovará parcialmente, en el círculo vicioso que, a similitud de la ardilla en su jaula, le es dado vivir al trabajador.

Por eso, la poesía y el pueblo es el punto de encuentro que, en verdad, sólo se realiza mediatizado por la alusión a la fatiga, y aun del hambre y la sed derivados de la fatiga.

La única poesía sobre el pueblo que puede renunciar a la referencia de la fatiga, el hambre y la sed, es justamente aquella poesía más carente en el trabajador, aquella de la que no puede prescindir, que le es más necesaria que el mismo pan, la poesía contenida en la luz de la eternidad.

---

13. ibid., 393; ibid., 205.

Entre política y mística

La filosofía religiosa y la raíz judía de Simone Weil

Luigi Bordin

INTRODUCCIÓN

Para comprender a Simone Weil debemos, antes que nada, encuadrarla en su época, los años 1930. En aquel tiempo, bajo el impacto de la violencia nazista y fascista de la guerra civil española y la cercanía de una Guerra Mundial, sucede algo decisivo en los escritores e intelectuales europeos: todos se sienten comprometidos. Para ellos, se vuelve urgente salir de la literatura e ir al encuentro de la historia, para acercarse a los desheredados y oprimidos. A la generación de Mann, Proust, Joyce, Eliot le sucede la generación de Brecht, Orwell, Sartre. La primacía no se enfoca en el arte, en el valor de la forma, sino en la vida, el significado de la experiencia. Éste es el clima que vive y en el que madura Simone Weil, judía, discípula de Alain, profesora de filosofía, militante sindicalista de la izquierda revolucionaria, pensadora y escritora, quien murió aún joven, a los 34 años, en 1943.

Su obra, de una extraordinaria extensión y riqueza, reflexiona sobre problemas éticos, religiosos, filosóficos fuera de cualquier orden sistemático. No pertenece a ningún género definido, filosofía o literatura. Nace de un anticonformismo valiente, pero, sobre todo, de una experiencia espiritual incesantemente vívida. Simone se ve apoyada por una inspiración de fondo que la lleva a una búsqueda ardiente y apasionada de la verdad, más allá de cualquier preconcepto, y a una decidida preferencia por los indefensos y oprimidos a tal punto de compartir con ellos la vida de fábrica y el trabajo en el campo.

La sorprendente belleza y pureza de la figura de esa pensadora y escritora, tan profunda y original, encantó a muchos de sus contemporáneos, entre ellos al gran escritor Albert Camus, quien cuando conoció sus escritos, se declaró su enamorado póstumo. Camus conservaba el retrato de Simone en su mesa de trabajo y llegó a escribir: "Después de Marx... el pensamiento político social no produjo en Occidente nada de más penetrante y de más profético"[1]

1. Pensamiento y acción

Un punto que marca la personalidad de Simone reside en el hecho de que no se satisfacía sólo con el pensamiento, sino sentía la imperiosa necesidad de experimentarlo en la vida. Para ella, el pensamiento y la acción debían coincidir, el pensamiento encontrando su realización en la acción y la acción concretizando el pensamiento. Para Simone, filosofar era orientar la vida hacia la verdad y, ante todo, practicar la verdad: para ella era imposible escindir la filosofía de la vida. Ese aspecto la coloca junto a filósofos como Sócrates, Séneca, Montaigne, Nietzche, y otros pensadores, que más allá de reflexionar en términos de una racionalidad crítica y experimental, hicieron de sus vidas un testimonio del pensamiento.

Sedienta de justicia, Simone entra joven en el movimiento sindical, se acerca al pensamiento marxista y se involucra en la cuestión revolucionaria. Sin embargo, cuando se da cuenta del sectarismo y del dogmatismo de los partidos de izquierda y de la burocracia del régimen soviético, comienza a revisar sus posiciones[2]. Constata que la clase obrera se convertiría, también ella, en un instrumento pasivo de producción, tanto en el indus-

---

1. G. P. di Incola, A. Danese, *Simone Weil: Abitare la contradizione,* Roma, Dehoniane, 1991, 31.
2. Simone Weil, *Reflessione sulle cause della libertà e dell'opresione.* Milán, Adelfhi, 1990.

trialismo capitalista como en el socialista; que el poder sofocante de la burocracia moderna actúa tanto en el campo nacional e internacional como en el sindical y partidario. Se da cuenta del peligro de las propias revoluciones en la medida en que pueden ser manipuladas por los poderosos en función de sus fines, utilizadas como fuga de lo real o emprendidas por un ciego, cruento e inútil heroísmo. Comienza, por lo tanto, a reflexionar críticamente sobre la noción de la "fuerza", que tomará como clave de lectura de los fenómenos sociales. Comprende que el mundo social y político está dominado por mecanismos oscuros que escapan al control de la razón.

En su experiencia de la vida de fábrica, Simone sufrió en la piel la condición obrera: embrutecimiento, degradación, impotencia, desenraizamiento. Descubre allí que tal situación de opresión, en vez de generar indignación, como rezaba la ortodoxia marxista, generaba sumisión, docilidad, servidumbre[3]: comprende que tanto el ideal revolucionario como el reformista, en esa situación, son incapaces de generar una nueva sociedad; ve que los obreros no tienen salida, ya que en las fábricas de la Ford como en las de Stalin, están sometidos a la autoridad de la máquina.

En Simone Weil,

la esperanza revolucionaria abdicó en favor de una perspectiva que se vincula paradójicamente (en el éxito, y no ciertamente en el espíritu y en las intenciones) con el pensamiento de Nietzsche, el desacralizador que recomendaba abandonar la búsqueda de otra verdad a no ser aquella de la aceptación simple, serena pero sobrehumana de aquello que es. Nietzche, con desprecio, y Simone Weil con solidaridad y pasión, observan, en el destino del trabajador, la destrucción que este mundo impone al hombre[4].

Esas dolorosas experiencias cruciales la hacen comprender que la realidad es una dura necesidad donde predomina la fuerza.

---

3. Weil, *La condizione operaria*, Milán, Mondadori, 1990.
4. R. Morpurgo, Introducción, en: S. Weil., op. cit., 7.

2. LA REALIDAD COMO UNA DURA NECESIDAD

Uno de los libros de mayor aprecio para Simone Weil, en los últimos años de su vida, fue *Los siete pilares de la sabiduría,* de Thomas Edward Lawrence[5]. Lawrence narra en él su participación en el esfuerzo británico por derrotar a Alemania en la primera Guerra Mundial; con ese fin, se involucró en el movimiento nacional árabe en la lucha contra los turcos, aliados del enemigo.[6] Se infiltró en los medios árabes, y a medida que buscaba identificarse con su modo de vida, terminó por simpatizar con sus valores culturales y humanos; e, incluso sabiendo que Inglaterra utilizaría su trabajo con fines estratégicos, se empeñó, en la medida de lo posible, en la mejoría de las condiciones de vida de ese pueblo. Por un lado, se consideraba limitado, atado a la maraña de fuerzas en conflicto; por otro, sentía que no podía sustraerse a la responsabilidad y solidaridad con el pueblo y la cultura árabe. Simone Weil veía en la aventura y en la experiencia de Lawrence, reflejados como en un espejo, ciertos aspectos de su propia experiencia. Al igual que él, se sintió bajo el peso de la necesidad frente a la imposibilidad de justicia en este mundo y del carácter irremediable del sufrimiento, y, al mismo tiempo, bajo la urgencia del compromiso ético de la responsabilidad.

La necesidad de Lawrence de compartir los aspectos más humillantes de lo cotidiano de sus hombres fue la misma de Simone Weil en relación con el mundo obrero. La vida de fábrica y la experiencia con los anarquistas en la guerra de España, fueron para ella traumáticas. Más tarde escribiría al padre Perrin: "Sabía que existía mucha desgracia e infelicidad en el mundo y eso me obsesionaba, pero nunca las había asido por un periodo prolongado[7].

En particular, las atrocidades de la guerra civil española la impresionaron tanto que no tendrá el valor, ni la voluntad, de hablar sobre ellas. Lo que movía a los revolucionarios no era el magnífico ideal de la libertad y justicia, conforme imaginaba; descu-

---

5. A. Dal Lago, La ética de la debilidad, Simone Weil y el nihilismo, en G. Vattimo, P. A. Rovatti (org.), *El pensamiento débil,* Madrid, Cátedra, 1998, 144.

6. T. E. Lawrence, *Os sete pilares da sabedoria,* Río de Janeiro, Record.

7. Weil, Autobiografía espiritual, en Weil, *Attesa di Dio,* Milán, Rusconi, 1984, 37-38.

brió en ellos crueldad, indiferencia y también aprobación de las atrocidades. No se trataba de una lucha justa de campesinos famélicos contra los propietarios de la tierra y un clero cómplice, sino de una guerra de intereses entre bloques internacionales[8].

Tales experiencias amargas la llevaron al abandono de la política activa, pues no veía ningún movimiento, organización o grupo que tuviera las palabras y la perspectiva que ella pudiera abrazar. A pesar de todo, permanecerá atenta a las luchas sociales y a los trágicos acontecimientos de su tiempo, pero como un individuo y por una obligación de carácter ético. En esa época da inicio su reflexión sobre la opresión y la naturaleza de la fuerza.

Simone Weil comprende que el elemento que introduce la ruptura en cualquier equilibrio, físico-humano-social, es la fuerza. Comprende que la fuerza es irresistible e incontrolable y que oponer fuerza a la fuerza, como lo quiere Maquiavelo, significa reforzar la fatalidad.

3. LA FUERZA Y LA OPRESIÓN

La obra en que Simone Weil expresa, tal vez, de forma más eficaz su horror por la guerra, y la razón profunda del rechazo a la fuerza, es el ensayo La Ilíada o el poema de la fuerza, un bello comentario al poema homérico y una lúcida meditación sobre la naturaleza de la fuerza en su representación extrema: la guerra. Simone Weil subraya cómo, en el poema, el tema no es tanto la guerra de héroes, sino la dura y despiadada lógica arrasante de la fuerza de la que nadie escapa, ni vencidos, ni vencedores[9]. El "contacto con la fuerza" escribe en sus Cuadernos, "sea cual fuere (el puño o la punta de espada) nos priva de Dios por un instante".[10]

Emblemática, a ese respecto, es la bellísima escena que ella evoca en su ensayo, en la que el viejo rey Priamo, vencido y de rodillas a los pies de Aquiles, suplica por el cuerpo de su hijo Héctor. Frente al viejo, humillado y desolado, Aquiles se estremece, viendo en él, además del enemigo, la figura de su propio padre.

---

8. G. Fiori, *Simone Weil: Biografia di un pensiero,* Milán, Garzanti, 1981, 255-258.
9. Weil, *La Grécia e la intuición precristiane,* Roma, Borla, 1984, 12-41.
10. ID., *Quaderni,* vol. I, Milán, Adelphi, 1991, 233.

Ni el uno ni el otro pueden contener las lágrimas, uno recordando al hijo, y el otro al padre, unidos en una compasión recíproca[11]. Según ella, solamente el poeta Homero ha sido capaz, en la Ilíada, de sustraerse a la fuerza, exactamente en el acto de representarla, dejando de colocarse de un lado o del otro de los dos ejércitos en lucha, acompañando con la amarga compasión, los acontecimientos trágicos y, jubilosamente, las alegrías de las dos partes. Para ella, ése era el aspecto milagroso del poema[12].

El mundo la fascinaba en cuanto "Cosmos", "Orden", que descansa totalmente sobre la medida y el equilibrio, sublime ideal de la antigua Grecia. Pero, según ella, si alguna vez existió armonía original, ese equilibrio se vio comprometido irreversiblemente por la modernidad. De ahí, el *malheur* que nos hace sentir estar lejos de ese orden, de esa armonía, de esa patria que está siempre en otro lugar. Por eso experimentamos nuestro ser como perdición, naufragio, ruina.

4. LA VISIÓN TRÁGICA DEL MUNDO Y LA CENTRALIDAD DE LA CONTRADICCIÓN

Las experiencias traumáticas y la reflexión que se sucedieron llevaron a Simone Weil a albergar, en su visión del mundo, la dimensión de lo trágico. En sintonía con Nietzsche, descubre como principios constitutivos de la existencia, aquellos del equilibrio, de la forma, la desmedida y el exceso[13]. Con Nietzsche, acepta el lado trágico de la vida. Sin embargo, en ella toma fuerza la idea de que en el exceso, en la desmedida y en el uso de la fuerza, los hombres pierden su condición de humanidad. El uso de la fuerza reduce a los hombres a objetos. "La fuerza", escribe, "petrifica tanto las almas de quien la padece como de quien hace uso de ella"[14]. Está convencida de que, frente a la fuerza, nosotros los hombres estamos inertes, y aún así todavía tenemos responsabilidad. Por un lado, no podemos dejar de aceptarla, en cuanto necesidad propia de la condición humana; por el otro, además de su desencadenamiento, en la guerra y en la política, no tiene fundamentos racionales, aunque el ejercicio de la fuerza que nos está concedido debe tenerlos, para

---

11. ID., *La Grécia...*, 13-15.
12. ID., *Quaderni...*, 233, 1991.
13. Dal Lago, op. cit., 135-136.
14. ID., *La Grécia...* 31-32.

poder limitar las consecuencias del mal. "El hombre", escribe, "no tiene ningún poder y, aún así, tiene responsabilidad"[15]. En un mundo en que los hombres siempre están en una relación de fuerzas, cada acción resulta buena sólo en un sentido relativo.

La experiencia de la fuerza y de lo trágico hizo que Simone considerara la contradicción algo central en la condición humana[16]. Según ella, nos encontramos en una tensión dolorosa entre el deseo del bien y de la justicia y la constatación de que en la tierra tales aspiraciones son irrealizables. A pesar de todo, sin embargo, debemos consumirnos en esa tensión, ya que aún en el final no podemos dejar de desear que exista el bien haciendo todo lo que podemos, sin olvidar que cada bien terreno es relativo e implica también el mal. Y esa línea de pensamiento genera en ella la admiración por los gnósticos antiguos y maniqueos[17], ya que consideraban la condición trágica del hombre y del mundo, y por los estoicos, quienes comprendían que frente a la necesidad, la única actitud sabia era la de la aceptación[18].

"La vida humana es imposible", escribe Simone. "Sólo la desgracia hace sentir eso."[19] Ésta es la pasión del hombre justo: él sabe que haciendo el bien acaba también por hacer el mal. Es difícil sustraernos al mal, a la fuerza, a la violencia. Por eso el justo, el inocente, cuya imagen ejemplar es la de Cristo, es abandonado al sufrimiento[20].

Otras representaciones de seres justos, correspondientes a Cristo, también son para ella los dos santos guerreros del hinduismo: el rey Rama y Arjuna[21]. Con el fin de evitar que se escandalizara su pueblo, Rama debe matar a un hombre; empeñado en una batalla, Arjuna, el héroe del Bavaghad-Gita, no vacila en matar parientes y amigos que se encuentran por desgracia en el campo enemigo; los dos frente a una situación contradictoria inevitable, como la de Lawrence, golpeados, como él, entre el deber y el sufrimiento, entre el bien y el mal.

---

15. ID., *Quaderni,* vol. I, 334-335.
16. Ibid., vol. II, 82.
17. S. Pétrement, *La vie de Simone Weil,* vol. II, París, Fayard, 1973, 220.
18. Weil, *Pensées sans ordre concernant l'amour de Dieu,* París, Gallimard, 1962, 81.
19. Weil, *Quaderni,* op. cit., 262.
20. Ibid., vol. III, 206.
21. Ibid., vol. I, 272-274; 333.

5. MODERNIDAD COMO DESMEDIDA Y DESEQUILIBRIO

En la opresión y la libertad, por medio de análisis penetrantes de la impotencia de la clase obrera y de la burocratización de la sociedad contemporánea, Simone Weil constata cómo la sociedad moderna se tornó irreconocible e incontrolable, no sólo por parte de los oprimidos, sino también por aquellos que detentan el poder. Debido a la complejidad y a la incapacidad de control de los fenómenos, la lucha política gira en muchas ocasiones alrededor de palabras vacías de contenido y de mitos. Los oprimidos y los opresores acaban participando de una misma mística pervertida del poder que fundamenta toda sociedad opresora, transformando las relaciones humanas en una relación de fuerza. Toda nuestra cultura moderna está fundamentada en la fuerza que lleva al desequilibrio y a la desmedida[22].

En un mundo que no conoce la justicia, las relaciones de fuerza siempre están en desequilibrio. Esto provoca frustraciones, carencias, ansiedades que la imaginación procura compensar. En efecto, al ignorar los límites de la condición humana, la imaginación tiene la apariencia de pensamiento, dispone de una capacidad de construcción ilimitada, pero puede fácilmente favorecer proyecciones imaginarias del yo, puede llevar a la fuga de la realidad, a las idolatrías, a los delirios, y a fortalecer el deseo de poder. Entonces es fácil caer en la idolatría. Ídolo es todo bien relativo pensado y amado como si fuera absoluto. De esos ídolos, los más peligrosos son nuestro propio yo con sus proyecciones e identificaciones, y lo social, lo colectivo, que Simone Weil, junto con Platón, denomina "grande animal": el ídolo por excelencia[23].

En efecto, en nosotros habita el deseo de un bien infinito. Buscamos valores desesperadamente. Por lo tanto, es fácil, a través del juego de la imaginación, canalizar nuestra ansia y nuestra expectativa en el ámbito de lo social. Es entonces que bienes ilimitados y relativos como la patria, la Iglesia, el partido, etcétera, se presentan ante nosotros falsamente como terrenos de trascendencia. En ellos, la voz del gran animal –lo social– resuena como si fuera la voz de Dios, y alimenta muchos otros

---

22. Ibid., 164.
23. Ibid., 402.

ídolos: el dinero, el prestigio, el poder. También el amor puede transformarse en idolatrías. Todas las proyecciones e identificaciones con personajes célebres de los medios de comunicación son idólatras. Hasta la ciencia y el mismo arte pueden desearse no por el valor que poseen en sí, sino por la fuerza del prestigio que confieren.

Tales críticas a la modernidad nos remiten, por contrapunto, a aquellas de Walter Benjamin cuando nos dice que, con la expansión de los mercados y el fetichismo de los productos de consumo, se va atrofiando y empobreciendo en nosotros, en la vida agitada de las grandes metrópolis modernas, la capacidad de evocar espontáneamente los valores del pasado y la vida de otros tiempos, provocando la pérdida de la experiencia del pasado. "Una nueva forma de miseria surgió con ese monstruoso desarrollo de la técnica, superponiéndose al hombre", escribe Benjamin[24]. Con eso, continúa, "permanecemos pobres, abandonamos una a una todas las piezas del patrimonio humano, tuvimos que empeñarla muchas veces a un centésimo de su valor para recibir a cambio las minucias actuales"[25]. Las ciudades de nuestros días son metrópolis que se convertirán en laberintos en los que nos perdemos en muchas ocasiones. Pero donde siempre nos encontramos tarde o temprano frente a un mercado[26].

En verdad, la cultura moderna, distraída en el infinito vaivén de los laberintos de significados, marcada por la manipulación y por la violencia, lleva a excesos. Es una cultura sin raíces, sin el vínculo sustancial con la tradición, con el pasado, que erradica los valores, incapaz de reconocer lo sagrado del mundo.

6. DE LO TRÁGICO AL MISTERIO RELIGIOSO

A partir de la experiencia del límite, de la contradicción, de la desgracia de lo trágico, y de las cuestiones que provocan, Simone Weil pasa del problema racional al misterio religioso. En efecto, a través de lo trágico se revela no sólo la finitud de la existencia, sino también el límite del pensamiento racional, que, de hecho, no consigue dar cuenta de las realidades contradictorias en que está inmersa nuestra existencia. Frente a este

---

24. Walter Benjamin, *Obras escolhidas,* vol. III, São Paulo, Brasiliense, 1978, 115.
25. Ibid., 119.
26. Ibid.

impasse, la misma inteligencia ve que el único camino es buscar la luz de alguna otra dimensión, en otro plano. "La inteligencia no puede controlar el propio misterio. Permanece completamente fiel a sí misma, reconociendo la existencia de una facultad superior en el alma, que lleva al pensamiento más allá de sí mismo. Esta facultad es el amor sobrenatural"[27].

Sin embargo, la apertura al misterio sólo es legítima cuando la inteligencia ha agotado su propio quehacer, llegando así a un impasse, a una "contradicción que no puede evitarse, en el sentido de que la supresión de un término constriñe a poner otro"[28]. Para Simone Weil, así como para Platón, lo verdaderamente real es lo trascendente, lo real es "lo que remite a lo que no es". En estas consideraciones estamos lejos de la perspectiva positiva y materialista que rechaza la idea de que lo ausente es fuerte y valeroso. La necesidad del mundo no se confunde con lo trascendente. Entre ambos existe una relación precisa que permite entrar en lo real, es decir, lo sagrado. Se trata de una concepción compleja. Se parte de una dimensión arcaica del ser, que pertenece a la cultura griega platónica, interpretada a la luz del orfismo y de los misterios eleusinos, que tienen en el mito la llave de la lectura. En esa concepción, el hombre vive en la oscuridad de una conciencia ciega, y Dios es la verdad que da un poco de luz, dejándola caer como una simiente. Nos toca a nosotros permitir que la luz fecunde, que la simiente germine. El dolor es la ausencia de luz, pero también puede ser un medio para extirpar aquello que impide la germinación[29].

Antes del contacto con lo sobrenatural, el hombre está sujeto a las leyes de la gravedad: al peso, a la necesidad, al mal, al límite. Pero, paradójicamente, la experiencia del límite y de lo trágico es lo que puede convertirse en una apertura para que se revele lo sobrenatural, aunque sea por instantes. Incluso después del contacto con lo sobrenatural, el hombre continúa sujeto a aquellas leyes, pero ahora, de manera diferente a lo de antes, sabe verlas y contemplarlas con desapego. Ahora, su obediencia a la necesidad es una obediencia iluminada, es la obediencia del sabio, del creyente[30]. De esta manera se llega a las ver-

---

27. Weil, *La connaissance surnaturelle,* París, Gallimard, 1950, 80.
28. Ibid., 79-80.
29. Weil, L'amore di Dio e l'infelicitá, en Weil, *L'amore di Dio,* Roma, Borla, 1979, 17.

daderas relaciones entre las cosas, y la necesidad se ve como el orden del mundo. Del *amor al destino* se pasa a la contemplación: la aceptación de las relaciones de necesidad y la distribución causal del bien y del mal llegan a ser amadas en cuanto tales, ya que por medio de ellas se vislumbra lo sagrado, la belleza y el misterio. Lo real nos es dado no mediante demostración, sino a través de la fe. La inteligencia no es la que nos permite comprenderlo, sino la intuición y el amor; no es el vínculo con el mundo exterior, sino el despojarse, lo que hace posible contemplar la necesidad y verla en su relación con lo demás: Dios, el mundo, el cosmos[31].

Para captar la realidad debe prestarse atención a la articulación entre lo conocido y lo desconocido. Esto último es el elemento determinante que nos introduce a lo sobrenatural. De ahí la importancia de vaciarse en correspondencia con el pensamiento místico (maestro Eckhart) y oriental, como el zen-budismo, que coloca entre paréntesis cualquier actitud intelectualista en relación con la realidad, desarrollando la práctica de una atención vacía en relación con el mundo, una atención consciente a la no permanencia de cada fenómeno: la contemplación del mundo con vacuidad.

7. La cruz y el valor salvífico de la desgracia

A través de la apertura a lo sobrenatural, Simone Weil descubre el valor salvífico y mesiánico de la desgracia, pues ella nos revela la fragilidad, la inconsistencia de todo lo que pensamos ser y poseer[32]. Sin embargo, para que comprendamos a fondo esta verdad, es necesario llegar hasta la experimentación del dolor físico y el desprecio social. En efecto, el dolor físico impide que el alma huya, el desprecio social lleva al desgraciado a dudar de su dignidad humana y sentirse culpable: un nada. En la desgracia descubrimos que somos nada y que la nada es nuestro destino. En circunstancias normales, podemos mantenernos en la ilusión de que tenemos independencia de pensamiento y capacidad de dominar racionalmente las pasiones. Pero en situaciones cruciales, como en la enfermedad, en la guerra, etcétera, expe-

30. ID., ~~*Quaderni*, vol. II, 45-46.~~
31. Ibid., 275 y 327.
32. Ibid., vol. III, 84.

rimentamos nuestra impotencia, nuestra nada. Descubrimos entonces la precariedad de nuestra condición, la fragilidad de nuestra alma y de nuestro pensamiento, que puede paralizarse, oscurecerse, apagarse. La experiencia de la desgracia es como una etapa para llegar al conocimiento. La cruz es el camino estrecho para la verdad[33]. De aquí el valor del cristianismo en cuanto religión de la cruz. Simone Weil percibe que la fe cristiana está en profunda relación con la desgracia. En Portugal, al presenciar una procesión, en la que las esposas de pescadores de una pequeña aldea del litoral entonaban antiquísimos cantos de lamentación, de repente, intuye que el cristianismo es la religión de los esclavos, es decir, que parte de la experiencia de la desgracia. Ésta nos hace comprender que el centro del mundo está fuera del mundo: no está ni en mí, ni en el otro, ni el colectivo, sino en la necesidad[34]. Para Simone la necesidad es sinónimo de orden del mundo presente en el cual cabe la aceptación y la obediencia, tal como lo entendía el pensamiento antiguo, por ejemplo Platón y los estoicos[35]. Se trata de aceptar nuestra condición humana, con sus contradicciones, como la única realidad con significado. Sólo de esa forma tendremos la oportunidad de experimentar lo que no es concebible: lo sagrado, lo divino, la realidad de Dios y, con eso, podremos salir de la caverna de Platón. Estamos aquí más allá del horizonte lógico y epistemológico, en otro horizonte: el de la experiencia místico-religiosa.

8. La vía negativa, el estado de espera y la critica al racionalismo humanista

Aceptar lo inexplicable presupone una orientación diferente a la inteligencia; que ésta sea vista en su fragilidad, que se humille frente al misterio, que admita la presencia de un algo incomprensible por su propio medio. En la reflexión filosófica weiliana, la inteligencia no se presume libre y poderosa. Percibe su sometimiento a mecanismos incomprensibles del orden natural y de la necesidad. Al igual que Nietzsche, Simone Weil niega al sujeto el monopolio de la centralidad gnoseológica y asume una posición "de perspectiva". Para ésta, todos los puntos de vista sobre

---

33. Ibid., 105 y 179.
34. Ibid., 100.
35. Ibid., vol. II, p. 255. Vol. III, p. 401.

las cosas o el mundo representan una perspectiva. El "otro" no debe ser visto como una parte del universo, sino como el origen de una perspectiva. Sólo una multiplicidad de perspectivas, lecturas e interpretaciones puede acercarnos a la complejidad de lo real[36]. La razón lógico-argumentativa que procede linealmente de definición en definición es engañadora para Simone Weil, ya que se ase a un punto de vista en el interior del pensamiento. En realidad impide el contacto con lo real que está más allá de la representación y que no puede elegirse para una única perspectiva. Ese tipo de racionalidad pretende la continuidad y no la discontinuidad. Por lo tanto, no es apta para alcanzar la realidad en su contradicción. Ahora, para Simone Weil, que parte de la centralidad de la contradicción, el pensar es, más allá de la razón lógico-argumentativa, un fijarse en la propia contradicción y en lo inexplicable. Y se coloca en un estado de espera y de atención, disponiéndose más a recibir que a buscar. En esa perspectiva, Simone se acerca a través de Heidegger, al pensamiento zen-budista y, sobre todo, se encuentra en una dimensión mística.

La espera weiliana consiste en la suspensión del deseo, de la voluntad, del amor, del pensamiento, renunciando así a toda compensación, interrumpiendo el esfuerzo estéril de la razón discursiva que intenta anular las contradicciones. Permanecer en la inmovilidad no es resignación, ni rebelión, sino la espera de un don, un instante de luz, una iluminación. Se trata de permanecer inmóviles, suspendidos, en la intersección entre la necesidad y el bien, entre el mundo de épocas y lo intangible.

Esta actitud se conjuga con una perspectiva impersonal y antihumanista. Mientras que el humanismo se basa en la voluntad de la existencia y de la afirmación del yo, Simone Weil propone lo contrario: el despotenciamiento, el vaciamiento del yo. Para ella, el humanismo cristiano también se fundamenta en una idea dogmática y religiosa de Dios, en cuanto "Dios no puede estar presente en la creación sino bajo la forma de ausencia"[37]. "Entre dos hombres que no poseen la experiencia de Dios", escribe, "aquel que lo niega quizás le esté más cercano"[38]. El no creer puede ser un modo de acercarse a la verdad, aunque sepamos alejarnos de la seducción de los ídolos falsos. Según ella, son

---

36. G. Gaeta, *Simone Weil*, Florencia, Cultura Della Pace, 1992, 62.
37. Di Nicola y Danese, op. cit., 491.
38. Ibid.

muchas las veces en que los creyentes, en su búsqueda de Dios, buscan en la realidad su propia gratificación psicológica. En relación con un Dios así, tendríamos el deber de ser ateos. Claro que ella no niega la realidad de Dios. Niega, por el contrario, solamente su afirmación arrogante e instrumental, dado que Dios se da más en la ausencia que en la presencia, más en forma negativa, pudiéndose conocer más lo que no es. Para Simone, ateísmo y fe, no son, pues, etapas definitivas. Se pasa de la una a la otra y se convive también con las dos.

Incluso el humanismo burgués (Gide) o el existencialista (Sartre) deben ser rechazados, pues se basan en un espíritu por demás optimista del hombre, y Simone Weil está en contra tanto del culto a la persona como a la idolatría de lo colectivo.

La apertura a lo sobrenatural no se da, para la pensadora, como una búsqueda de lo espiritual, como ascesis voluntaria. Pasa por la aceptación de la condición humana, por la renuncia de la existencia ilusoria. Lo sobrenatural entra en su reflexión no como refugio, sino como la propia impotencia del pensamiento y del ser. Para Simone Weil, frente a la sacralidad del universo, sólo vale la "atención", la "espera", el "escuchar la palabra" que está llena de significados. Ella busca esos significados en la tradición. Sin embargo, por tradición no entiende solamente la judeocristiana, sino todas las tradiciones de las grandes culturas. Según ella, la revelación de la verdad no está en un contenido formalizado de una determinada escritura. Se da en la experiencia interior de la realidad divina, pero expresa en una multiplicidad de lenguajes diferentes, todos ellos inspirados de cierta manera, los idiomas de las grandes religiones, y también de los mitos, las fábulas, las grandes acciones, el gran arte y la grande poesía. Los grandes textos de la tradición que la alimentaron, en su ardiente y apasionada búsqueda de la verdad, fueron los grandes trágicos griegos, Platón, leído como el punto más elevado de toda la espiritualidad del mundo antiguo, los presocráticos, los textos de la mitología antigua griega y egipcia, los escritos de los gnósticos, los cátaros, los grandes textos sánscritos del hinduismo (Bhagavad Gita y Upanishad) y, sobre todo, la Biblia y los evangelios. Su idea de que la fuente de la verdad está en la tradición y que la verdad se da a través de escuchar la palabra, la idea de que la escritura se da como vinculaciones sagradas entre las generaciones a través del tiempo, su búsqueda de la verdad en una revelación, iluminación, que surge por medio de una lectura reverente y atención respetuosa a las escrituras, todo eso manifiesta claramente la cultura judía en Simone Weil.

9. LA RAÍZ JUDÍA DE SIMONE WEIL

Aunque hostilice ciertos aspectos de la cultura judía, como la alianza entre poder y religión y la representación de un Dios legitimador de acciones crueles, y tengan en el mundo griego la fuente de su pensamiento, su tensión mística no puede aún ser interpretada fuera de aquel universo. Simone Weil posee los rasgos fundamentales del alma judía, reconocibles en el tenaz impulso a lo concreto, en sus vínculos con la tradición, en la búsqueda errante de la verdad, en la concepción de Dios como totalmente otro, sin nombre ni forma, la total entrega a la causa de los humillados y ofendidos, en la sed de justicia y en la aceptación del límite y lo trágico.

La manera de ser judía es, desde siempre, el peregrinar, el errar del nómada. Por esto la inquebrantable propensión a derrumbar límites, romper esquemas dados, desagregar certezas y delimitaciones consolidadas. En la fuerza crítica de los intelectuales judíos vibra aún algo de la antigua tradición antiidolátrica de su pueblo. El judaísmo es una forma diferente de ponerse frente al hombre y frente al mundo, en la que el sentido de ser creaturas es esencial. Esa noción y la de la creación traen consigo la de la separación y los cambios. Para el judío, antes de saber (logos) está la *Torah* (la ley), que es la fuente del sentido. Lévinas escribe respecto a esta intención con pertinencia:

> Contrariamente a la filosofía, que hace de ella misma la entrada en el reino de lo absoluto, (...) el judaísmo nos enseña una trascendencia real, una relación del alma con aquel que ella no puede contener y sin el cual no puede, de ningún modo, permanecer ella misma. Totalmente solo, el yo se encuentra en un estado de laceración y desequilibrio... La conciencia de sí mismo no es una constatación inofensiva que un yo hace de su ser, ella es inseparable de la justicia y de la injusticia[39].

---

39. Emmanuel Levinas, *Difficile Liberté,* París, Albin Michel, 1976, 32.

Existe una distancia abismal entre la autoconciencia teórica que conocemos de la historia de la filosofía y esta conciencia de sí mismo. En la concepción judía, el individuo se define como yo sólo mediante la relación que lo une a un tú; el yo es yo en y por la relación social.

Lévinas una vez más:

Que la relación con lo divino atraviese la relación con los hombres y coincida con la justicia social, todo ello es el espíritu de la Biblia judía. Moisés y los profetas no se preocupan por la inmortalidad del alma, sino del pobre y la viuda, el huérfano y el extranjero. La relación con el hombre, donde se realiza el contacto con lo divino, no es una simple amistad espiritual, sino donde ésta se manifiesta, se pone a prueba y se realiza en una economía justa, de la que cada hombre es totalmente responsable[40].

Esta responsabilidad se inscribe en la justicia, apareciendo de esta manera como relación absoluta. Para el judío, la conciencia de la justicia es la conciencia sin más y sin menos. Pensamos en la resonancia que tiene esa noción en el Primer Testamento, ya sea como el propio sinónimo de Dios, como definición de lo justo, al hombre que teme a Dios, como el temor de Dios sinónimo de piedad.

Para comprender en un sentido pleno a Simone Weil, como de hecho lo hacen Benjamin, Lévinas y otros pensadores de origen judío, debemos contextualizarlos en su humus cultural. Esto desafía e invita al pensador, particularmente al cristiano, a contemplar nuestra tradición cultural griega desde una nueva óptica, no necesariamente sustitutiva; a abrirse a un *nuevo pensamiento,* como propone Franz Rosenzweig, quien abandona el teoreticismo tautológico de la filosofía tradicional para medirse con la experiencia y la vida. Ebner afirma:

Debemos aprender a decir ciertas palabras en un sentido profundo y a través de la vida. Por ejemplo: Dios... Nosotros, hombres, no podemos dar alegría a Dios. No. Podemos y debemos, por el contrario, dar alegría a los demás y ellos hacerlo con nosotros. Entonces la alegría por la alegría de los demás es la alegría que Dios es[41].

---

40. Ibid., 36.
41. F. Ebner, *Parole e amore,* Milán, 1983, 113-114.

Aunque se acerque a Nietzsche en la crítica de la razón moderna problemática, en la que el optimismo progresista es legítimamente dispensado, Simone Weil no nos instiga, como Nietzsche, a buscar la gran nostalgia de lo dionisiaco. Sugiere por lo contrario, la inmovilidad de la espera paciente y trágica frente a lo vacío, en el umbral del misterio del ser y de la nada. Su búsqueda de la verdad se traduce en una atención hacia todas las perspectivas del saber humano para componer con ellas, en la vida y en la práctica, una armonía de disonancias. Sus raíces judías la llevaron a identificar ética y verdad entendidas como una búsqueda nómada y continua de una experiencia donde lo finito y lo infinito se encuentran y en la que la ética del limite y de la responsabilidad responden a un ideal de perfección originado en el otro totalmente y en la conciencia de la universalidad de la sacralidad del universo.

CONCLUSIÓN: EL CUESTIONAMIENTO DE SIMONE WEIL

Simone Weil, con su pensamiento y su vida, nos cuestiona y nos provoca. La conjugación radical entre pensar y hacer, la ausencia de especulación filosófica sistemática y de estilización literaria en su obra hace de ella una figura paradójica; una piedra de tropiezo. Inmersa existencialmente en lo cotidiano y en la coparticipación intensa de los acontecimientos políticos y sociales, está al mismo tiempo en una posición de distancia, de exilio. Al mismo tiempo, dentro y fuera del mundo, realiza la experiencia de un total compromiso y de un total alejamiento, permaneciendo suspendida en esa desidia lacerante.

No se deja tentar por pseudoescatologías. Rechaza, como ilusión, la propia idea del progreso. No se compromete con el ideal de la liberación que permea toda la cultura occidental. Liberación, no, sino aceptación de la condición humana, de la necesidad. Esto no salva, pero dispone a la gracia, a la salvación. Su ética es, ante todo, una ética de encarnación y vaciamiento. Es necesario cruzar lo trágico de la condición humana para llegar a la otra parte. Según Simone, nuestro error –de la cultura moderna– es detenernos y vivir en los puentes, es decir, en el arte, en la filosofía y en la ciencia, que en la antigua Grecia conducían a lo trascendente y a lo eterno. La filosofía místico-religiosa de Simone Weil no nos lleva al quietismo y a la fuga de lo real, sino a la búsqueda de raíces y a la responsabilidad en el mundo. Nos lleva a una búsqueda nómada, errante y continua de la verdad, no sólo a través de la contrariedad de nuestras experiencias, sino también por miedo a un largo viaje exegético hacia el interior de una pluralidad de culturas, que se nos ofrece como comentario al evangelio y como lugar de una posible salvación "donde los contrarios pueden unirse".

Su vida y su pensamiento constituyen no sólo una radical y poderosa crítica a la cultura moderna, sino también un desafío. La atenta lectura de sus textos es una experiencia que no nos deja neutros. En efecto, se trata de escritos instigadores e inquisitivos que nos cuestionan en todo momento.

Simone Weil:
cuando la palabra es acción y pasión

Maria Clara Lucchetti Bingemer

Simone Weil, en su Autobiografía espiritual dirigida al padre Perrin, al intentar explicarle sus disonancias con la institución eclesiástica, menciona algunas palabras –entre muchas otras– con las que nos gustaría iniciar este texto:

> Cuando los auténticos amigos de Dios –tal como lo fue, de acuerdo con mi sentimiento, el Maestro Eckhart– repiten palabras que oyeron en secreto, en medio del silencio, durante la unión de amor, y éstas están en desacuerdo con las enseñanzas de la Iglesia, es sencillamente porque el lenguaje de la plaza pública no es el de la cámara nupcial[1].

Creemos que esta cita es lo bastante acertada para incluir a Simone dentro de la categoría de una mujer de palabra. Esa palabra que manejó tan magistralmente en sus escritos filosóficos, místicos, políticos, y que descubrió a cierta altura de su breve jornada terrestre de 34 años, como la Palabra hecha carne y crucificada que dio un nuevo sentido a su vida, y fue vivida y proclamada por ella misma en términos de acción y pasión. La palabra proclamada en la plaza pública, denunciando injusticias e increpando a la lucha contra la opresión. La palabra experimentada y saboreada en la cámara nupcial del corazón, sufrida en

---

1. Cf. *Attente de Dieu (AD)*, París, Fayard, 59, 1966 (ed. bras.: *A espera de Deus*, São Paulo, ECE, 1990).

el silencio de la compasión y del dolor solidario con Cristo crucificado en los más pequeños de sus semejantes. Una palabra, por lo tanto, activa y eficaz, transformadora y crítica. Palabra pasiva y padecida, escuchada y acogida en el silencio y en la impotencia de la vulnerabilidad de la condición humana.

PALABRA QUE ES PRÁCTICA DE SOLIDARIDAD

Simone Weil es una mujer que vivió intensa y concretamente las luchas, esperanzas y dolores de su tiempo. Discípula predilecta del gran filósofo francés Alain, desde edad temprana la joven Simone percibió que para ella no era suficiente el ambiente culto y confortable de la academia y de la cátedra. Movida por un intenso sentimiento de solidaridad, abandona el magisterio para trabajar como obrera fabril. Experimentó desde dentro las luchas obreras en la Francia de inicio del siglo pasado. En los años 1930 la intelectual Simone vive junto a los obreros franceses la crisis y el desempleo. Son años duros, decisivos en su vida. En ese tiempo entrega sus cortantes palabras a aquellos que, sin elección posible, son sus compañeros de opresión y avasallamiento. Según su testimonio, fue ahí, en la fábrica, donde recibió en carne propia para siempre la marca de la esclavitud, que según ella, "es el trabajo sin luz de eternidad, sin poesía, sin religión"[2].

La dolorosa experiencia del trabajo en la fábrica en condiciones de aguda explotación es alimento para reflexiones que definen toda su trayectoria como pensadora. Una pensadora herida por la verdad de que "ninguna poesía sobre el pueblo es auténtica si la fatiga no está presente en ella, así como el hambre y la sed nacidas de la fatiga[3], nos deja un diagnóstico insuperable de las causas de la esclavitud moderna". "...las cosas representan el papel de los hombres, los hombres representan el papel de las cosas: esa es la raíz del mal"[4].

La "marca de la esclavitud", el sentimiento de solidaridad y el deseo de la vivencia de la compasión son los primeros caminos que llevan a Simone a las puertas de la fe cristiana, cuando se encuen-

---

2. Véase S. Weil, La mística del trabajo, en *La pesanteur et la grâce,* París, Plon, 1988, 204 (ed. bras.; *A gravidade e a graça,* São Paulo, Martins Fontes, 1994).
3. Ibid., 205.
4. Véase Weil, Expérience de la vie d'usine, en A. Devaux y F. de Lussy (ed.) *Ecrits historiques et politiques, Oeuvres Completes,* París, Gallimard, 1991, 295.

tra en un viaje de descanso en Viana do Castelo, un pueblo portugués de pescadores. De esa experiencia tenemos el relato, en cuanto palabra que marcará su posterior itinerario religioso:

> En un estado físico miserable, entré en esa pequeña aldea portuguesa que era, ¡ay!, también tan miserable, sola, en la noche, bajo la luna llena, el día mismo de la fiesta patronal. Las mujeres de los pescadores iban en procesión hacia los barcos, llevaban cirios, y entonaban cánticos ciertamente muy antiguos, de una tristeza lacerante... Ahí tuve de repente la certeza de que el cristianismo es, por excelencia, la religión de los esclavos, que los esclavos no pueden dejar de unirse a ella, y yo entre los demás[5].

Después de su regreso a Francia, Simone vive en carne propia los tiempos difíciles del ascenso del nazi-fascismo en Europa, eran tiempos "en que todo lo que normalmente parece constituir una razón de vivir se desvanece, en que debemos, bajo pena de sumergirnos en la confusión o en la inconsciencia, cuestionar todo"[6].

Simone –con su palabra lúcida y aguda- pone bajo sospecha a los ídolos de los movimientos de izquierda, como el marxismo y el sindicato único, las grandes organizaciones, el mito del progreso, el Estado, la burocratización. Al mismo tiempo no hace eco a un conservadurismo acobardado. En la Guerra Civil española se une a la defensa de la República, y parte hacia el frente de combate en Barcelona, donde sufre un accidente y es internada con graves quemaduras. La intervención del papá que era médico evitó que le amputaran un pie.

Convaleciente, se recluye en una clínica en Montana, en el camino hacia Italia, y a partir de ahí conoce ese país. En Asís tuvo una experiencia religiosa significativa: "estando sola en la capilla románica del siglo XII de Santa María de los Ángeles, incomparable maravilla de pureza donde san Francisco rezó muchas veces, alguna cosa más fuerte que yo me obligó, por primera vez en mi vida, a ponerme de rodillas[7].

---

5. Citado por Eclea Bosi, Simone Weil. *A condição operária e outros estudos sobre a opressão*, Río de Janeiro, Paz e Terra, 1983, 37.
6. Véase Weil, Réflexions sur les causes de la liberté et de l'oppression sociale, en A. Devaux y F. de Lussy (ed.), op. cit., 27.
7. Citado por Bosi, op. cit., 40.

El itinerario de la vida de Simone será un continuo servir, un despojarse, un "rebajarse" para lograr una unión amorosa cada vez más profunda, una cercanía cada vez más solidaria con los pequeños, los humildes, los despreciados, los "parias" de la modernidad. Durante sus días de descanso trabaja como sirviente en propiedades rurales, donde se encarga de las vacas, recoge remolacha y provoca inquietud entre los propietarios:

> ¡Ella comía poco, pero cuántas preguntas! Hablaba en los extensos campos, sobre un futuro martirio de los judíos, sobre la guerra que vendría sin demora. Cuando le ofrecíamos un buen pedazo de queso, ella lo rechazaba diciendo que los niños en Indochina tenían hambre. ¡Pobre muchacha! Tanta educación hizo que perdiera la cabeza[8].

PALABRA QUE ES PASIVIDAD ASUMIDA POR EL AMOR COMPASIVO

En ese "rebajarse" que une en amor las carencias de lo humano, Simone es seducida progresivamente por el Misterio cristiano. El pensamiento de la pasión de Cristo penetra en ella hasta el fondo mismo de su existencia: se siente viviendo hoy la continuidad de esa pasión, de esa vulnerabilidad amante que se da a sí misma en medio de los dolores del mundo. Dice incluso que su deseo amoroso de imitar al Crucificado es tan grande, que al pensar en la pasión de Cristo comete el pecado de la envidia[9].

En la Pascua de 1938, Simone, acompañada de la madre, va a la abadía de Solesmes a escuchar cantos gregorianos. La audición se torna para ella en un verdadero acto penitencial porque sufría fuertes dolores de cabeza que se repetían periódicamente en crisis agudas. Ahí conoce estudiantes que presentan obras de poetas ingleses del siglo XVII. Pasa a recitar, en oración, en diversas ocasiones, el poema "Love" de George Hebert. En cierto momento, en noviembre de 1938, tiene una experiencia mística profunda:

> Sentí, sin estar de manera alguna preparada, porque nunca había leído a los místicos, una presencia más perso-

---

8. Ibid., 38.
9. Véase Weil, *Pensées sans ordre concernant l'amour de Dieu,* París, Gallimard, 1962, 79-81.

nal, mas cierta, más real que la de un ser humano... En el instante en que Cristo se apoderó de mí, ni los sentidos, ni la imaginación tuvieron ninguna participación; sentí solamente a través del sufrimiento la presencia de un amor semejante al que se lee en la sonrisa de un rostro amado[10].

Durante la evolución de su proceso intelectual e interior, la filósofa, que acabará por convertirse a Cristo, siempre concebirá el amor como un compartir hasta las últimas consecuencias de todas las dificultades y dolores del otro bien amado. Esta compasión ya había recibido un sello propio con la experiencia en la fábrica durante un año y ya había dejado en el centro mismo de la vida de Simone el carácter de la pasión y muerte de Jesucristo. De acuerdo con sus palabras, su decisión de trabajar en la fábrica, era ante todo, un acto de obediencia que, después de haberlo vivido, se le consideraría como si hubiera matado su juventud y configurado su persona con el hierro al rojo vivo de la esclavitud y la desgracia y la infelicidad ajenas.

El sufrimiento del mundo siempre fue para ella una obsesión y su experiencia la llevó muy cerca de la pasión y cruz de Jesucristo. Después de su conversión, esa compasión y ese sentimiento tan agudo del sufrimiento de los demás nunca se apartaron de Simone. Por el contrario, siempre estuvo presente en ella, cada vez más presente y con mayor fuerza. Ella dijo un día a su confesor: *"para aquel que ama verdaderamente, la compasión es un tormento"*[11].

Para Simone, la esencia del valor es perseverar en la esperanza, incluso cuando todo análisis racional suena "casi" sin fundamento. Todo el mundo está suspendido en ese "casi". Por eso, es renuente a aceptar el bautismo que le ofrece el padre Perrin. Eso sería, a sus ojos, traicionar ese "casi": cobijarse en las seguridades de la Iglesia, alejándose de los olvidados y proscritos, junto a los cuales el amor de Dios se hace "casi" imposible, "más ausente que la misma luz en una celda tenebrosa"[12]. Encontrar el Bien junto con ellos, en medio de las celdas tenebrosas del mundo, es algo que nos exige una total atención, sin poder ser

---

10. ID., *Attente de Dieu*, París, Fayard, 1966, 76.
11. Ibid., 7.
12. Véase Bosi, op. cit., 51.

nunca obra de nuestra voluntad. Para Simone, esa "atención" está tejida de paciencia, esfuerzo y método, pero antes que nada "la atención absolutamente sin confusión es oración"[13] y está vinculada "no a la voluntad sino al deseo. O más exactamente al consentimiento"[14].

Simone se muestra totalmente consciente de la necesidad de la preservación, en medio del activismo del mundo, de un espacio para la oración explícita. Ella, tan comprometida en la militancia política, sabe discernir los riesgos que acompañan la verdad contenida en la afirmación de que "se ora con la vida". Ahí se alojan riesgos que nacen de la minimización, o incluso de la eliminación del lugar de la oración explícita, y que desembocan en la despersonalización de la relación del creyente con Dios. Ella nos dice:

> La atención dirigida con amor hacia Dios (o, en un menor grado, a toda cosa auténticamente bella) torna imposibles ciertas cosas. Esto es la acción no agente de la oración en el alma. Hay comportamientos que ocultarían esa atención, si se llevaran a cabo, y que recíprocamente esa atención torna imposibles[15]. [Y también] ...ya que se tiene un punto de eternidad en el alma, no hay nada más qué hacer que preservarlo, pues crece por sí solo, como una simiente.[16]

Simone es la mística de la contemplación de Dios en la miseria humana, pues "sólo podemos saber una cosa de Dios: que Él es lo que nosotros no somos. Apenas nuestra miseria es la imagen de eso. Cuanto más la contemplamos, tanto más Lo contemplamos"[17]. Para Simone, pecar es desconocer esa miseria humana, espejo del rostro de Dios. Ese conocimiento "es difícil para el rico, para el poderoso, porque él es casi invenciblemente llevado a creer que es algo. Es igualmente difícil para el miserable porque él es casi invenciblemente llevado a creer que el rico, el poderoso, es algo"[18].

---

13. Véase Weil, *A atenção e a vontade,* op. cit., 134.
14. Ibid., 135.
15. Ibid., 136.
16. Ibid., 137.
17. Ibid., 139-140.
18. Ibid., 140.

Al contemplar la cruz, de donde las Escrituras y la Tradición afirman que vino para nosotros la salvación y la redención, Simone encuentra la llave para el secreto del camino del ser humano en dirección hacia Dios: nuestra vulnerabilidad y nuestra mortalidad. Esta mortalidad, esta vulnerabilidad de carne humana, fueron el camino de Simone para la unión con Dios todopoderoso y Su salvación. Ella recorrió este camino, contemplando su mortalidad en Cristo mismo que se le revela en los demás, sus hermanos, sobre todo en aquellos y en aquellas en quienes la desgracia dejó más expuestos y más desnudos en su condición mortal. Aquellos en quien la desgracia y la muerte realizan cada día su trabajo predatorio. Para Simone, la acción sobrenatural en el mundo es "casi invisible, infinitamente pequeña. Pero determinante"[19]. Percibirla exige toda nuestra capacidad de atención en la oración, algo que la fascinación frente a "prodigios milagrosos" anestesiaría. Y de esta forma ella nos dice:

Hitler podría morir y resucitar cincuenta veces, que yo no lo vería como hijo de Dios. Y si el evangelio omitiera toda mención de la resurrección de Cristo la fe sería más fácil para mí. Me basta con la cruz. La prueba para mí, la cosa verdaderamente milagrosa, es la perfecta belleza de las narraciones de la Pasión, junto con algunas palabras fulgurantes de Isaías: "fue maltratado y él se humilló y no dijo nada", y de san Pablo: "Él, siendo de condición divina, no se apegó a su igualdad con Dios, sino que se redujo a nada... haciéndose obediente hasta la muerte, y muerte en una cruz..." Esto es lo que me constriñe a creer[20].

LA PALABRA DE LUZ QUE EMANA DE UNA MUJER MÍSTICA Y COMPROMETIDA

Para Simone, la segunda Guerra Mundial será la gran y última interpelación. Formula planes insensatos para participar en el conflicto, que son rechazados por las autoridades francesas. Desde el principio rehúsa abandonar París, pero finalmente cede frente a la insis-

---

19. Véase Weil, *Oppression et liberté*, París, Gallimard, 1960, 217.
20. Véase ID., *Lettre à un religieux*, París, Gallimard, 1950, 58.

tencia de sus padres. En 1940 los Weil huyen rumbo a Marsella. Durante el racionamiento de alimentos en tiempos de la guerra da la mayor parte de sus talones a los refugiados y se sienta a la mesa de los más miserables para compartir las provisiones. En Marsella conoce al padre dominicano Perrin, quien la lleva a casa del escritor católico Gustave Thibon, donde trabaja en el campo. Ahí realiza todos los trabajos de la granja, saca a pastar al ganado, limpia las verduras, ayuda a los niños en sus clases.

En esa época su proceso espiritual y político alcanza una integración luminosa y madura. Más que nunca antes, desea con ansia voraz dejar todo y cualquier privilegio que su cultura y sus relaciones le puedan dar para abrazar con todas sus fuerzas lo más bajo de la condición y del sufrimiento humanos. Ahí escribe una carta a Xavier Vallat, comisario para asuntos judíos, respondiendo con fina ironía a la discriminación que sufre su pueblo de origen:

> El gobierno da a conocer su deseo de que los judíos participen en la producción y que de preferencia se dediquen a la tierra... En estos momentos estoy en la vendimia... Mi patrón me dio la honra de decirme que me merezco mi puesto. Él incluso me hace el mayor elogio que un agricultor pueda hacer a una jovencita llegada de la ciudad cuando me dice que yo podría casarme con un labrador. Ciertamente, él ignora que cargo, por el simple hecho de mi apellido, una tara de origen que sería deshumano de mi parte transmitir a mi descendencia... considero el estatuto de los judíos, de manera general, injusto y absurdo, ya que ¿cómo es posible de que alguien pueda creer que un profesor de matemáticas pueda hacer mal a los niños que aprenden geometría, por el simple hecho de que tres de sus abuelos asistieron a la Sinagoga? Pero, en mi caso particular, tengo que expresarle el reconocimiento sincero que siento por el gobierno por sacarme de la categoría social de los intelectuales y por haberme dado la tierra, y con ella toda la naturaleza[21].

A Gustave Thibon, quien continúa siendo su amigo, le escribe algún tiempo después: "pienso que la vida intelectual, lejos de dar derecho a privilegios, es en sí misma un privilegio casi

---

21. Citado por Bosi, op. cit., 50.

terrible que exige, en contrapartida, tremendas responsabilidades"[22]. Prosiguiendo su itinerario místico, el trabajo en el campo gana para ella simbolismo de connotación claramente eucarística: "las fatigas de mi cuerpo y de mi alma se transforman en alimento para un pueblo que tiene hambre"[23]. Aquí es evidente la asimilación progresiva del destino de Simone con el de Cristo mismo.

En esa época Simone "descubre" el Padrenuestro. Lo repite continuamente durante las horas de trabajo, y afirma que "en ocasiones durante esa recitación o en otros momentos, Cristo está presente en persona, como una presencia infinitamente más real, más dolorosa, más clara y llena de amor que la primera vez que me tomó"[24].

Cuando regresa a Marsella vive con sus padres. El hermano está en Estados Unidos y se esfuerza por llevar a toda la familia a ese país. La vida transcurre en un compás de espera. El 16 de mayo de 1942, poco antes de la violenta ola de represión en Marsella, Simone se embarca, junto con sus padres, para Nueva York en un barco lleno de gente que huía. G. Thibon, quien pasó en su compañía la noche previa a su partida, recuerda:

> Todavía escucho la voz de Simone Weil en las calles desiertas de Marsella, mientras ella me acompañaba a mi hotel en las primeras horas de la mañana: ella comentaba el Evangelio y su boca hablaba como un árbol que da sus frutos; sus palabras no traducían la realidad, ellas la derramaban sobre mí desnuda y total; yo me sentía transportado fuera del lugar y de la hora y verdaderamente nutrido de luz[25].

En Estados Unidos entra en contacto con la Resistencia francesa. Parte para Londres en un carguero sueco el 10 de noviembre y llega a Liverpool el 25 de noviembre. En Inglaterra se encarga de examinar los proyectos de reorganización de la Francia de la posguerra. En esa época escribe *El echar raíces,* texto den-

---

22. Véase G. Thibon, *Simone Weil, telle que nous l'avons connue,* París, La Colombe, 1952.
23. Conforme a la carta a Simone Pétrement, en Thibon, op. cit., 138.
24. Véase Weil, *L'Attente de Dieu,* op. cit., 79.
25. Véase Thibon, op. cit., 145-146.

so sobre "la necesidad más importante y más desconocida del alma humana"[26]. Para Simone, tanto la modernidad industrial-capitalista como el socialismo real borran las raíces del hombre de la creación, de la tradición, de la historia, engendrando las condiciones para la más total de las esclavitudes.

No poder entrar en la Francia ocupada era un cáliz muy amargo. Simone ayunaba pensando en los que sufrían hambre en la guerra. Cada día más enflaquecida, sentía que su capacidad de trabajo llegaba al límite, al punto de ser encontrada desmayada en su cuarto, y llevada al hospital de Middlessex. Los médicos le diagnosticaron tuberculosis. En esa época entra en desacuerdo con los compañeros de la Resistencia francesa, temiendo la formación de un régimen autoritario fundado en un unipartidismo gaullista. Incomprendida, opta por el silencio, a ejemplo del "justo Isaías", ya que según ella, "una especie de convención divina, un pacto de Dios consigo mismo, condena aquí abajo a la verdad al silencio"[27].

Su estado de salud se agrava y pide licencia para ser transferida a un sanatorio de obreros en Ashford. Al entrar en el cuarto, al ver el paisaje a través de la ventana, afirma que es "un bello cuarto para morir". Continúa ayunando y enflaquece cada vez más. Muere en la soledad de la noche del 24 de agosto de 1943 la extraña mística de nuestros extraños tiempos, quien escribió: "la soledad. ¿Cuál será su valor? (...) Su valor consiste en la posibilidad superior de atención"[28]. Lejos de la deseada participación activa al lado de los combatientes contra el nazismo, Simone padece en la carne, en la retaguardia, los mismos dolores del *front:* hambre, enfermedad, soledad. Vive en la radicalidad la intimidad con Dios, sello de santidad en un mundo tan alejado del Evangelio, para arribar a la patria que tanto deseó a lo largo de su vida: la Cruz.

Ciertamente sólo apenas algunos de nosotros, o tal vez ninguno, situados en la seguridad de nuestras ortodoxas certezas, seríamos capaces del valor de repetir con esa mujer de palabra activa y pasiva la notable entrega eucarística encontrada en sus escritos:

---

26. Véase Weil, Le déracinement, en *L'enracinement,* París, Folio, 61.
27. Véase ID., *La connaissance surnaturelle,* París, Gallimard, 1950, 312.
28. Véase ID., A atenção e a vontade, en *La pesanteur et la grâce,* 139.

Padre, en nombre de Cristo, concédeme:
Que no pueda corresponder a ninguno de mis deseos con ningún movimiento del cuerpo, ni siquiera un esbozo de movimiento, como un paralítico completo. Que sea incapaz de recibir cualquier sensación, como alguien que estuviera totalmente ciego, sordo y privado de los otros tres sentidos. Que no esté en posibilidad de encadenar la menor unión entre dos pensamientos, incluso los más simples, como uno de esos idiotas completos que además de no saber contar ni leer no pudieron nunca aprender a hablar. Padre, en nombre de Jesucristo concédeme realmente todo esto... Que todo eso sea arrancado de mí, devorado por Dios, transformado en la sustancia de Cristo, y dado de comer a los infelices, cuyo cuerpo y alma carecen de toda especie de alimento. Y que yo sea un paralítico, ciego, sordo, idiota y lisiado.

Padre, porque Tú eres el Bien y yo soy el mediocre, arranca de mí este cuerpo y esta alma y tómalos como tuyos, y deja en mí, eternamente, sólo a este ser perdido, o bien la nada[29].

---

29. Véase ID., *La connaissance surnaturelle*, op. cit., 204-205.

Teresa de Ávila
(1515-1582)

Teresa de Ávila:
De mujer de palabra a Doctora de la Iglesia

Padre Patricio Sciadini, ocd

Teresa de Ávila es sin lugar a duda una de las mujeres de "palabra" más importantes en la historia de la humanidad y de la Iglesia. Supo ser fiel a la palabra dada a sí misma, a los demás, y a Dios. Los hombres con quienes trató durante su vida, así como el magisterio de la Iglesia –formado por hombres– le reconocen esta fidelidad, incluso otorgándole públicamente el título de "Maestra de los Espirituales", que ya desde un principio le fuera conferido, y que culminó el 26 de septiembre de 1970 con el nombramiento de Doctora de la Iglesia por el Papa Paulo VI.

Teresa de Ávila, con su experiencia y doctrina, desafió el machismo de su época, siendo víctima de confabulaciones masculinas. Aún hoy continúa desafiando los últimos resquicios de un poder que se resiste a las evidencias de que la mujer del tercer milenio será la protagonista de la historia y le corresponderá el ministerio de rehumanizar a los hombres, para que la vida y la teología sean más *teologia cordis* y menos *teologia intelecti.*

En nuestros días, la mujer es vista como "Sacramento de salvación". Una gran mujer del siglo pasado, Edith Stein, quien mereció ser mencionada por el Papa Juan Pablo II en la encíclica *Fides et ratio* N° 73, nos presenta una nueva visión de la mujer. Ésta debe ser llamada a asumir su lugar de "participante y agente", debiendo salir del ambiente restringido del hogar y asumir su lugar de participación y decisión en la sociedad y en la Iglesia misma. Además de esto, la mística de la ternura de Dios transita a través de la mujer. Dios, en el plano de la salvación, para el misterio de la encarnación, no necesitó del hombre sino de la mujer. Me parece importante que, desde el inicio de esta reflexión, nosotros, los hombres, asumamos una actitud de humildad y sepamos dar, con elegancia, el espacio a las mujeres, no sólo como ganadoras de la vida sino como seres capaces de hacernos redescubrir toda una experiencia de vida íntima, amable, profunda.

1. EL AMBIENTE HISTÓRICO DE LA ESPAÑA DEL SIGLO XVI

No es novedad para nadie, pero vale la pena repetirlo, que en el siglo XVI, en ningún lugar, y aún menos en España, la mujer ocupaba algún espacio de relevancia. Simplemente estaba relegada a los quehaceres domésticos y a la procreación de hijos. El mundo era "machista". Se les cerraba las puertas de la cultura, de la vida empresarial, de su inserción en la sociedad. En la Iglesia no tenían la más mínima esfera de acción. Cuando mucho se convertían en buenas rezadoras, pero teniendo cuidado de no dejarse influenciar por la ola de sentimentalismo y espiritualismos peligrosos. La teología era un campo exclusivo, una propiedad absoluta de los hombres.

Reinaba un ambiente hostil hacia todas las manifestaciones femeninas. Sabemos cómo la propia Tersa fue definida por el nuncio apostólico Sega: "una mujer vagabunda, que anda esparciendo por ahí más doctrinas y que sería mejor que se quedara en casa tejiendo". Teresa de Ahumada no escapa, en la primera mitad de su vida, a este patrón. Nació dentro de una familia de judíos convertidos, en un ambiente austero donde su padre, don Alonso de Cepeda, se preocupó por dar a su hija una educación especial dentro de un monasterio de agustinas para que estuviera preparada para enfrentar la vida estereotipada de un mundo donde la mujer tenía como su único destino el hogar, la educación de los hijos y, cuando mucho, el manejo de los empleados domésticos. Teresa, movida por la gracia, por su firme decisión y por su fuerte identidad se convertirá en una mujer diferente. Una característica que vale la pena poner en evidencia es su *inquietud y angustia existencial*. Ella busca y reclama. Desde los siete años, cuando emprende con su hermano Rodrigo la "fuga" hacia tierra de moros, concibe un gran ideal al cual será fiel toda su vida: "quiero ver a Dios". Será una mujer de palabra. Todos los biógrafos consideran a Teresa una mujer de *determinada determinación,* que no da marcha atrás en lo que decide realizar.

El proceso de crecimiento interior y humano de Teresa es lento, pero decisivo. Su deseo de realizar el ideal carmelitano la lleva a huir de su casa a los 20 años, el 2 de noviembre de 1535, fecha en que junto con su hermano Antonio se dirige de madrugada al Carmelo de la Encarnación. Ahí vive una vida mediocre y llena de angustias hasta que el 24 de agosto de 1562, asume su misión de *andariega,* fundadora de las "Palomas de la Virgen". Recorre la España de Felipe II, inicia la reforma del Carmelo entre los hombres con la ayuda y la presencia animadora de Juan de la Cruz, instaura un nuevo estilo de vida y enfrenta las dificultades y obstáculos que los hombres, "no siempre de palabra", intentan poner en su camino.

2. Teresa y Jesús

Es interesante resaltar la vida de esta mujer, decidida a asumir su nueva identidad y conversión, que será alguien diferente dentro de la Iglesia. "Aun siendo mujer y ruin", como ella misma se define, no porque crea en ello, sino porque se ve obligada a decirlo casi por supervivencia, asume un nuevo nombre. Ya no más "Teresa de Ahumada" sino Teresa de Jesús. Este título será su fuerza, su proyecto de vida con el que iniciará una *santa rebeldía en la Iglesia* que la hizo capaz de no vivir ya más al margen, sino asumir su misión de llevar la expansión del Reino con su cooperación. En varias ocasiones repite: "visto que yo, como mujer, no pudiendo hacer muchas cosas, decidí hacer lo poco que estaba en mis manos..." Y además: "El día que vuestras penitencias y oraciones no sean para la Iglesia considérenlas perdidas".

El cambio de nombre de esta noble mujer abulense, quien por donde pasaba dejaba huellas de su fascinante personalidad, constituye el camino de un nuevo feminismo y de una nueva proyección del individuo humano, que vale por lo que es y no por lo que hace. El ser sobrepone al hacer.

No hay duda de que Teresa asume, sin falsa modestia ni contenido psicológico, su ser mujer. Se siente feliz de su ser femenino. Si se queja en algunas ocasiones no es porque no se sienta feliz, realizada como mujer, sino por ver que los hombres no comprenden la misión de la mujer y hacen de ella a alguien que está al margen, algo casi desechable y superfluo, dentro y fuera de la comunidad eclesiástica. Es evidente que ya se había hecho un brevísimo camino desde la visión pesimista de Tomás de Aquino, en el que la mujer es un "hombre no realizado". Sin duda alguna, Teresa vive esta angustia. Se siente al margen, agraviada por los hombres, cuestionada y criticada en sus ideas y acciones. ¿Pero, con quién podía quejarse? ¿Con quién podía debatir todo esto? ¿habría alguien a su alrededor capaz de comprenderla? Probablemente no. Por eso hay una página magistral en el *Camino de perfección* donde ella se abre totalmente a Cristo y con él desahoga sus penas interiores, dispuesta a caminar.

Señor, de mi alma, cuando andávades por el mundo, las mujeres, antes las favorecistes siempre con mucha piedad y hallastes en ellas tanto amor y más fe que en los hombres, pues estava vuestra sacratísima Madre, en cuyos méritos merecemos, y por tener su hábito, lo que desmerecíamos por nuestras culpas... el mundo honrábales... que no hagamos cosa que valga nada por Vos en público, ni osemos hablar algunas verdades que lloramos en secreto, sino que no nos habíades de oír petición tan justa. No lo creo yo, Señor, de vuestra bondad y justicia, que sois justo juez y no como los jueces del mundo que –como son hijos de Adán, y, en fin, todos varones– no hay virtud de mujer que no tengan por sospechosa. Sí, que algún día ha de haver, Rey mío, que se conozcan todos. No hablo por mí, que tiene conocido el mundo mi ruindad, y yo holgado que sea pública; sino porque veo los tiempos de manera que no es razón desechar ánimos virtuosos, aunque sean de mujeres (CE 4,1).

Teresa lleva dentro de sí el sueño de mujer que intenta vivir, aunque haya contrastes a su alrededor.

Teresa está consciente de sus cualidades, de su capacidad, de sus carismas. No renuncia a sus proyectos, es alguien que sabe esperar sin exasperar los ánimos. Su persistencia y su sagacidad espiritual la llevan a vencer uno a uno todos los obstáculos que se le presentan. ¿Quién de nosotros no recuerda las dificultades que tuvo que superar para fundar sus monasterios, las luchas que enfrenta para que la reforma pueda sobrevivir, la manera sutil de averiguar sobre Juan de la Cruz, "su Senequita", que pasa días amargos y noches terribles y oscuras en la cárcel de Toledo, o burlar la censura de la inquisición y de los propios carmelitas, quienes continuamente intentan ponerle trampas para que caiga en contradicción?

Teresa es sincera cuando se define "yo, la pecadora", "mujer y ruin", "pobre y vieja que soy"... Sin embargo esas confesiones espontáneas no niegan lo que ella tiene conciencia de ser. No son complejos de inferioridad los que ella carga consigo; ella sabe y está consciente de la misión a la que la llamó el Señor: "dar al Carmelo el antiguo esplendor y dirigir la mirada hacia aquellos santos Padres de donde venimos".

En Teresa hay una fuerte conciencia de esperanza dinámica de la cual nada ni nadie la puede abstraer o desanimar: "ahora comenzamos y estamos siempre comenzando; procuremos ir de bien a mejor".

Cualidades y límites son como colores matizados en la obra teresiana. Una mezcla sincera y complementaria. Teresa es grande por sus cualidades y es grande por sus límites y por los límites impuestos por el tiempo histórico y eclesiástico que le fue dado vivir.

3. TERESA, MUJER COMPROMETIDA

Da alegría leer los escritos de santa Teresa de Ávila. En ellos encontramos una savia que no muere sino que dinamiza toda la vida de esta mujer, acostumbrada a vivir dentro de las murallas de Ávila pero que sueña con una mayor libertad y quiere volar lejos y en nuevos espacios y en nuevos cielos. Siente dentro de sí misma la necesidad de amar y de ser amada. El amor se hace una urgencia en su vida. A medida que anda por los caminos del espíritu, Teresa descubre a Jesús, cuya "sacratísima humanidad" la encanta. Para ella Jesús es amigo, compañero, esposo, con quien entabla una maravillosa relación de amor y de transformación. El compromiso de Teresa se hace determinante en la medida en que ella avanza en la comunión con Cristo en quien ve no sólo al Salvador, sino también a quien la hace feliz como mujer, a quien puede darse totalmente como esposa. Con santa Teresa, la mística esponsorial se fortalece y el ideal del matrimonio espiritual, ya difundido por los Padres de la Iglesia, en ella se hace, no doctrina, sino experiencia personal y vida. Ella será la primera mujer que esboza un comentario al Cantar de los Cantares –libro que estaba al margen mismo de la lectura, y era considerado una mezcla profana y religiosa–.

Teresa ejerce una auténtica maternidad, dando vida a su entorno. El fuerte deseo de generar una vida nueva en el Carmelo la lleva a emprender la pequeña comunidad de San José, en Ávila, donde a imitación del "colegio apostólico", todas deben amarse, todas deben quererse y todas deben estar unidas en torno a Jesús de Nazaret como en el cenáculo. Con Teresa de Ávila se inicia una nueva dimensión apostólica. En ella, el apostolado y la contemplación llegan a una misteriosa unión, y no hay en ella ninguna antítesis ni contradicción. Desde el silencio orante y fraterno del Carmelo es posible ser apóstola. En los escritos teresianos hay un fuerte y latente espíritu misionero. Teresa sufre por las personas que no conocen a Jesús, sufre por aquellas que viven en pecado, y siente que es necesario hacer algo. Con Teresa, el apostolado activo, que era una prerrogativa exclusiva de los hombres, rompe las barreras del machismo y abre nuevos horizontes. Teresa se muestra aquí genial y creativa. Ella sabe que no le está permitido subir a los púlpitos ni escribir libros ni dar clases en las facultades de teología, pero sí sabe que podrá ejercer una nueva maternidad y fecundidad, invitando a las que con ella están en el Carmelo a no ser solamente hijas de la Iglesia, sino a ser Iglesia. Teresa puede ser considerada la inspiradora de la vida apostólica y activa de las congregaciones femeninas.

4. Mujer bíblica

"No estés triste, yo te daré un libro vivo" (V 16,5).

Teresa precede los tiempos en que la Biblia no puede ser un libro de pocos iniciados sino un libro en las manos de todos. Ella ama la Biblia y, aunque no le esté permitido tenerla, busca fijar en su atención los textos que lee y escucha en las celebraciones, con los inevitables errores de traducción y de interpretación. Al quejarse de esto con el mismo Jesús, escucha al Señor que le dice las palabras proféticas de que no tenga miedo pues él mismo le dará un libro de vida... Éste libro es el mismo Jesús, que está por encima de todas las leyes y restricciones. Teresa cita constantemente la Biblia y hace sus propias interpretaciones y relecturas libremente. Sabemos cómo comentará el Padrenuestro sin atenerse al texto. Sin embargo es un "pretexto" para decir lo que le parece importante sobre la oración, la vida comunitaria, las dificultades para llegar a una comunión íntima con Cristo, su amado, y encontrarse con el Rey, su Majestad. Nosotros, los hombres, debemos reconocer que este amor bíblico que tiene Teresa será la llave de una profunda transformación interior. El contacto con la palabra de Dios la hace libre y libertadora. En la palabra de Dios busca el fundamento de sus intuiciones.

Teresa es una profunda observadora, tanto de la psicología femenina como de la masculina. Utiliza su experiencia personal y la experiencia ajena. Pocas mujeres han sentido los dolores de la marginación de las mujeres como santa Teresa. Ella asume su feminismo y sabe que con su experiencia podrá ayudar mucho a las que conviven con ella a ser "amigas fuertes de Dios", a ser fermento de una nueva vida, a caminar con libertad sintiéndose profundamente amadas por Dios. Es verdad que en las obras principales de Teresa, como en las cartas, ella siempre vuelve a quejarse de las limitaciones de las mujeres, de las enfermedades, de las niñerías a las que muchas veces se aferran, llegando a decir: "Es muy de mujeres y no querría yo mis hermanas pareciesen en nada sino varones fuertes" (C 7,8). Al leer este texto, no podemos dejar de recordar la frase del dominicano Juan de Salinas, quien gracias a la amistad con el padre Bañez, puede acercarse a Teresa. Él esperaba encontrarse con una mujercita tímida y piadosa, y por el contrario se encontró con una persona muy valerosa, libre, "hombre e de los muy barbados". Claro que esta frase revela el inconsciente antifeminista, pero nos da una idea de cómo se veían obligados los hombres a cambiar de parecer al encuentro con una mujer que había revolucionado el Carmelo y que daba de qué hablar desde la corte hasta los obispados y en los lugares por donde pasaba. Es bien conocida la ira del teólogo dominico Bartolomé de Medina, quien osaba decir de su cátedra de teología en Salamanca: "un tal ir de lugar en lugar es propio de las prostitutas, y ella –Teresa– haría mejor si se quedara en casa hilando y rezando".

En Teresa hay una santa rebeldía contra las estructuras que le impiden ser anunciadora del Evangelio y asumir una actitud evangelizadora. Para eso cita, con gran amor, el caso de la samaritana, quien después de haber conocido a Jesús, corrió a anunciarlo:

Iva esta santa mujer con aquella borrachez divina dando gritos por las calles. Lo que me espanta a mí es ver cómo la creyeron, una mujer. Y no devía ser de mucha suerte, pues iva por agua. De mucha humildad, sí; pues cuando el Señor le dice sus faltas, no se agravió... En fin, le dieron crédito, y por solo su dicho salió gran gente de la ciudad al Señor (CAD 7,6).

Teresa defiende a las mujeres. Y aprovecha todas las oportunidades para enaltecerlas como amigas de Dios. ¡Qué "sería de la Iglesia si no hubiese mujeres"! Al mismo tiempo, Teresa tiene la seguridad de que los "hombres las escuchan y creen en ellas cuando hablan de oración, de experiencia mística, de Dios". Deja de ser ella que es discípula, y se hace maestra de muchos "hombres barbados y muy barbados".

Es importante evidenciar que la misma Teresa sabe y conoce la complejidad del carácter femenino, a veces misterioso y difícil de comprender. Por eso no puede dejar de reír cuando algunos hombres dicen que conocen bien a las mujeres:

En gracia me ha caído decir vuestra reverencia que en viéndola la conocerá. ¡No somos tan fáciles de conocer las mujeres!, que muchos años las confiesan y después ellos mesmos se espantan de lo poco que han entendido (Carta del 21 de octubre de 1576).

5. TERESA DOCTORA

Aunque necesitaríamos más tiempo para dedicarnos a este tema, nuestra intención de manera sencilla es, con palabra de hombre, confirmar a la mujer de palabra que fue Teresa de Ávila. Ella no traicionó su ideal y estamos obligados a reconocer que su magisterio dentro de la Iglesia siempre fue considerado de gran valor para los hombres, aunque quizá no siempre de buen talante por la imposibilidad de negar la evidencia. Se llegó a decir que santo Tomás de Aquino vale tanto en la teología como santa Teresa en la mística... Es una verdad el hecho de que la teología de Aquino pasó por muchos momentos de crisis, y aún hoy vive cierta "incredulidad". En el caso de Teresa, por el contrario, su credibilidad va en aumento cada vez más. Sus escritos siempre hallan acogida dentro y fuera de la Iglesia. Ella es patrimonio de la humanidad. Todos tenemos derecho de beber y alimentarnos de este pan genuino de espiritualidad cristalina.

En muchas ocasiones Teresa se define como "mujer y, además, ruin". Este lenguaje es fruto de una visión sociológica con ciertas características de su época, pero que no se ve confirmado por la realidad que nos da "una buena mujer, activa, dinámica", una mujer amante de su feminismo y que sabe que, como tal, podrá hacer muchas cosas a favor de los demás.

La novedad del magisterio teresiano llega a nosotros con agilidad y actualidad sorprendentes. Señalaremos algunas de estas particularidades.

5.1. La oración como camino de libertad y de amor

Teresa no nació rezando sino aprendió a rezar e hizo de la oración el "arte de amar". Ella repite para sí misma y para los demás que la oración "no consiste en mucho pensar pero sí en mucho amar". Esta novedad influirá en los siglos por venir y está presente aún hoy en nuestros días. En ella, la inteligencia y afectos se unen profundamente y donde no llegan la intuición y la inteligencia siempre llega el amor. Es clásica la definición de Teresa sobre la oración: "Para mí la oración es un trato de amistad con Aquel que sabemos que nos ama". Teresa no ve en la oración un intimismo ni una fuga de los compromisos sino una puerta que se abre para entrar en el "castillo interior de nuestra alma donde está el Rey, su Majestad". Cuanto más rezamos más avanzamos en las moradas que nos llevan a la íntima comunión y al matrimonio espiritual y sentimos la necesidad de dedicarnos a hacer algo: "obras quiere el Señor".

La oración teresiana desborda las ansias apostólicas, en la misión y en la comunión con los demás. "Debemos dejar de rezar si es para estar con alguien que necesita nuestra ayuda". La teología oracional de Teresa es comprometedora y libertadora; no está cerrada en sí misma en un "narcisismo" o en la búsqueda de visiones y autocomplacencias estériles. En Teresa el amor se hace expresión y camino de la plena libertad interior. Su maestro, el propio Cristo, la guía por caminos nuevos.

5.2. Fraternidad y solidaridad

Teresa se siente presa dentro de las estructuras del Carmelo de la Encarnación, donde se vive un clima de fraternidad impersonal. Ella necesita relacionarse con los demás, comulgar las experiencias, dar su amor y recibir el amor de los demás. El encuentro con Dios derrumba los muros interiores y hace que Teresa sueñe con una nueva comunidad de pocas personas donde es posible mirarse a los ojos y amarse recíprocamente. El deseo de un nuevo Carmelo nace de esta necesidad personal e íntima de Teresa. Ella coloca como modelo el cenáculo: 13 personas y no más.

La fraternidad teresiana se basa en la comprensión y la aceptación de los demás, a través de los lazos de la caridad, del amor y del perdón. Un único ideal que orienta toda la vida: ser esposas de Jesús, amigas y compañeras entre sí e hijas de la Iglesia, e inmolarse por las necesidades de la propia Iglesia. En la comunidad teresiana no hay diferencias y en verdad, desde las primeras Constituciones, presenta la autoridad de la priora como "servicio". La lista de oficios da inicio con la priora... ella debe ser la primera. No hay privilegios... es hermana entre las hermanas.

5.3. Reformadora creativa

En Teresa tenemos un modelo, en ese momento en que la atención de la vida religiosa dirige su mirada a la "refundación". Insatisfecha con su estilo de vida, no se somete a una crítica estéril y amarga, sino que inicia un cambio de vida, cimentado sobre las bases firmes de la oración, de la fraternidad y de la dimensión apostólica. Debemos reconocer que ella no tuvo miedo de enfrentar duramente y con extrema fortaleza la preconcepción masculina, el machismo de la orden y de la Iglesia, sino que se mantuvo valerosamente en su ideal, segura de que el Señor no la dejaría sola. Más tarde, los hombres se vieron obligados a "confirmar" las intuiciones teresianas y a aprobar sus obras.

Ejercía un auténtico magisterio y un saludable poder sobre los hombres que la rodeaban y que la acompañaban en toda su evolución espiritual y humana. Hallaba apoyo en su amigo y director espiritual Juan de la Cruz y en el amigo e hijo espiritual, el padre Graciano de la Madre de Dios, por quien alimentó siempre un afecto materno especial.

5.4. Escritura

Teresa no escribe por vocación sino por necesidad. Escribe porque se ve obligada por los demás a poner en papel lo que sucede en el castillo interior de su alma, "cosa muy secreta", y lo hace con arte, con amor y, especialmente, con una libertad muy grande. Dice lo que recuerda, no se preocupa por las repeticiones y, debido a que tiene muchas cosas que hacer, no tiene tiempo para repasar lo que escribe. Escribió para ayudar a sus hijas carmelitas descalzas, para explicar cosas de Dios, "porque entre mujeres nos entendemos mejor". La fecundidad como escritora se reduce a los últimos 20 años de su vida, los más atribulados y llenos de compromisos fundacionales.

Todos los escritos de Teresa, tanto las obras mayores *(Camino, Vida, Fundaciones, Castillo interior),* como las consideradas "menores" conservan su actualidad y nos transmiten la grandeza de esta mujer llena de sabiduría y experiencia mística.

Teresa, en todas sus obras, no hace otra cosa sino describir su camino espiritual. Se trata de una gran autobiografía que nos revela las maravillas que el Señor obra en ella, por eso dice: "cantaré las misericordias del Señor".

No hay hombre, teólogo o estudioso que no reconozca el gran valor intelectual, místico, teológico, de Teresa de Ávila. Estamos obligados a inclinarnos ante esta doctora que nos sorprende con sus intuiciones y con su fidelidad a la Iglesia misma, que no le permite sacar todo lo que sucede dentro. Sin embargo, Teresa siempre se coloca en la docilidad de acatar las correcciones de la Iglesia y así realiza su profesión de fe.

5.5. En diálogo con los teólogos

Es interesante ver cómo Teresa no está cegada en sus ideas ni tampoco cree sólo en sus intuiciones. Ella quiere comprobar si tiene razón o está equivocada. Crea a su alrededor, impresionantemente para su tiempo, una "red de comunicación" con los mejores teólogos de la época. San Francisco de Borja, Baltazar Álvarez, Domingos Bañez, Gaspar de Salazar, etcétera, con quienes debate sus intuiciones; con ellos abre el diálogo y está dispuesta a revisar posiciones. No se siente inferior sino que, visto que es mujer y ruin, necesita el aval de los que son "hombres y que han pasado toda su vida estudiando". Quién sabe si aquí, y sólo aquí, podemos detectar un cierto "complejo de inferioridad" en Teresa, por no haber tenido la posibilidad de estudiar teología... Pero ella tiene el libro de la vida que le fue dado por el mismo Jesús. Hay diálogos de Teresa sobre cuestiones místicas, sobre los caminos de la oración que estaban prohibidos para las mujeres, sobre las interpretaciones de las Escrituras, sobre cómo se debe orientar a alguien que vive la experiencia de Dios y cómo se debe poner atención ante las falsas místicas y decisiones "bobas".

Teresa inicia un diálogo de alto nivel con los teólogos de su tiempo, y frente a esto podríamos preguntarnos: "¿de dónde le viene tanta sabiduría si no estudió en ninguna facultad?" La respuesta sólo puede ser una: del Espíritu Santo y de su apertura al misterio.

La antropología teresiana está marcada por un elevado concepto del ser humano. Ella confía, sabe que el ser humano, incluso herido por el pecado, es redimido por Cristo y llamado a la santidad. Tiene una capacidad muy grande de diálogo con los demás y de respeto por el otro, que es castillo de la Trinidad Santa.

En cristología, la divina humanidad de Jesús la encanta y seduce. La sacratísima humanidad de Cristo forma parte de toda la experiencia mística de Teresa.

En cuanto a la Trinidad, Teresa no tiene miedo de decir su parecer sobre una experiencia de la Trinidad Santa "por esencia, por presencia, por potencia". Y coloca en las séptimas moradas de su obra *Castillo interior* la más sublime gracia mística que se puede recibir, es decir, esta experiencia frecuente de la Santísima Trinidad en sí misma.

Respecto a la Eucaristía, la Santa siente necesidad del encuentro con el Cristo eucarístico, ¡y cómo cultiva el amor a esta presencia real de Jesús entre nosotros! Sabe estar en desacuerdo, con elegancia, con los teólogos de su tiempo, aunque

se vea casi obligada a aceptar su parecer, para no ser persegui-
da por la Inquisición y por los que ven en ella a una "difusora
de más doctrinas".

En Teresa de Ávila encontramos a una mujer fuerte y valerosa, que no se desanima frente a las dificultades que encuentra
sino que las enfrenta una a una, sin desánimo. Ella sabe que los
castillos se construyen piedra sobre piedra, y que se destruyen...
lentamente. La pedagogía teresiana no es crear polémica, sino
llegar allá donde se quiere llegar, al amor y a la armonía con
todos. Y cuando incluso es necesario el conflicto, no desea herir
la caridad y la delicadeza.

Una mujer obediente y rebelde; una rebeldía que tiene su inspiración en la de Jesús, para la cual "el hombre vale más que la
sabiduría", y las leyes sirven en la medida en que nos ayudan a
servir al Señor. De esta forma no se siente mayormente constreñida a dispensar de que se coma pescado en el monasterio de
Malagón, que halla dificultades en vivir este punto de la Regla.

6. Teresa... modelo de mujer en el tercer milenio

La lectura de las obras de santa Teresa tiene un valor pedagó-
gico muy grande, tanto para hombres como para mujeres.
Nosotros los hombres, debemos encontrar en Teresa el modelo
de comunión y de complementariedad. Lo femenino y masculino no pueden ser conflictivos, sino un puente para comprender mejor al ser humano y la acción de Dios en nosotros. Teresa
se presenta, para el tercer milenio, como alguien que supo romper las barreras, realizar rupturas para crear una nueva visión
de la mujer. Ella supo imponerse desde su lugar teológico
mediante su experiencia femenina, su santidad y su cooperación
activa con la Iglesia y los teólogos de su tiempo. Fue una mujer
libre, dinámica y especialmente realizada en su ser femenino;
alguien quien, al manifestar su experiencia espiritual, se hace
madre de muchas generaciones, siendo fiel a su título de
Maestra de los espirituales y Doctora de la Iglesia. En ella no
vemos intimismos ni complejos, sino la sed de verdad y libertad plena en Cristo. En Cristo no hay ni hombre ni mujer, sino
todos somos uno en el cuerpo de Jesús, que es la Iglesia.

"Aún tengo muchas cosas que decirles, pero todavía no las pueden comprender".

Estas palabras de Jesús en el Evangelio de Juan me parece que pueden encerrar nuestra reflexión sobre santa Teresa como mujer de palabra, fiel y perseverante, que contempla a Cristo como modelo, y tiene en María un punto referencial. Es claro que la visión femenina en la Iglesia y en la sociedad desde los tiempos de Teresa, del siglo de oro, ha hecho grandes progresos, pero todavía no estamos satisfechos, ni las mujeres ni los hombres. Necesitamos avanzar aún más en los mares de lo humano y de lo desconocido. La carta apostólica del Papa Juan Pablo II sobre la "dignidad y vocación de la mujer" es un gran avance, pero no es todo. El fruto no es fácil de descifrar, pero nos ofrece un horizonte amplio, en el que la mujer debe conquistar su espacio en la Iglesia, con nuevos ministerios, en la sociedad con nuevas misiones, en el mundo siendo especialmente la presencia de la ternura de Dios.

Santa Edith Stein, en su libro *La mujer,* dice que ésta debe ser la pedagoga de la nueva humanidad, participante de la historia de la humanidad asumiendo una nueva responsabilidad en la sociedad, en la Iglesia... Es lícito soñar que la mujer del mañana tendrá, sin duda alguna, más espacio y más realizaciones que nos lleven a un mayor conocimiento de Dios.

Conclusión

Llegamos al final de nuestra rápida visión de esta mujer excepcional llamada Teresa de Ávila, que fue mujer de palabra, fiel, consciente de su misión, quien no defraudó las expectativas que los demás pusieron en ella. Mi palabra de hombre es confirmar lo que ella dice y dar testimonio de que la mujer siempre tiene valor, y mucho, en el camino de la historia. Ni el hombre puede caminar solo, ni la mujer. "No es bueno que el hombre esté solo. Le daré pues, un ser semejante a él". Tampoco es bueno que la mujer esté sola. Más bien, en el camino de la unidad y de la comunión se construye el futuro. No hay nadie más importante ni menos importante, somos miembros del mismo cuerpo de Cristo, llamados a ser una fuente permanente del amor y de la justicia.

Que la cultura y el conocimiento de Teresa de Jesús puedan ayudar a romper, si aún existieran, los "muros y murallas" que nos impiden contemplar los nuevos cielos y las tierras nuevas. No hay duda alguna de que se darán bellos acontecimientos. Es necesario estimular y prepararnos para que, lentamente, Jesús pueda hacer que comprendamos lo que antes no estábamos en condición de comprender por nuestra mezquindad y pequeñez... Que cada quien sueñe lo que más le de bienestar y le agrade. Soñando juntos, el sueño se hace realidad. ¡Teresa apoya nuestro sueño en el amor y en la felicidad!

De lo difícil de comprender en santa Teresa

Jacyntho Lins Brandão

Santa Teresa dijo en cierta ocasión: nosotras las mujeres no somos así de fáciles de entender. Y en una carta dirigida al padre Gracián de la Madre de Dios, con fecha de octubre de 1575, pondera: "Vuestra paternidad, padre mío, advierta en esto, y crea que entiendo mejor los reveses de las mujeres que vuestra paternidad". Sin embargo, lo que parece admitir es que comprende lo difícil de entender. Quiero tomar esto como punto no propiamente de partida, sino como un eje capaz de centrar mis consideraciones: lo que es difícil de entender y de qué modo se entiende. Creo que los lectores de santa Teresa están familiarizados con esa especie de aparente contradicción: por un lado, todo lo que ella expresa, insistentemente, sobre la dificultad de escribir aquello que le ordenan; y por el otro, la libertad con la que enfrenta temas difíciles, asumiendo los riesgos de sus propias evaluaciones e interpretaciones.

Tomo un ejemplo de los más significativos de ese aforismo: el prólogo y el primer capítulo de los *Conceptos del amor de Dios,* en que se comentan "algunas palabras de los *Cantares* de Salomón" (es decir, del Cantar de los Cantares), en especial los primeros versículos, citados por la propia Teresa en esta forma: "Béseme el Señor con el beso de su boca, porque mejores son tus pechos que el vino, *etcétera*". Indudablemente se trata de un texto que siempre ofreció dificultades desde el punto de vista exegético, y tal vez por eso mismo haya ejercido una enorme atracción sobre los místicos, especialmente sobre la mística española del siglo XVI (recuérdese apenas el *Cántico espiritual* de san Juan de la Cruz). Ahora, a pesar de esa dificultad, Teresa comienza afirmando que desde hace algunos años, Dios le ha venido dando "un regalo grande cada vez que oigo o leo algunas palabras de los *Cantares* de Salomón, en tanto extremo, que sin entender la claridad del latín en romance me recogía más y movía mi alma que los libros muy devotos que entiendo" (*Conceptos del amor de Dios,* prólogo). Sublímense algunas expresiones: "sin entender la claridad del latín", se regala, se recoge y se mueve el alma más que con los libros devotos que entiende. ¿Cómo puede ser esto posible? En el capítulo primero, continúa:

> He notado mucho que parece que el ama está –a lo que aquí da a entender– hablando con una persona, y pide la paz de otra, porque dice: "Béseme con el beso de su boca". Y luego parece que está diciendo a con quien está: "Mejores son tus pechos". Esto no entiendo, cómo es, y no entenderlo me hace gran regalo; porque verdaderamente, hijas, no ha de mirar el alma tanto, ni la hacen tener respeto a su Dios las cosas que acá parece podemos alcanzar con nuestros entendimientos tan bajos, como las que en ninguna manera se pueden entender. Y ansí os encomiendo mucho que, cuando leyerdes algún libo y oyerdes sermón, y pensáredes en los misterios de nuestra sagrada fe, que lo que buenamente no pudiéredes entender, no os canséis ni gastéis el pensamiento en adelgazarlo, no es para mujeres, ni aun para hombres muchas cosas. Cuando el Señor quiere darlo a entender, Su Majestad lo hace sin trabajo nuestro. A mujeres digo esto y a los hombres que no han de sustentar con sus letras la verdad, que a los quel Señor tiene para declarárnoslas a nosotras ya se entiende que lo han de trabajar, y lo que en ello ganan. (...) Ansí si estuviere en latín y en hebraico u en griego, no era maravilla; mas en nuestro romance, ¡qué de cosas hay en los salmos del glorioso rey David que, cuando nos declaran el romance sólo, tan escuro nos queda como el latín! Ansí que siempre os guardad de gastar el pensamiento con estas cosas ni cansaros, que mujeres no han menester más que para su entendimiento bastare. (...) Y sé de alguna que estuvo hartos años con muchos temores, y no huvo cosa que la haya asegurado sino que fue el Señor servido oyese algunas cosas de los Cánticos, y en ellas entendió ir bien guiada su alma. (...) Pues tornando a lo

que comencé a decir, grandes cosas debe haver y misterios en estas palabras, pues cosa de tanto valor que (me han dicho letrados, rogándoles yo que me declaren lo que quiere decir el Espíritu Santo y el verdadero sentido de ellos) dicen que los doctores escribieron muchas exposiciones y que aun no acaban de darle, parecerá demasiada soberbia la mía –siendo esto ansí– quereros yo declarar algo. Y no es mi intento, por poco humilde que soy, pensar que atinaré a la verdad. Lo que pretendo es que ansí como yo me regalo en lo que el Señor me da a entender, cuando algo dellos oyo, que decíroslo por ventura os consolará como a mí; y si no fuere a propósito de lo que quiere decir, tómolo yo a mi propósito, que no saliendo de lo que tiene la Iglesia y los santos (que para esto primero lo esaminarán bien letrados que lo entiendan que lo veáis vosotras), licencia nos da el Señor –a lo que pienso–, como nos la da para que, pensando en la sagrada Pasión, pensemos muchas más cosas de fatigas y tormentos que allí devía de padecer el Señor de que los evangelistas escriben. Y no yendo con curiosidad –como dije al principio–, sino tomando lo que Su Majestad nos diere a entender, tengo por cierto no le pesa que nos consolemos y deleitemos en sus palabras y obras: como se holgaría y gustaría el rey, si a un pastorcillo amase y le cayese en gracia, y le viese embovado mirando el brocado y pensando qué es aquello y cómo se hizo. Que tampoco no hemos de quedar las mujeres tan fuera de gozar las riquezas del Señor; de disputarlas y enseñarlas, pareciéndoles aciertan, sin que lo muestren a letrados, esto sí. Ansí que ni yo pienso acertar en lo que escrivo –bien lo sabe el Señor–, sino como este pastorcillo que he dicho. Consuélame, como a hijas mías, deciros mis meditaciones, y serán con hartas boverías (*Meditaciones del amor de Dios*, 1)

Obsérvese que la finalidad es "entender", el "no entender" y el "entendimiento", términos éstos que se repiten de un modo insistente y entrelazado: los versículos dan a entender; yo no entiendo; no entender me causa gusto; hay cosas que no podemos alcanzar con el entendimiento; no debemos cansarnos buscando lo que no se puede entender; cuando así lo quiere, el Señor da a entender; las mujeres no tienen necesidad de más que aquello que es suficiente para su entendimiento; hubo un alma que entendió (sin duda la suya propia); yo me regalo con lo que el Señor me da a entender; tomaré lo que Su Majestad nos dé a entender. A primera vista, puede parecer que las confesiones del no entendimiento y de incapacidad apenas sean torneos retóricos de modestia (yo no diría que "falsa", sino apenas modestia). Quizás. Sin embargo no creo que eso sea lo más importante, pero observemos cómo existe una cierta graduación: por una parte, un entendimiento buscado, fruto del trabajo, propio de aquellos hombres a quien compete declarar (es decir, poner en claro, esclarecer) y explicar (o sea, desdoblar, abrir) el sentido de las palabras y "sustentar con su conocimiento la verdad"; y por la otra, simplemente el "no entender", propio de las mujeres y de los hombres que no tienen que dar ese apoyo a la verdad; entre ellos, un entender que es dado, en la medida de lo que basta a cada quien. Parece que a esa clasificación subyace una cuestión de género: por un lado, los hombres que poseen su conocimiento; por el otro, las mujeres (y hombres, siempre acrecentados como apéndices) que no deben sustentar la verdad con su conocimiento –y así pueden admitir el entender que les basta, el entender que les es dado, o no entender y hasta el "regalarse" con el no entender. También subyace una cuestión de autoridad: en efecto, declara ella que toma las cosas "a propósito para sí misma", es decir, según sus criterios, haciéndolo para saber que su libro será primero examinado "por personas instruidas (*letrados*)" que entiendan del asunto. De esta forma mi hipótesis es que lejos de representar un torneo de falsa o verdadera modestia, el fragmento citado tiene como fin vislumbrar un espacio en el que los que no tienen por obligación "entender" puedan expresar un cierto entendimiento, salvaguardados por dos condiciones: que hablen en femenino y se sometan al parecer de los "letrados" (es decir, a lo que "establece la Iglesia y los santos").

Exploremos aún más esta cuestión del género. Esa actitud que, incluso pudiendo ser asumida por ciertos hombres, es antes que nada femenina, por lo tanto no muy fácil de entender, podría expresarse así: hablo de lo que me fue dado entender, aunque no atine con la verdad y diga muchas tonterías (*bobería* es un término que utiliza con una espantosa frecuencia). Por lo tanto existe un riesgo (el de decir *boberías*), que mientras tanto debe

enfrentarse en nombre de una cierta experiencia no de búsqueda sino de recibimiento. Decir que algo me fue dado a entender
presupone la representación de una cierta pasividad, en principio apuesta al esfuerzo intelectual de comprensión. En efecto,
usamos expresiones semejantes para hablar de afecciones que
nos incumben –en esto el portugués como el español, es especialmente significativo: me dio miedo, me dio hambre, me dio
frío, sueño, me dieron ganas de esto o de aquello, etcétera, sin
que yo tuviera que buscar esas sensaciones u obras del espíritu, siendo antes acometido por ellas. Estamos pues en la esfera de lo que se sufre, o, diciéndolo por su nombre propio, de la
pasión, del *páthos,* una de las experiencias más enaltecidas del
espíritu humano que la filosofía y la teología relacionan con la
potencia o la capacidad de placer, muchas veces contraria, por
filósofos y teólogos, a la inteligencia (lo que santa Teresa siempre llama *entendimiento*), que nunca debería perder las riendas
y dejar de controlar sus aparejos. Si la función de la inteligencia es pensar, la función del placer es amar (u odiar). Y, si para
los hombres que deben dar sustento a la verdad con su conocimiento el pensar es provechoso, no se trata de un postulado de
validez general, ya que como afirma la misma Teresa, "sino querría dar a entender que el alma no es el pensamiento ni la voluntad es mandada por él, que tenía harta mala ventura, por donde
el aprovechamiento del alma no está en pensar mucho, sino en
amar mucho" (*Fundaciones,* 5).

Esa oposición –o aun mejor, no propiamente una oposición–,
ese juego entre el pensar y el amar presupone una cierta pes-
quisa de los movimientos psíquicos, centrada en el amor, cuyos
orígenes son remotos (Safo, por ejemplo, en el siglo VI a. C.,
calificaba al amor de "animal indomable dulceamargo"), y yo
entiendo que la exploración de la temática justamente del amor,
de lo que él tiene de incontrolable, fue lo que impulsó una suce-
sión de filósofos, por lo menos desde Platón, a investigar la *psykhé*
humana con el objetivo de descubrir el remedio para la pasión
y las perturbaciones que ella acarrea. La solución, en términos
generales, es bien conocida: es necesario que el placer (lo iras-
cible y lo apetitoso) esté sobre la mano firme de la inteligencia
(lo racional) para que el alma goce de buena salud y del equilibrio necesarios para la virtud (entendida, por lo menos en
principio, como la cualidad propia del *uir,* una forma de virili-

dad). Sin duda, Platón, Aristóteles y su séquito tiemblan en túmulo al escuchar a alguien (¡una mujer!) decir esto: ¡que desgracia si el alma fuera gobernada por el pensamiento! –e inclúyanse en ese séquito los teólogos (aquellos que tienen por obligación entender para explicar, declarar y sustentar la verdad), siendo suficiente que recordemos que el placer para Tomás de Aquino, además de ser una capacidad independiente y anímica, quiere lo que la inteligencia elija, es decir, no pasa de ser una especie de auxiliar de ésta y lleva a la perdición siempre que de ella se divorcie. ¿Acaso Teresa está diciendo una de sus *boberías* o, dicho de otra manera, una *bobería* de mujer?

No ahondaré en cómo se transmite cierto discurso sobre la pasión (o del amor) del mundo antiguo al moderno, sin solución de continuidad (nos baste con recordar a Isolda, Julieta, Inés de Castro: "Sólo tú, tú, puro amor, con fuerza cruel que a los corazones humanos tanto obliga"). Apenas deseo señalar que, desde mi modo de entender, en la dicción mística es donde se manifiesta este discurso de la pasión, de forma más radical, por lo menos en el ámbito de la mística occidental. En efecto, hay una mística cristiana que se sitúa firmemente en la esfera de la pasividad (del *páthos*). Éste es un rasgo distintivo de remarcada importancia, ya que no toda la mística tiene esa marca pasiva: en las religiones afrobrasileñas, por ejemplo, el místico sabe cómo provocar el éxtasis (estoy pensando en el candombe); en Oriente (pienso sobre todo en la India), es igualmente sujeto activo en el proceso, detentando el conocimiento de ciertas técnicas capaces de llevar a la experiencia de aquello que está por detrás del mundo como se manifiesta. Es decir: hay una ciencia mística, hay una técnica mística, el éxtasis puede ser provocado, se trata de un movimiento que va de abajo hacia arriba. En la tradición cristiana, el recorrido es inverso, principia de lo alto hacia abajo. El místico es acometido por un agente, Dios o el demonio. Por lo tanto, es un concepto básico: la experiencia mística es una experiencia de posesión.

Ahora, ser poseído es algo que se dice de lo femenino, desde el punto de vista de nuestra imaginación, y todo lo que se relaciona con la pasividad de quien es poseído se entiende como propio de la mujer: lo patético, lo patológico, la paciencia, la pasión. Es propio, entiéndase bien, no exclusivo (estamos hablando de género, no de sexo). Sin embargo, los hombres que se entregan a la pasión no dejan de ser representados como femeninos en cierta forma, como Romeo y Tristán, que dan sentido a la marca imaginaria de lo masculino, la actividad expresa tanto el control de las propias acciones como el control de las acciones ajenas y de los acontecimientos. Y es importante resaltar que la pasividad no quiere decir inercia, sino un modo de actividad que podría ser definido como *disponibilidad* para el acogimiento del otro, que se expresa sobre todo a través de las imágenes del casamiento, el matrimonio místico de Cristo con la Iglesia, por ejemplo, conforme a san Pablo; o del alma con Dios, el esposo, como el *Cántico espiritual* de san Juan de la Cruz. Incluso en un místico, en lo masculino, la dicción mística parece ser femenina. Hablar del alma, un femenino gramatical, es un buen descubrimiento y no fortuito, porque es al alma en lo femenino que le conviene más declarar cosas como: "ni ya tengo otro oficio, que ya sólo en amar es mi ejercicio". (San Juan de la Cruz, *Cántico espiritual,* v. 140).

Como en cualquier esfera de actividad humana, también hay grados en esa postura de entrega. Por un lado, corrientes que enfatizan un desprendimiento, un desinterés, una disponibilidad absolutos (la *Abgeschiedenheit* del Maestro Eckhart), lo que en la misma España de santa Teresa, está ilustrado radicalmente por la actitud de los alumbrados (*o dejados*), conforme las palabras de uno de uno de sus adeptos, quien decía que

Para alcanzar la vida eterna no es necesario para el cristiano más que poner la voluntad en Dios y así dejarse en manos de Dios; y que si tal hombre así abandonado a Dios pecara, que eso Dios permitía; y que de eso no tenía que dar cuentas a Dios pues se había abandonado a Dios y había puesto su voluntad en Dios, suspendiendo todo acto propio (Proceso de Pedro Ruíz de Alcaraz, f. 416 r, 9°).

Ahora, ese extremo no se aúna a la postura de santa Teresa, por más que ella estuviera dentro de ese mismo ambiente cultural y religioso y por más que haya recibido sus influencias. Podrían recordarse varios argumentos: la reforma de la orden del Carmelo, la nunca interrumpida actividad como fundadora y administradora de conventos, el medio mundo que ella puso en movimiento mediante sus cartas (que encierran desde cuestiones materiales, legales y diplomáticas relacionadas con la reforma, involucrando las altas personalidades de su tiempo, incluido el rey Felipe II, hasta la dirección propiamente espiritual de sus monjas). No es necesario recordar lo que esto tiene de extraordinario en una mujer del siglo XVI, de lo que la misma Teresa tiene conciencia, como lo comenta a propósito de los preparativos para la primera fundación:

> Algunas veces afligida decía: "Señor mío, ¿cómo me mandáis cosas que parecen imposibles?; que, aunque fuera mujer, ¡si tuviera libertad!; mas atada por tantas partes, sin dineros ni de dónde los tener, ni para breve ni para nada, ¿qué puedo yo hacer, Señor?" (*Vida,* 33)

Sin embargo, no es esta cara de la vida activa de santa Teresa la que quiero proseguir sino, sin perder de vista el núcleo propuesto para mi plática, su actividad como escritora (o si quisiéramos, por la mujer de palabra que es) y, consecuentemente, por lo que representa en ella el esfuerzo de entender. Justamente en esto considero que radica su grandeza, sin demérito de la figura histórica admirable que fue –voy a formularlo de una mejor manera: esto es justamente lo que la hizo admirada no sólo en su tiempo como una (o además de una) autora de libros devotos fáciles de entender (como había y aún hay muchos por ahí, del género que hoy se denomina de "autoayuda"). Dicho aun de otra forma: si ella es una gran mística y una gran emprendedora, hace coincidir la vida *contemplativa* con la *activa* de modo admirable, sobrepasa el estatuto de mera contemplación o de mera acción en cuanto que busca entender y dar a entender lo difícil. En la *Vida,* en efecto, ella misma declara, dirigiéndose a aquél que le había ordenado escribir sobre su experiencia contemplativa:

> Hay otra manera de unión que aún no es entera unión, mas es más que la que acabo de decir (...). Gustará vuestra merced mucho (...) de hallarlo escrito y entender lo que es; porque una merced es dar el Señor la merced, y otra es entender qué merced es y qué gracia; otra es saber decirla y dar a entender cómo es. Y aunque no parece es menester más de la primera, para no andar el alma confusa y medrosa e ir con más ánimo por el camino del Señor

llevando debajo de los pies todas las cosas del mundo, es gran provecho entenderlo y merced. (*Vida*, 17)

Por lo tanto son tres niveles: la experiencia mística; el entendimiento de aquello que se trata; el saber decir de lo que se trata y darlo a entender. Obsérvese cómo esta actitud se aleja de la mística de los *dejados* y supone una intensa actividad espiritual (o una especie de contemplación activa), en que la experiencia incita un esfuerzo de entendimiento y de expresión. Incluso parece que debido a que Teresa cree que la mayor de las mercedes es "dar a entender", dejó de ser apenas una mística más (como había cientos de ellas en su tiempo) y se convirtió en la escritora que es. Está claro que, como escritora, ella habla de su experiencia no sólo mística, sino de vida, pero más admirable que simplemente experimentar es entender y dar a entender.

Podríamos preguntar: ¿por qué esa supremacía de dar a entender? Imagino que no resulta difícil responder: Teresa, de hecho, no encontró en su camino quien la pudiera guiar o un guía que respondiera a lo que ella esperaba. De ahí su admiración por los confesores *letrados,* es decir, capaces de entender, declarar y explicar (más vale un confesor espiritualmente mezquino que tenga *letras* que uno muy espiritual sin ellas, decía ella), de ahí su admiración por los libros –sabemos, por ejemplo, la gran importancia que tuvo para ella, en el inicio, el *Tercer abecedario espiritual* del padre Francisco de Osuna; pero, a pesar de, según sus propias palabras, "haber sido siempre amiga de los buenos libros", no puede decirse que haya encontrado en tratados como el citado el entendimiento, la claridad y explicación que buscaba. Es así que en cierto sentido ella quiere propiciar en los demás lo que no tuvo y hace de la quietud el objeto de una inmensa actividad que se desdobla en dos direcciones: la orientación espiritual de sus "hijas" y de sus "padres" (ya que, desde un principio, hay confesores que acaban por confesarse con ella); y el haber escrito una obra vasta en la que parece que pone lo mejor de sí misma, considerando que poder escribirla viene a ser incluso la más alta merced que le fue dada, como ya vimos.

Sin embargo, sería inexacto decir que Teresa no encontró en ningún libro aquello que buscaba. Sin embargo, sí hay un libro especial que cayó en sus manos a los 39 años, las *Confesiones* de san Agustín, en el contexto de lo que ella denomina su "conversión" (es decir: "una determinación interior hecha ante la imagen de Cristo muy llagado y confirmada en las *Confesiones* de san Agustín", conforme la define Efrén de la Madre de Dios, en *Tiempo y vida de Santa Teresa*). Ella dice:

> Como comencé a leer las "Confesiones" paréceme me via yo allí. Comencé a encomendarme mucho a este glorioso Santo. Cuando llegué a su conversión y leí cómo oyó aquella voz en el huerto, no me parece sino que el Señor me la dio a mí, según sintió mi corazón. Estuve por gran rato que toda me deshacía en lágrimas y entre mí mesma con gran aflicción y fatiga. ¡Oh, qué sufre un alma, válame Dios, por perder la liberad que havía de tener! (*Vida*, 9)

Esa relación de reflexión ("me parecía ver mi retrato") es también determinante para la escritora: finalmente, todo lo que escribió Teresa tiene un tono confesional (incluso hasta muchos fragmentos de sus cartas), lo que testimonia que esto probablemente lo recibió de san Agustín, a quien de hecho parece sobrepasar, como lo quiere Auerbach, en *Introduction à la philologie romane,* "toda la tradición europea de la introspección espontánea, de la investigación del yo". En resumen, se trata de buscar entender, a partir de la experiencia vivida, los aspectos psicológicos más profundos. De esta forma ella traduce, a su manera, el *intravit in anima mea* agustiniano (*Confesiones,* VII, 10), ese descubrimiento de que Dios se encuentra en el alma misma después de haberla buscado por todas partes ("y habitabas dentro de mí, y yo allá afuera buscándote", *Confesiones*, X, 27), descubrimiento que ella misma cuida de vincular con su descubrimiento de aquel santo:

> Que dice san Agustín que le buscava en muchas partes y que le vino a hallar dentro de sí mismo (...) ni ha menester alas para ir a buscarle, sino ponerse en soledad y mirarle dentro de sí y no estrañarse de tan buen huésped (*Camino de perfección*, 28); [por eso, deben las] personas de recogimiento, para enseñarse a considerar a el Señor en lo muy interior de su alma, que es consideración que más se apega y muy más fructuosa que fuera de sí –como otras veces he dicho- y, en algunos libros de ora-

ción está escrito, adónde se ha de buscar a Dios. En especial lo dice el glorioso san Agustín, que ni en las plazas, ni en los contentos, ni por ninguna parte que le buscaba, le hallava como dentro de sí (*Vida*, 40).

Santa Teresa se afilia entonces a la tradición agustiniana, a esa mística que investiga, un "conócete a ti mismo", que, en el santo, se vincula a su vez a la tradición del platonismo. Pero yo dije antes, a propósito, que Teresa de hecho *traduce* a su modo el *intravit in anima mea,* queriendo dar a entender que, teniendo como punto de partida a san Agustín, desarrolla un modo propio de entender y dar a entender lo que le fue dado, a fin de que pueda hacerse efectiva la declaración que leemos al principio: "¡tampoco habemos de permanecer, las mujeres, tan impedidas de gozar las riquezas del Señor!" Lo que más se destaca en ese proceso es el uso de imágenes (ella confiesa tener "esta vanidad", la de pensar que diciendo las cosas a su modo las hace más claras) –y entiende ella misma que al hacer eso, hace cosa de mujer. Así, en la *Vida,* al recurrir a la imagen del huerto para tratar los grados de oración, la introduce con el siguiente comentario: "Havré de aprovecharme de alguna comparación, aunque yo las quisiera escusar por ser mujer, y escribir simplemente lo que me mandan; mas este lenguaje de espíritu es tan malo de declarar a los que no saben letras, como yo, que havré de buscar algún modo" (*Vida*, 11). De la misma forma, en el prólogo del *Castillo interior* explicita la orden que recibió de volver a "escribir cosas de oración":

Díjome quien me mandó escribir que, como estas monjas de estos monasterios de nuestra Señora del Carmen tienen necesidad de quien algunas dudas de oración las declare y que le parecía que mijor se entiendan el lenguaje unas mujeres de otras, y con el amor que me tienen les haría más al caso lo que yo les dijese, tiene entendido por esta causa será de alguna importancia si se acierta a decir alguna cosa, y por esto iré hablando con ellas en lo que escribiré. (*Castillo interior,* prólogo)

De esta forma trata de "escribir cosas de oración" en lo femenino, asumiendo Teresa esa función inédita de guía y maestra, casi exclusivamente reservada, en la Iglesia, a los hombres (aquellos a quien compete sustentar la verdad con su conocimiento). Al buscar hacerlo, elaborará bellas imágenes, como la magnífica en todo del castillo interior "todo de un diamante u muy claro cristal, adonde hay muchos aposentos, ansí como en el cielo hay muchas moradas", y donde mora el Rey. Claramente entonces se conjugan el experimentar, el entendimiento y el dar a entender, un dar a entender que, dicho en lo femenino, ya no se encuentra sometido a la pasividad que se considera propia de la mujer, justamente porque se configura como la actividad de escribir.

Quiero terminar retomando un último hilo que dejé suelto hasta ahora, recordando cómo las obras del espíritu, en la forma en que las investigó Hanna Arendt en *La vida del espíritu,* no se agotan en el pensar (la capacidad de la inteligencia) y en el querer (que es atributo de la voluntad), sino que también incluyen el juzgar, que da sentido a todo lo demás. Ahora, aunque el entender teresiano implique implícitamente el juzgar, ya que evidentemente se da un esfuerzo de discernimiento incluso en el campo de la mística que, en principio, se basaba en la certeza plana (y muchas veces ilusoria) que da la experiencia, ella astutamente se desentiende de esa tarea, transfiriéndola para los que tienen por función, con su conocimiento, sustentar la verdad. Digo astutamente porque, al transferir el juicio sobre lo que escribe a los confesores (aquellos mismos que le decretaron escribir), se atribuye una enorme libertad, que tal vez se encuentre en la fuente de la grandeza que alcanzó. Son innumerables las afirmaciones en este sentido, que no me gustaría tomar únicamente como manifestaciones de humildad y obediencia, sino por el contrario como un recurso capaz de garantizarle la legitimidad de su escritura. En la *Vida,* por ejemplo, después de pedir que no se divulgue su escrito, en lo que toca a las gracias de oración, y que éste sea examinado por personas "letradas y graves" quienes suprimirán "lo que hubiera de malo", concluye:

> Y por pensar vuestra merced hará esto, que por amor de el Señor le pido, y los demás que lo han de ver, escrivo con libertad; de otra manera sería con gran escrúpulo, fuera de decir mis pecados, que para esto ninguno tengo; para

los demás basta ser mujer para caérseme las alas, cuantimás mujer y ruin. (*Vida,* 10)

Dejo a un lado mayores comentarios sobre ese proceso, es decir, lo que motiva las constantes declaraciones de obediencia y sumisión por parte de quien asevera que escribe con libertad y siempre tuvo la libertad en alta consideración, lo que podría ser esclarecido haciendo alusión a factores de diferente orden (cada cual merecedor de un estudio detallado y completo), que dejo apenas señalados: desde un punto de vista histórico y sociológico, las restricciones que se imponían a la mujer en el siglo XVI; desde una perspectiva psicológica, los orígenes judíos de Teresa y los meandros complejos (y hechos complejos) de la memoria de una familia de nuevos cristianos en una época de desconfianza, inquisición y fundamentalismo católico (lo que conocemos como Contrarreforma); además, en lo que se refiere a la institución, el deseo que tiene de reiterar su fidelidad a la Iglesia en tiempos turbulentos, sobre todo porque se trata de una reformadora (como también lo son Lutero, Calvino y los iluminados), en lo que creo, contrariamente a Américo Castro y otros, no es anacrónica (una especie de santa medieval en la era moderna), sino vanguardista en relación con su propio tiempo (recuérdese el sufrimiento que le causó el hecho de que su *Vida* haya estado en el filo sometida a examen –y consecuentemente bajo sospecha– en la Inquisición).

Deseo concluir haciendo la observación de que por darse esa libertad no se le cayeron las alas. Quizá hoy parezca que se atrevió muy poco, ya que no se declaró simplemente libre y siguió sus impulsos o las certezas que le daba la experiencia (¡la nuestra pretendida sencillez moderna!) sino que eligió una libertad de mujer que, lidiando dialécticamente con las restricciones que le imponían los medios histórico, social, psicológico e institucional, se esforzó por dar a entender aquello que, a su manera, creía haber entendido. En efecto, decir que se entiende o decir que no se entiende son dos soluciones fáciles. Lo que Teresa descubrió (en una época marcada por toda suerte de descubrimientos) es que no sólo las mujeres son difíciles de entender, sino también la presencia de un nuevo mundo, un hombre nuevo que se esforzaba por entender el nuevo mundo, y también aquel su Dios que se presentaba de modo renovado, como huésped del alma con toda su corte, un "nudo" capaz de unir "dos cosas tan desiguales", a quien ella se dirige de la siguiente manera en uno de sus poemas:

Juntais quien no tiene ser
con el Señor que no se acaba:
sin acabar acabáis,
sin tener que amar amáis,
engrandecéis vuestra nada.

En suma, en una época de descubrimientos, lo que ella parece descubrir es que lo difícil de entender no debe callarse —¡incluso que no pase de ese casi nada que se considera(ba) ser la palabra de una mujer!– sino darse a entender mediante nuevos modos, quizá sabiendo, como Platón, que "las cosas bellas son difíciles", y que justamente por eso, son las más valiosas.

Teresa de Ávila, mujer y palabra

Lúcia Pedrosa de Pádua

Aquí presento un breve perfil de Teresa de Ávila, o santa Teresa de Jesús, sabiendo de antemano que es difícil, y hasta temible, tratar con brevedad sobre esta mujer, la primera en influir de manera decisiva en la literatura, en el pensamiento y en la espiritualidad de occidente.

Teresa de Ahumada nace en 1515 en la ciudad de Ávila, España. Pertenece a una familia numerosa, de muchos hermanos. Dos del primer matrimonio de su padre, Alonso Sánchez de Cepeda, y diez del segundo, con Beatriz de Ahumada. Teresa es fruto de esta unión.

Al siglo XVI español también se le conoce como "siglo de oro", época del Renacimiento, del poder político y económico, de la conquista de las "Indias". Para Teresa, por ser mujer, escritora, fundadora y maestra de la vida en el espíritu de Dios, eran tiempos graves, *recios*. Su obra se desarrolla dentro de un contexto oficial radicalmente antifeminista que desconfía de toda "virtud de mujer". Los estudios sobre santa Teresa deben considerarse en este contexto –puede percibirse la audacia, la originalidad y el profetismo de su vida y de su obra.

A mediados del siglo XX, se descubrió su ascendencia judía por parte del linaje paterno. Su abuelo fue un próspero comerciante toledano, judío converso. La familia intenta la reinserción social y el ocultamiento de su pasado, en esa época un verdadero estigma, y se traslada a Ávila y litiga para conseguir el título de hidalguía. Todos los hermanos de Teresa parten a América para reconstruir sus vidas.

Teresa fue una niña de libros. A los siete años ya leía los *Flos Sanctorum,* en el que conoció la vida de los santos y mártires cristianos. Adolescente vanidosa, fue aficionada a la lectura, en especial de libros de caballería, que leía con su madre a escondidas de su padre. Ella misma escribió un libro de ese género, hoy perdido. Un poco después, ya internada en un convento al que la envió su padre, temeroso del comportamiento de Teresa después de la muerte de su madre, lee las *Cartas* de san Jerónimo.

A los 19 años, Teresa se convierte en religiosa carmelita en Ávila. Pasa por un periodo difícil y largo (casi cuatro años) de enfermedades. Durante una estancia en casa de un tío, en preparación para un tratamiento de salud, lee *Los Morales,* de san Gregorio Magno, y un libro decisivo para su futuro: el *Tercer Abecedario* del franciscano Francisco de Osuña. En él, aprende la oración de recogimiento, "cómo" rezar.

El encuentro con Dios a través de la oración constituye el núcleo de su existencia y de su obra. Sin embargo, Teresa pasa muchos años luchando por entender la coherencia de la vida hasta que acepta una vida espiritual incondicional. Su experiencia presenta momentos dramáticos de discernimiento.

A los 39 años vive una nueva conversión frente a una imagen de Cristo "muy llagado" (*Vida* 9, 1). Esta experiencia está preparada y acompañada, entre otros elementos, por la lectura del libro *Confesiones* de san Agustín. Entonces inicia una vida mística intensa, una experiencia profunda de Dios que se prolonga hasta su muerte, a los 67 años de edad.

La experiencia de la oración no significa que Teresa fuera una mujer tímida y cerrada. Su historia personal y también sus obras dan testimonio de una personalidad abierta, comunicativa, viva, experta, sagaz, platicadora, simpática. Teresa establece un estilo de vida diferente y de santidad: ¡"cuanto más santas, más conversables" (*Camino* 41, 7)!

Teresa ve, en su experiencia de Dios, la llave y el motivo de la intensidad de su vida apostólica.

Inicia la actividad fundadora de los Carmelos reformados. Al recorrer los caminos de Castilla y Andalucía, funda personalmente más de quince comunidades. Vincula su obra con san

Juan de la Cruz, a quien llamó con gran humor, al conocerlo y verlo pequeño y flaco, "medio padre".

Se hace mujer de palabra escrita. Sobre su historia personal de encuentros y desencuentros con Dios escribe el libro *Vida* (1565). En perspectiva más pedagógica y dirigido a aquellos y aquellas que están determinados a llevar una vida de oración, escribe *Camino de perfección* (1566-67). Como síntesis de su experiencia oracional, escribe *Castillo interior* o *Moradas* (1577). En este último articula, en el símbolo del castillo interior, quién es la persona humana frente a Dios, quién es el Dios que habita y cómo se desarrolla la dinámica del encuentro entre "Dios y el alma". Además de estos libros, Teresa escribe *Fundaciones, Meditaciones sobre el Cantar de los Cantares, Poesías* y varios opúsculos.

Su inmenso epistolario, del que apenas conocemos aproximadamente 450 cartas, delinea los contornos de su incansable actividad, de su atento humanismo hacia todas las necesidades humanas, de su arte literario, de su espíritu abierto al mundo.

Tuvo también palabra de legisladora al escribir las *Constituciones* de las nuevas comunidades reformadas.

Su palabra y su obra reformadora debieron de abrir caminos y vencer oposiciones. Dos veces fue denunciada ante la Inquisición. Su libro *Vida* también fue delatado, y estuvo bajo el poder del Santo Oficio durante doce años. Incluso después de su muerte, su libro *Moradas* fue objeto de los minuciosos estudios de algunos censores, preocupados especialmente por descubrir en él todo género de heterodoxias que dieran margen a nueva denuncia inquisitorial.

Teresa siempre escribió "por obediencia" a sus superiores; según ella misma lo testimonia. Sin embargo no fue difícil para sus lectoras y sus lectores percibir que Teresa escribió porque tuvo *algo que escribir,* tuvo *algo que hablar,* una *palabra que dar.* En diversas ocasiones revela su deseo de comunicación, de "levantar la voz" hacia el mundo. Hoy percibimos que su deseo se consumó. Incontables idiomas conocen sus obras, editadas ininterrumpidamente desde la edición *princeps* de Salamanca, por Fray Luis de León, en 1588.

En 1970, el Papa Pablo VI, declaró a santa Teresa de Jesús, junto con santa Catalina de Siena, Doctora de la Iglesia Universal. Fue el primer reconocimiento de doctorado eclesiástico que se haya concedido a mujeres. En el caso de santa Teresa, fue el reconocimiento formal y la ampliación de un magisterio continuo por más de cuatrocientos años.

Finalmente concluyo con un famoso párrafo de *Camino de perfección* que nos muestra de manera elocuente cómo Teresa sintió y denunció el amordazamiento de la palabra de las mujeres, en un mundo dominado por la palabra de los hombres, sin dejar de pronunciar aún así lo que pensaba o perder las esperanzas de que dicha situación diera marcha atrás:

> Señor, de mi alma, cuando andávades por el mundo, las mujeres, antes las favorecistes siempre con mucha piedad y hallastes en ellas tanto amor y más fe que en los hombres, pues estava vuestra sacratísima Madre, en cuyos méritos merecemos, y por tener su hábito, lo que desmerecíamos por nuestras culpas... el mundo honrábales... que no hagamos cosa que valga nada por Vos en público, ni osemos hablar algunas verdades que lloramos en secreto, sino que no nos habíades de oír petición tan justa. No lo creo yo, Señor, de vuestra bondad y justicia, que sois justo juez y no como los jueces del mundo que –como son hijos de Adán, y, en fin, todos varones– no hay virtud de mujer que no tengan por sospechosa (CE 4, 1).

Este texto, constante en la primera redacción del *Camino de perfección,* fue censurado por el lector y censor Padre García de Toledo. Escandalizado y buscando defender a Teresa de posibles problemas inquisitoriales, lo corrigió con vehemencia. El párrafo no pasó a la segunda redacción del libro. Fue descubierto apenas cuando en 1833 se realizó la edición facsimilar de la primera redacción de *Camino,* mediante el uso de técnicas modernas. Se percibió entonces que la tinta que nuestra autora utilizara para redactar sus obras era de calidad superior, permitiendo así casi trescientos años después, la lectura del original. De esta forma, y como símbolo de un hecho que históricamente se impondría, en forma contraria a la palabra de su censor, la palabra de Teresa permaneció.

Es de esperar que hoy los "hijos de Adán" rehabiliten y redescubran a Teresa de Ávila, pero con toda seguridad ya no como los "jueces de este mundo".

Teresa de Jesús, Teresa de Ávila

Maria Carmen Castanheira Avelar

Los textos del padre Patricio Sciadini, ocd, y del profesor Jacyntho L. Brandão, de la UFMG, nos confirman que Teresa de Jesús escribió para hombres, quiero decir, también para hombres. A pesar de que sus obras estaban dirigidas, de manera preferente a mujeres, a sus hermanas carmelitas, es innegable que también pretendía (¿y, quién sabe, si sobre todo?) hablar a los hombres, para los hombres. Al vivir tiempos de acentuada desvalorización de la mujer, Teresa intentó convencer a los hombres del respeto a la legitimidad de la participación de la mujer en el dinamismo eclesiástico y del potencial femenino que enriquece la misión de la Iglesia. En realidad, las obras de Teresa de Jesús dan testimonio: la gran doctora de la Iglesia dirigió su palabra a hombres, habló con hombres, dialogó con hombres españoles del siglo XVI y éstos, aunque llenos de preconceptos antifeministas, la entendieron y, en muchos casos, se convirtieron en sus discípulos. Hoy, transcurridos más de 400 años, Patricio Sciadini y Jacyntho Brandão lo comprueban. Ambos se revelaron atraídos por Teresa. Ambos se mostraron, en cierto modo, discípulos de ella: fray Patricio, al utilizar la técnica de seducción de los interlocutores –muy propia de Teresa–, y el prof. Jacyntho, al utilizar el estilo dialogal-dialéctico, todos ellos recursos utilizados por Teresa en su incansable búsqueda de la verdad.

Las palabras acaban por ser escasas al configurar la importancia y el valor de mujeres como Teresa de Jesús: vanguardista, revolucionaria, femenina, eternamente femenina, poeta, deli-

cada, mística, compleja, con el valor de innovar, mirada penetrante y delicada, reconocimiento de la mujer poeta, de la mujer
filósofa, de la mujer mística y, en Teresa: la mujer teóloga, la
mujer doctora de la Iglesia, mujer profundamente humana, afectuosa, amiga, valerosa, decidida y amorosa:

> Teresa estaba estructurada afectivamente con esquemas
> pasionales. Podía y tenía que odiar o amar torrencial-
> mente. Acertó a amar. Desencadenaba interés e ilusión por
> todo. Teresa era una muchacha que hipnotizaba[1].

Además de una capacidad poco común de amar tierna y fuertemente, Teresa de Jesús se distinguía por una búsqueda incansable de la verdad, de la propia verdad de las motivaciones más
profundas de su vida, del descubrimiento y aceptación de su vocación auténtica. Esta caminata en dirección a la verdad, le dio
también una capacidad poco común de discernimiento y un
acentuada capacidad de decisión. De su riqueza interior nacía
una luz irresistible que penetraba los corazones de las personas,
de sus interlocutores e interlocutoras a quienes contagiaba y per-
suadía. Teresa era una mujer entera: profundamente humana y
enteramente de Dios.

Penetrar en el mundo de Teresa es, en cierta forma, penetrar
en el mundo de la complejidad, de las búsquedas insistentes, de
la dialéctica, de los aforismos, de un horizonte multifacetado
en el que caben tanto la duda y la inquietud como el entendimiento y el descanso en Dios. ¿Al final, acaso Teresa no es un
poco o un mucho "discípula" de Agustín, lo que nos explica su
incansable búsqueda del amor pleno, de la dinámica quietud del
interior del Castillo?

> Una vez mostradas a gozar de este castillo, en todas las
> cosas hallaréis descanso –aunque sean de mucho traba-
> jo–, con esperanza de tornar a él, que no os lo puede qui-
> tar nadie (*Castillo interior,* epílogo).

¿Acaso Teresa no será apreciada, leída, acogida como maestra, justamente por su capacidad de explicar lo inefable?

---

1. J. Barrena Sánchez, *El rostro humano de Teresa de Ávila*, Salamanca, Sígueme, 1982,
   38.

Porque una merced es dar el Señor la merced, y otra es entender qué merced es y qué gracia; otra es saber decirla y dar a entender cómo es. (*Vida* 17, 5)

Esa gran mujer sobrepasó su época. Transcendió su contexto histórico justamente por su capacidad de abarcar muchos ángulos de misterio, de la vida humana. Y lo hace, dialécticamente, entrelazando ternura y determinación, grandeza y humildad.

El estilo retórico, ingenioso, dialéctico de Teresa, también requiere de mucha sutileza por parte de sus lectores, quienes necesitan ir más allá de los aforismos teresianos para captar la profundidad de sus mensajes. La cuestión del género y del entendimiento toca el núcleo de su obra. O, en otras palabras, Teresa actúa en cuanto mujer, defendiendo la causa de la mujer, utilizando para esto el juego propio de la *retórica de la dialéctica*. En sus trabajos articula muy bien los opuestos, lo que es propio de las inteligencias brillantes, flexibles, poseedores de una fuerte capacidad de penetración. Todo esto con el intento de cambiar el entendimiento que su contexto histórico tiene de la mujer:

Para los demás basta ser mujer para caérseme las alas, cuantimás mujer y ruin. (*Vida* 10, 8)

Los lectores que consiguen entrar en sintonía con Teresa comprenden que ella tiene un maravilloso sueño de mujer y que, para realizarlo, tuvo que enfrentar inmensurables dificultades propias de un casi invencible contexto machista tal como se presentaba el famoso Siglo de Oro español.

La aproximación a Teresa de Jesús, escuchar y acoger su palabra, requiere que se tome en cuenta su entorno histórico. Un ambiente extremadamente adverso al protagonismo femenino, en que sólo los hombres hablaban, sólo los hombres sabían, sólo los hombres enseñaban. Ella quería revertir este cuadro. En un ambiente en que la mujer no era oída, no asistía a universidades, no tenía incluso ni el derecho de dedicarse a la oración mental, Teresa de Jesús se impone como mujer de palabra, como maestra espiritual, como teóloga:

Querría dar voces [se refería sí misma] para dar a entender qué engañados están. Y aun ansí lo hace algunas veces,

> y lluévenle en la cabeza mil persecuciones. Tiénenla por
> poco humilde y que quiere enseñar a de quien havía de
> aprender, en especial si es mujer. (*Vida* 20, 25)

El sueño de Teresa es el reconocimiento de la dignidad de
mujer, de sus derechos como protagonista en la comunidad eclesiástica. Esto se hizo realidad en ella, con ella, a partir de ella.
Sin embargo, esta conquista exigió mucha lucha y, especialmente, mucha habilidad. En este contexto se puede comprender
la presencia de la *retórica de la humildad* en las obras de Teresa:

> Y como me vi mujer y ruin, y imposibilitada de aprove-
> char en nada en el servicio del Señor. (*Camino de perfec-
> ción* 1, 2)

Éste es un ardid que utiliza ella para vencer a los opositores
de su sueño –los hombres, los doctores, los teólogos, los prela-
dos–, que intentaban poner trabas en su camino, impedir sus proyectos. La gran doctora de la Iglesia usa el *recurso de la retórica de la humildad* no para disminuirse a sí misma y a las mujeres, sino para vencer, para convencer y seducir a los sabios
doctores de su tiempo.

Reconocidos críticos teresianos de la actualidad, como por
ejemplo Víctor de la Concha[2], confirman tanto la propiedad de
la retórica de la humildad teresiana como también la de la retórica de la *captatio benevolenciae,* mediante la cual la autora utiliza "armas" de los "enemigos" (en el caso, por ejemplo, los conceptos de los hombres respecto de las mujeres), para transfor-
marlos en compañeros y defensores de su causa, de su propuesta revolucionaria. De hecho, Teresa estaba consciente cuando
se dirigía a los teólogos y padres, de que hablaba parmachistas
que menospreciaban a la mujer. Por eso, usa expresiones acep-
tables para los hombres, para que su original, femenina y pecu-
liar doctrina espiritual, para que su *sueño* respecto a la valorización y el reconocimiento de la mujer fueran aceptados y asimilados por los hombres, en una época en que éstos eran los protagonistas y controladores tanto de la producción literaria y
teológica como del dinamismo eclesiástico. El ingenio de Teresa
se confirma por la adhesión de muchos teólogos de renombre
de su tiempo, de inquisidores y grandes santos que se convir-

---

2. V. García de la Cocha, *El arte literario de Santa Teresa*, Barcelona, Ariel, 1978.

tieron en sus admiradores, que la apoyaron en momentos difíciles, que se hicieron sus discípulos y defensores. Ella impuso, de modo femenino, inteligente, habilidoso y revolucionario, su voz de profeta, de defensora del protagonismo femenino.

Teresa, la mujer, habla como mujer habilidosa y persistente, inteligente y diplomada, y como tal convence y seduce a mujeres y hombres, que aún hoy, se rinden ante la melodía y la persuasión de sus palabras, a la riqueza transformadora e innovadora de sus mensajes.

Frente a la riqueza fecunda y polisémica de los escritos, de la palabra de Teresa de Jesús, nuestra visión debe ser necesaria y consecuentemente polisémica. Es necesario tratar de abrazar a Teresa en sus diferentes ángulos: mujer, cristiana, fundadora y reformadora, escritora, teóloga, mística, doctora y humilde enamorada de Cristo y de la Iglesia. Mujer de palabra y mujer de experiencia. Mujer de acción. Mujer de relaciones. Mujer de ternura. Mujer de entendimiento. Mujer compleja, no por confusión sino por fecunda, porque tiene una visión que lo abarca todo y porque trabaja con extrema habilidad, polos distantes y, en ocasiones, aparentemente inarticulables.

Teresa es mujer de síntesis. Acogió y trabajó diferentes ángulos de la vida humana, con equilibrio y profundidad. Por eso, la teología mística de Teresa de Jesús no puede ser identificada simplemente como "teología *cordis*", porque sus escritos revelan tanto una pedagogía de la afectividad, de la ternura y de la amistad, como un fuerte poder de persuasión, una pedagogía del diálogo, de la dialéctica provocativa. Por lo tanto, los escritos teresianos también expresan una "teología *intelecti*".

Mujer de relaciones, mujer de amor, Teresa de Jesús supo dedicarse totalmente a Dios y, por otro lado, enteramente a los hermanos y hermanas, haciendo de su vida una obra de amor y de sus palabras la expresión viva de una fuerte experiencia de las misericordias de Dios:

> (...) pues en llegando a tener con perfección este verdadero amor de Dios, trai consigo todos los bienes (*Vida*, 1, 11)

> Entendamos hijas mías, que la perfección verdadera es amor de Dios y del prójimo. (*Castillo interior I*, 2, 17)